M I N Z U   C U N L U O   J I A T I N G
YOUSHUI LIUYU TUJIANIAN YANJIU

◎中央民族大学“985 工程”三期建设项目
◎中央民族大学民俗学书系

主编 林继富

民族 村落 家庭
——酉水流域土家年研究

林继富　覃金福 ◆ 著

民族出版社

图书在版编目（CIP）数据

民族　村落　家庭：酉水流域土家年研究/林继富，覃金福著．—北京：民族出版社，2014.3

（中央民族大学民俗学书系）

ISBN 978－7－105－13153－2

Ⅰ．民…　Ⅱ．①林…　②覃…　Ⅲ．①土家族—民族节日—研究—恩施土家族苗族自治州　Ⅳ．①K892.1

中国版本图书馆 CIP 数据核字（2014）第 049374 号

民族　村落　家庭：酉水流域土家年研究

策划编辑：欧光明
责任编辑：张海燕
出版发行：民族出版社
地　　址：北京市东城区和平里北街 14 号　邮编：100013
网　　址：http：//www.e56.com.cn
印　　刷：北京佳顺印务有限公司
经　　销：各地新华书店
版　　次：2014 年 4 月第 1 版　2014 年 4 月北京第 1 次印刷
开　　本：640 毫米×960 毫米　1/16
字　　数：300 千字
印　　张：23.75
定　　价：65.00 元
ISBN 978－7－105－13153－2/K・2313（汉 1284）

编辑室电话：010－64228001　　发行部电话：010－64224782

目　录

总　序

中国现代民俗学建立以来，少数民族民俗成为学人关注的对象。20 世纪 40 年代，由于战乱，大批民族学家、社会学家、人类学家、文学家等在极端困难的条件下坚持着五四新文化运动开辟的道路，进入到我国的西南彝族、白族、苗族等地区调查，在此过程中搜集和采录了大量的少数民族民俗。比如，凌纯声、芮逸夫的《湘西苗族调查报告》，吴泽霖的《贵州苗夷社会调查》（与陈国均合编）、《贵州清水江流域部分地区苗族的婚姻》，马学良的《云南彝族礼俗研究文集》等。这些著作中记录的民俗是众多知识分子为了了解西南民族生活，在明确学科意识基础上调查采集的成果。通过他们的努力留下 20 世纪 40 年代西南少数民族宝贵的民俗传统，留下当时西南少数民族的生活文化在今天显得弥足珍贵。

新中国成立以来，少数民族民俗调查研究与国家文化保护与文化发展紧密相联，并且在众多学人脚踏实地的工作中积累了大量的资料。民族识别带来少数民族民俗的全面搜集、记录和整理。自1950年起，由中央及地方民族事务机关组织科研队伍，对全国提出的400多个民族名称进行识别，主要时间集中在1950年至1964年，到1983年加上原来已经公认的民族共确认了55个少数民族成分。这个时段的少数民族民俗搜集、记录是为民族身份识别、确认服务，存在价值判断的选择性和政治需要的方向性，它很少考虑现代学术的体系性和内在结构的规律性，它更多的将民俗作为佐证身份的材料和民族社会历史、文化现象。

为了强化少数民族身份，在民族民俗采录和发掘的过程中，一些带有标志性的民俗被反复运用、改编和宣传，这些民俗几乎成了该民族的文化符号了，诸如彝族撒尼人的《阿诗玛》、维吾尔族的阿凡提、藏族的格萨尔等。这些民俗传统成为今天民族文化资源转化为文化资本的重要内容，也启开了民族文化品牌建设的序幕，尽管是不自觉的文化行动。

从1979年开始，文化部、国家民委和中国文联联合发起编纂《中国民间歌曲集成》、《中国戏曲音乐集成》、《中国民族民间器乐集成》、《中国曲艺音乐集成》、《中国民族民间舞蹈集成》、《中国戏曲志》、《中国民间故事集成》、《中国歌谣集成》、《中国谚语集成》、《中国曲艺集成》等十大文艺集成的工作，十部集成均按现行行政区划立卷，每个省、自治区、直辖市（包括台湾省）各一卷，这其中包括55个少数民族的民俗传统。“民间文艺十大集成”目的在于全面搜集和记录流传在广大乡村的民间文化。这个活动同样是政府主导的文化行动，围绕民间文化搜集和记录展开，目的是较完整和系统地保留中国民俗文化，因此，全面性、科学性和代表性成为这次保护民俗传统活动的明显特点。

进入21世纪，非物质文化遗产话语体系被引进到中国，自此，以民俗学为代表的学人开始大量引进非物质文化遗产保护话语体系，并且结合中国学术经验而不断消化，使之逐步本土化，以此建立中国非物质文化遗产保护体系。在目前的非物质文化遗产保护和研究工作中，主要内容是针对进入国家非物质文化遗产名录的项目、传承人等开展的调查、申报、评审、确认、保护与研究活动，少数民族民俗成为非物质文化遗产保护的重要内容。不仅如此，中国少数民族非物质文化遗产引起了世界的重视，截至2009年，中国已有29项非物质文化被列为“人类非物质遗产代表作”名录，其中少数民族非物质文化遗产有新疆木卡姆、蒙古长调、侗族大歌、格萨（斯）尔、热贡艺术、藏戏、玛纳斯、花儿、中国朝鲜族农乐舞、呼麦等入选“人类非物质文化遗产代表作名录”。羌年、黎族传统纺染织绣技艺入选“急需保护的非物质文化遗产名录”。

从五四新文化运动中诞生的现代民俗学直到21世纪10年代，中国民俗学的田野工作和学术研究取得了辉煌的成就，也积累了大量的民俗资料，清理和研究记录下来的文字化的民俗传统成为学界义不容辞的责任。

当代中国快速的现代化和城镇化，在很大程度上改变了人们的生活方式、传统社会关系、社会组织结构和家庭结构，加速了民俗传统的变异与消亡，这种令人堪忧的状况对于中国少数民族地区传承的民俗来说尤为突出，因此，加强对中国少数民族民俗传统的发掘、搜集、记录和整理成为当今中国学人刻不容缓的重要工作。

中央民族大学民俗学是中国少数民族民俗研究的重要基地。学校在建立之初，就有大批学者致力于少数民族民俗文化的调查研究。大规模的民族识别、少数民族社会历史调查、少数民族语言调查和少数民族民间文学调查，为中央民族大学民俗学学科建立积累了丰富的民族民俗文化的历史资料。在民族学、社会学、中国少数民族语言文学等学科的支撑下，积极探索了新中国民俗学学科建设的发展方向和理论方法。20 世纪 80 年代，杨成志、马学良等专家直接参与了中国民俗学的学科重建。学校汇聚了大批熟悉民族历史文化、精通民族语言文字的民俗学研究专家，为本学科的快速发展打下了坚实基础。

中央民族大学向来重视中国少数民族民俗调查研究，20 世纪 50 年代以来，在民族识别和民族社会历史调查中，中央民族大学的许多教授就是其中的重要成员，潘光旦、吴文藻、费孝通等学界精英在中国少数民族地区调查，获得了大量宝贵的第一手民俗资料，成为后来中央民族大学民俗学学科建立的坚实基础。20 世纪 80 年代开展的中国民间文艺十大集成志书的工作，中央民族大学的马学良、陶立璠、李耀宗等学者成为中国谚语集成、中国歌谣集成等卷本方案的设计者、执行者和领导者。进入 21 世纪以后，国家开展的非物质文化遗产保护运动，中央民族大学的民俗学专家积极参与，建言献策，陶立璠、祁庆富、邢莉、林继富等均成为中国非物质文化遗产保护委员会专家，积极投身到非物质文化遗产实践活动和理论研究之中。所有这些，表明了中央民族大学对少数民族民俗传统和少数民族民俗生活的高度重视，也成为民俗学得以发展的基础和前进的方向。2011 年开始，中央民族大学民俗学在国家“985 工程”支持下，积极投身到国家非物质文化遗产保护、传承运动中来，积极参与地方政府的非物质文化遗产保护实践中，由于成绩突出，2012 年获得了“北京市非物质文化研究基地”的称号。

中央民族大学民俗学在一代又一代学人的努力下，在“211 工程”、“985 工程”的支持下，本学科在方向凝练、学术创新、团队建设和人才培养模式创新等方面取得了长足的进步，学术实力进一步提升。2000 年建立民俗学硕士点，2003 年获得博士学位授权点，2010 年获得北京市重点学科。

中央民族大学民俗学经过长期的学术积淀，凝练形成了三个特色鲜明的学科方向：一是少数民族民俗文化研究与非物质文化遗产保护，本方向通过对各民族传统民俗文化与现代变迁的研究，在构建一国多民族民俗学理论体系上做出了突出贡献，同时着力于少数民族非物质文化遗产的保护与传承，并为其提供了理论支撑和科学建议；二是少数民族口承文化研究，本方向充分利用少数民族语言文字，在少数民族口承文学史、民族民间叙事研究方面独树一帜；三是少数民族民俗文化资源的价值转换与文化创意研究，本方向重视对少数民族民俗文化资源的价值认知、价值转换模式、价值实现路径的研究，积极推动民族文化创意产业发展。多年来，本学科形成了理论研究与实践应用相结合、田野调查与历史文献相统一的研究范式，致力于推进多元一体的中国民俗学学派的建设，为少数民族和民族地区的文化建设培养了大批人才，提供了智力支持。

中央民族大学民俗学着力研究中国 55 个少数民族民俗，在借鉴已有国内外民俗理论成果的基础上，构建中国少数民族民俗理论体系，开拓中国少数民族民俗志调查与写作研究、中国民间叙事及其传承人考察、中国民族地区公共文化时间调查与研究、中国少数民族民俗与民族认同研究。所以这些表明，中央民族大学民俗学师生正在以脚踏实地的田野精神，以期开拓独特的学术路径，为民族地区和谐发展做出贡献，为我国民族地区文化建设服务。

民族　村落　家庭

为了让中央民族大学民俗学师生以及与之相关学界同仁调查、研究中国少数民族民俗的成果能够更好地、更快地惠及国家文化建设、惠及社会主义新农村建设、惠及更多的学界朋友，推进中国民俗学学科发展，我们组织了“中央民族大学民俗学书系”。书系侧重于中央民族大学民俗学师生调查研究成果，偏重于选择中国少数民族民俗调查研究著作，在行为上以田野调查的现在性记录和实证性研究，提出少数民族民俗传承、创新和发展的命题；在观念上表达学人对中国少数民族民俗的见识和理解；在目标上达到促进少数民族社会和谐发展，充分理解中国少数民族生活及其文化。

组织以中国少数民族民俗调查研究的图书，既不是从我们开始，更不会止于我们的努力。相信在“文化大繁荣、文化大发展”的当代社会，有越来越多的学人参与到少数民族民俗和非物质文化遗产调查、研究的行列中来，我们愿意与研究中国少数民族民俗传统和非物质文化遗产的同仁携手共进！

林继富

2012年12月

北京·魏公村

前　言

百节年为首，“年”是连接新旧两岁神圣的节点，是中华民族民众生活中最隆重、最热闹、最富有民族传统特色的节日。一年一度的“年”习俗内容极其丰富，衣、食、住、行、祭祀、信仰、游宴、娱艺等无不包含其内。年俗仪式在多种关系交互相生的空间内展开，诸多“年”的习俗具有象征性意义及其意义系统。

在中国，“年”的过法很多，以“年”为中心的文化成就了中国琳琅满目的文化传统和民众生活。但是，具体到每一个民族，每一个地区，人们过年则是具体的和实在的生活，过年的时间、过年的空间、过年的习俗等无不具有可操作性、具体的实在性和明确的意义。土家族过年也不例外。

1957 年 1 月 3 日，中共中央统战部才以“统发电 507 号”电告湖南省委和湖北、四川、贵州省委统战部，确定土家族为单一民族。土家族主要分布在今天的湖南省西部的凤凰、泸溪、永顺、龙山、保靖、张家界、花垣、古丈等县；湖北省西部的来凤、鹤峰、咸丰、宣恩、利川、恩施、巴东、建始、五峰、长阳等市县；贵州省的沿河、印江、德江、江口、务川、凤岗、岑巩、镇远、思南、铜仁、松桃等市县；重庆市的酉阳、秀山、黔江、石柱、彭水等县。从河流分布面积来看土家族主要生活在清江流域、酉水流域和乌江流域。从河流与大山切割的生态环境来看，土家族大多生活在平坝，由此而构成了大大小小的文化小生境。

土家族是处在内陆的少数民族，在土家族周边区域内生活的汉族、苗族、瑶族、侗族等民族与土家族彼此关系紧密，文化上的彼此联系和相互渗透导致了土家族文化的多样性。同时，土家族传统文化的形成杂糅了其他民族的智慧，构成了彼此“你中有我，我中有你”的文化格局。

土家族有自己的“年”，我们称之为“土家年”。过“土家年”在有些地区比汉族过年要早一天，即月大过腊月二十九，月小过腊月二十八，有的地方不管月大还是月小，都是腊月二十八过年。土家族的“小年”也随之提前一天即腊月二十三，有的地方也过腊月二十四。后来一些人把土家族提前“过年”叫做“过赶年”。

“土家年”作为中华民族“年”文化中的重要内容，具有鲜明的民族特色，这种特色集中体现在既有与汉族“年”相同的文化时间，又有土家族自己时间系统的“年”。“汉族年”和“土家年”在土家人生活中并行不悖地发展。但是，我们也意识到现代生活方式和现代文化的巨大影响，大规模的“城镇化”，酉水流域土家村寨“空巢”现象十分严重，大规模的“工业化”，严重冲击了传统文化的生存，所有这些势必影响到土家年传统的传承与发展。2010 年由永顺县申报的

“土家年”成为国家级非物质文化遗产保护项目，不仅肯定了“土家年”为土家族传统核心文化，而且在某种程度上说明“土家年”中传统文化的传承出现了一些问题。

“土家年”是土家人的生活，是居住在清江流域、酉水流域和乌江流域的土家人的生活，然而，不知道从什么时候开始，清江流域的土家人逐渐淡忘了“土家年”的习惯，慢慢过起了“汉族年”。之所以这样，原因很多，但是有一点可以肯定，那就是清江流域土家人受到汉文化的影响较深，他们与汉族杂居的现象很早就发生了，在长期的“你来我往”中，在清江流域土家人向往“文明”生活的过程中，不知道从什么时候开始，土家年与汉族年合二为一了。在“土家年”与“汉族年”的共生与融合过程中，汉族年的影响力远远超过了土家年，于是，清江流域土家人过汉族年也成为他们生活的重要部分了。这种情况透露了今天的“土家年”面临的文化碰撞、文化交融、文化选择等远远超过了以往历史上的任何时代，尽管生活在酉水流域、乌江流域的土家人继续自得其乐地享受着土家年带来的欢乐和享受，但是，我们不得不承认，今天的土家人在过“土家年”的时候，许多先前的“土家年”的传统逐渐地被淡化和遗忘了。为此，调查并且记录当下土家年的生存状态成为我们保护土家族传统的重要内容，也是保留当代土家人生活的重要内容。反思当代土家年中出现的种种问题，成为我们努力解决当代中国民族地区传统文化与现代生活关系的学术方向，成为我们服务于民族地区文化建设要走的道路。

第一章　土家年概述

土家族过年主要有两种：一种是与汉族一样的过年时间，这种过年在清江流域等土家族那里十分普遍，历史上虽然清江流域某些地方的土家族也提前过土家年，但现在清江流域的土家族基本上与汉族在“过年”时间和过年内容上一致；另一种是比汉族过年时间提前的年，这种“年”是我们所指的“土家年”，它主要分布在湘、鄂、渝、黔三省一市接壤的土家族聚居区。其中以酉水流域的永顺、龙山、古丈、保靖、酉阳、秀山等地的土家族为主，贵州的沿河、印江、德江一带也有相当一部分土家族过这种年。从目前我们调查情况来看，土家族提前过年主要存在于酉水流域的中上游地区。

第一节　土家年的文化生境

酉水，这条古老的大河，宛如一条绿色的锦带，贯穿于鄂、湘、渝三省市边区8个县市。在酉水河，历史的脚步清脆而具体，远古的天籁之声袅袅动听。宣恩县彭家寨、来凤县仙佛寺、酉阳县龙潭古镇、龙山县里耶古城、保靖县的碗米坡镇等村落、乡镇和寺庙凝聚着土家人的文化，孕育了土家人的精神。

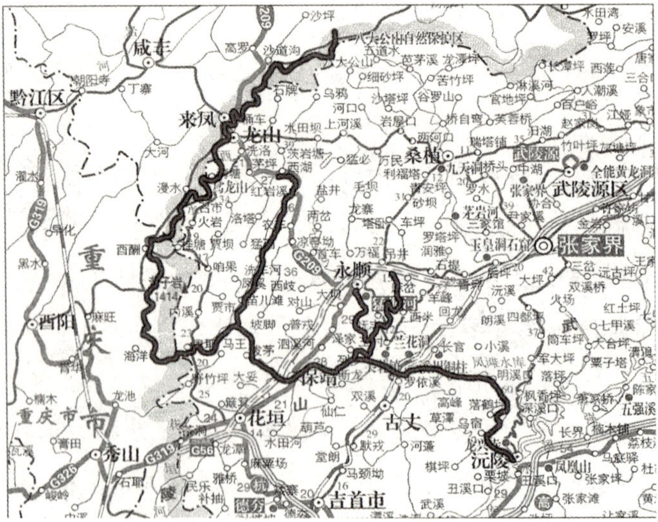

图1－1　酉水河地图①

① 地图文件扫描来自袁新芳：《中国交通旅游地图册》，110～111页，济南，山东省地图出版社，2010。河流绘制人：覃金福，桂丽。

《汉书·地理志》载："酉源山，酉水所出，南至沅陵入沅，行千二百里。"在距今两千多年前的秦汉时期，酉水就以酉溪之名著称于史，为武陵"五溪"之一。郦道元《水经注》云："武陵有五溪，谓雄溪、樠溪、无溪、酉溪、辰溪，酉水是其一焉。"唐人梁载言《十道志》云："楚子灭巴，巴子兄弟五人，流入黔中，汉有天下，名曰酉、辰、巫、武、沅等五溪；各为一溪之长，号五溪蛮。"也就是说，秦国灭巴以后，巴子五氏流散到酉、辰、巫、武、沅五溪地区，成为土家先民，当代流传在酉水流域的《摆手歌》就有描写。《酉阳直隶州总志》谓："酉阳城东一百六十里有后溪河，即酉水也，又谓酉水即酉酬河。盖酉酬河自湖北施南府宣恩县发源，经来凤、龙山界流至卯洞而伏，复出于百户司，南至溪口，入酉阳州界，历酉酬、后溪至石堤会龙潭河入湖南保靖县，至辰州府城南入沅水。"可见，生活在酉水流域的人们很早就对酉水有清晰的认识，并且直接记录了酉水的自然环境以及酉水与土家人的紧密联系。

酉水，发源于湖北宣恩县沙道沟镇椿木营乡七姊妹山罗谷川，流经来凤、龙山、酉阳、秀山、永顺、保靖和古丈等地区，至湖南省沅陵县注入沅江汇流洞庭湖，全长约 477 公里，沿途流经 20 多个乡镇，流域面积 18530 平方公里。酉水流域有大小河流及溪水近百条，主要支流有梅江、洗车河、清水江、猛洞河等，主要集居的民族是土家族和苗族。

据考古发现，酉水流域旧石器时代就有人类活动，1973 年为配合凤滩水电站的建设，湘西土家族苗族自治州首次组织文物考古调查组对保靖县至永顺县的酉水河段进行了古遗址、古墓群的调查，1987 年调查组对酉水沿岸的地下文物进行了大规模的普查活动，1988 年考古部门再次对酉水沿岸古遗址、古墓群进行了复查。"三次调查结果，共发现汉代至汉代以上的古文化遗址 73 处。其中旧石器时代遗址 1 处，新石器时代遗址 2 处，商代遗址 2 处，商代、西周遗址 16 处，商代、西周、战国遗址 7 处，商代、西周、战国、汉代遗址 1 处，商代、西周、汉代遗址 6 处，商代、战国遗址 1 处，东周遗址 1 处，东周、汉代遗址 1 处，战国遗址 6 处，战国、汉代遗址 6 处，汉代遗址 23 处。最早时代的是保靖拔茅东洛遗址，为旧石器时代晚期遗址，距今约 1 万—5 万年。"① "1997 年通过对碗米坡水电站库区的文物调查勘探，共发现文物近百处，最后根据文物的大小范围和文化内涵，并将有关文物点合并重组，最后确定了 79 处，其中遗址共 64 处，墓群 12 处和古建筑群 3 处。"②

据汉文文献记载，酉水一带史称"九溪十八洞"，古时居住着一些溪洞"蛮"人部落。周秦之际，名曰"奴猿夷蛋"。《秀山县志》载："秀山溪洞蟠深，自古居奴猿夷蛋之蛮。"酉水流域在唐虞之时，有"蛮地"之称，属"三苗"范围。夏《禹贡》称其为"荆州"之域。商代，属荆楚"鬼方"地域。西周至春秋，属楚"黔中地"。战国时期，楚置"黔中郡"。秦因之。汉高祖五年（公元前 202 年）改"黔中郡"为"武陵郡"。三国时，先属楚，后属吴。南朝陈太建七年（575 年），建沅陵郡，领县五，龙山、永顺、古丈属大乡县，保靖、花垣属迁陵县。……隋置辰州，后复沅陵郡。唐武德二年（619 年），分沅陵县建泸溪县，辖今泸溪、吉首、花垣等地。五代后梁封马殷为楚王，分灵溪郡为上溪、保静、誓下三州（即上中下溪州），今龙山、

① 梁莉莉：《保靖县酉水沿岸古文化遗址古墓葬发掘概述》，见《酉水考略·湘西文史资料》总第 32 辑，220～221 页，内部资料，1994。

② 彭运锐：《湘西境内酉水沿岸古城考》，见《续酉水考略·保靖文史资料》第 11 辑，133 页，内部资料，2004。

保靖、永顺、古丈分属其境。南宋嘉泰三年（1203 年）设五寨长官司于凤凰，属思州军民安抚使。对少数民族实行招抚政策，依次设立宣慰司、安抚司、长官司等，直至清雍正年间的改土归流。①

秦汉以后，酉水流域常常因为种种原因发生动乱，《南齐书·蛮传》曰："武陵酉溪蛮田思飘寇抄。内史王文和讨之，引军深入，蛮自后断其粮。"《太平寰宇记》记载：唐末，"黄巢之乱，酉阳蛮叛"。《酉阳州志》：南宋建炎三年（1129 年），王辟起义，攻克旧州，进入四川，"酉阳群蛮起应之"。《元史·地理志》："元世祖至元二十年（1283 年），四川行省讨平九溪十八洞蛮。"《元史·本记》：延祐七年（1320 年）十月，"酉阳耸侬洞（今秀山宋农）蛮田谋远为寇，命守臣捕之"。泰定三年（1326 年）二月，"酉阳寨冉世昌及何惹洞蛮为寇"。②

战乱造成大量的人员伤亡，时局动荡不安，土地荒芜，导致了酉水流域土家人的生活艰难。同时，战乱也带来了文化之间的融合，加速了酉水流域土家族文化的变化。尽管战争带来的灾难频繁，但是酉水河流域密布着奇峰、峡谷、洼地、悬崖、洞穴，在河谷或山峰的低洼处往往形成了一系列的盆地和宽谷，这些地方构成了相对独立的环境，聚居着大量的土家人，比如，龙山、来凤盆地、秀山盆地、里耶盆地、苗市盆地等。而面积大小不一的小坝子更是数不胜数，这些盆地、小坝子土地肥沃，气候温润，成为土家人赖以生存的良好自然环境，也成为逃避外界纷扰的世外桃源，从而使土家人得以在较为安宁的环境中过着与祖先一样的生活，承继着先祖的文化。

---

① 谭子超：《酉水文明历史上的几个发展时期》，见《续酉水考略·保靖文史资料》第 11 辑，4～5 页，内部资料，2004。

② 伍湛：《土家族的形成及其发展述论》，载《贵州民族研究》，1986（1）。

从龙山里耶镇秦简、花垣茶峒边城到永顺芙蓉镇，从保靖的首八峒到永顺老司城，酉水流域沉积了秦文化，沉积了中国历史上不同朝代的文化，也沉积了土家族文化。这里是巴土文化、巴楚文化、汉文化交流融合的重要地带，在这一带无数的古代遗址、文化典章无不折射出酉水流域文明的光辉。

酉水流域水环绕着山，山环绕着水，山中有水，水中有山，酉水仿如一条巨龙盘踞在中国的西南，又像一条玉带镶嵌在武陵群山之中。由于地形变化多，多断层陷落，形成深沟峡谷的地理景观。这里的土家人生活条件艰苦，在山叠水复的地方过着农耕渔猎生活，“土人之地，重峒复岭，陡壁悬崖，接壤诸峒，重耕农，男女合作，喜渔猎，刀耕火种，日食杂粮”。① 可以说，从千沟万壑中奔流不息、永不枯竭的酉水养育了成千上万的土家儿女，培育了土家人豪爽乐施的性格，诚如《酉阳志》所云：“土家族勤劳勇敢，履险涉岭，捷足如飞，性格粗犷，朴拙纯直，任侠尚气，一语投合倾身与交。”这种环境和文化传统孕育和催生了茅古斯舞、摆手舞、铜铃舞、竹竿舞、三棒鼓、花鼓、傩堂戏、阳戏、山歌、盘歌、薅草锣鼓歌、船工号子、哭嫁歌、送春歌、孝歌等，以及板凳龙、包谷灯、花灯、蚌壳灯、河灯、龙灯、狮子灯、彩龙船、打草毽、打鸡毛毽、荡秋千、顶杠、扳手劲、拔竿、打甩秋、围角棋、打三棋等文化娱乐活动。这些项目有歌伴唱，即兴而作，充分展现了酉水土家人超强的生活智慧和丰富的精神世界。

河流是土家族文化生长的重要依托，河流为土家人的繁衍生息提供了无穷无尽的资源。在土家族生活的区域，河流众多，其中最有代表性的有清江、酉水和乌江，并且各自构成了相对独立而又特色鲜明

---

① （光绪）《古丈坪厅志》。

的文化类型。酉水流域从目前土家族地域分布来说，属于武陵山脉的核心地区，在大山之下流淌着一条条奔腾的江河，围绕清江、酉水和乌江密布着无数的支流，他们构成了网状式的结构编织着武陵地区土家人的生活，也构成了土家人生活的典型自然环境。在山水密布的网状结构中，酉水土家人生成的环境以及由此诞生的民俗传统具有代表性和典型性。

在土家族民俗板块中，酉水流域的土家族民俗具有同一性，这是酉水土家人身份认同的文化基石，但是，又呈现出地方传统的多样性，成为酉水流域土家人生活的根本。

> 清江流域和酉水河流域土家族又有不同的民俗和不同的风格。你从民族的民居建筑来看，来凤宣恩的东门关是酉水河流域和清江流域的分水岭。走到那边就是清江流域了，走到这边就是酉水流域。所以酉水流域的民居建筑风格就不同了。你稍微留意，它就成了两种。①

彭英子先生生活在酉水流域，长期以来一直研究酉水流域土家族文化，他提到的将土家族文化划分为清江流域体系和酉水流域体系是有道理的，并且清晰地划定了两种文化体系的地理界线和文化差异。至于酉水流域土家人民俗传统的共同性元素，彭英子先生认为有以下几项：

---

① 访谈者：林继富、覃金福等；受访者：彭英子；访谈时间：2011 年 7 月 29 日；访谈地点：湖南湘西龙山县民委。

土家族代表性的民俗传统有六项。

第一，土家织锦。土家织锦在过去是女儿的一种嫁妆。就是说土家织锦最初的意义是被面。土家姑娘能够做事的时候，就开始学土家织锦的织法。等她要出嫁的时候，一般会的人都要自己织几幅土家织锦做嫁妆。姑娘出嫁出闺，土家语叫做 zuopo。土家织锦当中有一种扣，这个扣叫 zuo。姑娘要出嫁的时候，就要把这个扣放出去，寓意着把姑娘也放出去了。男方接亲叫做“zuo 啊”，那就是接这一把扣，把它接进来，也就是把这个姑娘接进来。所以土家织锦代表着姑娘婚姻上的一件大事，它是最具代表性的。现在，土家织锦的用途从单纯的被面发展成了被褂啊、口袋啊。

第二，茅古斯。茅古斯是土家族最原始的一种舞蹈，茅古斯在真正演出的时候，还可以和其他的人包括和不是演出的人对话。就是说他们上头演戏，下面的人也可以和他对话。讲话呢，要模仿人类初期时的讲话朦朦胧胧的那种状态，都要讲成这样。走路必须要甩同边手，它就是最原始的一种状态。像永顺的茅古斯已经不原始了，都是已经戏剧化了，属于表演性质了。坡脚、靛房还保留着这种原始状态。这是最具土家族的代表性的。

第三，摆手舞。这个摆手舞，很多地方是摆不来啦，我们现在最典型的，龙山就存在着两种：大摆手和小摆手。大摆手以我们农车乡作为代表，其中大摆手的传承人也是非物质文化遗产国家项目代表性传承人，叫张敏光。大摆手舞其实相当宏大，摆手的技法相当的独特，它不是四步，是三步跳，这个其他地方是没有的。小摆手的跳法更灵活，它把做农活的事情都反映到摆手舞当中去，它的动作粗犷有力，但是它和现在县文化局在我们全县统一跳的有区别，它属于原始性的，也就是在坡脚、靛房这一带。茅古斯也好，摆手舞也好，它们是一个文化现象，可以归到一个统称里面，这个统称的名字就叫“社巴”，“社巴日”。摆手舞也好，茅古斯也好，它在社巴节这一天演出。这一天当中又有摆手舞，又有茅古斯，又有其他的咚咚奎。

第四，溜子，就是打溜子。这一个呢，也是在农车、他砂、靛房、坡脚盛行。结婚喜庆的时候都要请，现在还是盛行。溜子呢，走起路来打。现在通过一些艺术家，在舞台上进行表演，那就更具魅力了，代表性人物是田隆信，溜子在其他地方没有的。后来很多地方把坡脚的田义金等师傅请过去，教他们学溜子，长阳啊、酉阳啊，都是请过的。

第五，咚咚奎。咚咚奎就是把竹片削成薄薄的含片，然后把它吹出来，声音清亮。这个现在只有坡脚这一带存在了，其他的地方很少吹了。这个其他的地方没有，只有在能够讲土话的地方仅存着。这些东西我刚才讲的，都在社巴日这一天表演出来。

第六，土家族的百科全书——梯玛。梯玛就是一个名词，相当于道士。梯玛在土家族来说是文化当中继承整个土家文化的一个集成。做一场梯玛一般要三天到七天，其中有唱、有舞、有对白。梯玛的主要任务有三点：求子，求雨，解邪治病。求子就是给人家不生育的他去求；第二就是天干了去求雨；第三就是有病了治病、解邪。

这六点呢，确确实实，在龙山来说，是非常浓厚，非常原始。那么这个就是不同于其他地方的，而是真正土家族来说的。①

在彭英子看来，虽然清江流域、乌江流域的土家族与酉水流域土家族在文化的整体性和标志性方面没有多少区别，但是，酉水流域的传统属性却最为原真，也最具代表性。可以说，酉水流域土家族在民俗保护方面相对较好，这里交通发展较其他土家族地区滞后，自然环境破坏较少，文化往来较为封闭，这些是影响这里民俗传统变化速度的原因。

酉水流域土家人的生活和文化为土家族被认定为单一民族的身份提供基础。1956 年 5 月和 12 月潘光旦先生为了确认土家族民族身份，两次进入土家族地区，具体到过的土家族自治县为：吉首、凤凰、花垣、古丈、保靖、永顺、龙山、长阳、宜昌、奉节、万县、重庆、綦江、武隆、彭水、酉阳、秀山、黔江、恩施、利川、宣恩、咸丰、来凤、巴东。这些县（市）主要分布在酉水流域，从目前调查情况来看，酉水流域仍是土家族民俗保存较传统的区域。

第二节　过赶年到土家年

土家族传统文化形成受制于历史发展、社会进步和生态环境，在

① 访谈者：林继富、覃金福等；受访者：彭英子；访谈时间：2011 年 7 月 29 日；访谈地点：湖南湘西龙山县民委。

大同小异的社会历史进程和生态环境的影响下，土家族文化传统表现出明显的差异性，其中以河流为中心构成了清江流域土家族传统文化区、酉水流域土家族传统文化区、乌江流域土家族传统文化区，即使在一个传统区域内部也因为种种因素而表现出差异性。

土家族是农耕为主的民族，生活在大山里，山里的平坝和山坡成为土家族农耕的主要区域，在这里养成了以山地型农耕为主的文化传统。农耕的时间观念极强，而在农耕时间中，最重要的时间就是岁末年首，此时的时间属于非常时间，土家人用“年”来庆贺祝愿。因此，“年”是农耕时间表，是土家人生命周期的表达。然而，土家族的“年”是何时产生以及产生之后，“年”文化是如何逐步丰富和完善的，这是我们需要解决的问题。

一、土家族要过年

土家族与其他民族一样有过年的习惯，也有过年的习俗。在土家族的一系列古籍文献有关于土家年的记载中，比如：宣恩地方志、来凤地方志等记载既没有用“赶年”，也没有用“过赶年”等称呼。至今还零星操持土家语的湖南龙山、永顺、保靖等地的土家人将过年称为“起卡”或“弄卡”，其中土家语“起”有“大”的意思，“弄”是“年”，“卡”是“过”，“起卡”、“弄卡”就是“过大（年）”、“过年”意思。[①] 土家族“过年”的习俗一直存在，在明清时期的土家族地方志中确有关于土家族比汉族提前过年习俗的记载。如乾隆版

① 陈廷亮：《土家族真的“过赶年”吗?》，载《中国民族报》，2011年4月22日，第007版。

《永顺府志》、《永顺县志》，光绪版《古丈坪厅志》、同治版《保靖县志》等都有“土人庆岁月大以二十九为岁，月小则以二十八日”的记载。

清道光版《鹤峰州志·风俗》记载：

土户覃、田二姓，土司时于除夕前一日祀神过年，今多仍之。①

清同治二年《宣恩县志》卷二十记载：

十二月二十四日，曰“小年”，亦曰“小除日”。“祀灶神”，戒妄言，谓之“谢灶”。扫除屋宇，曰“打扬尘”。杀猪鸡以祀祖先，曰“祭年”。亲友互相馈送，曰“送年节”。“除日”，洁治酒馔祀祖先，曰“烧年纸”。“除夕”，合家聚食，曰“年更饭”，曰“团年”，或早、或晚，各家不同。长幼次第揖拜，亲友互相来往曰“辞年”，多炊米饭，曰“隔年饭”，曰“压甑饭”。每岁“元宵”、“小除夕”，家家坟上送灯，远望如星灿。是夕圆炉宴集，爆竹金鼓，比户相闻，自夜达旦，曰“守岁”。②

清同治五年《来凤县志》卷三十二记载：

---

① （道光）《鹤峰州志》。

② 丁世良、赵放：《中国地方志民俗资料汇编·中南卷》（上），445页，北京，书目文献出版社，1990。

“除夕”日，洁治酒馔祀祖先，曰“烧年纸”，然不必定“除日”也，自二十日后，日日行之。合家聚食，曰“团年”。长幼次第揖拜，亲友互相往来，曰“辞年”。多做饭，曰“隔年饭”，又曰“压甑饭”。井中下花椒，云诸神下界，水中有毒也。明灯于厨厕等处，谓之“照虚耗”。阶墀墙角遍燃红烛，谓之“迎年”。折蜡树一枝，乱贴金银纸钱于上而供之，谓之“安财神”。围炉宴集，通宵不寐，曰“守岁”。是夕爆竹之声，达旦不绝。①

清同治六年《鹤峰州志续修》卷十四记载：

“除夕”日，更春帖，具酒馔祀神。家人团聚共食，曰“团年饭”。家中器具用纸钱贴挂。晚送纸灯于先人坟茔；夜深复祀灶神，谓灶神是夕下界。饭兼数日之炊，曰“过年饭”。浴身，曰“洗隔年尘”，亦曰“洗邋遢”。子弟拜家长，曰“辞年”。亲友馈送，曰“朝年”。击鼓鸣罗，曰“闹年”。以钱系小儿身，曰“压岁钱”。彻夜不寐，曰“守岁”。②

清同治九年《长乐县志》卷十六记载：

二十四日，谓“过小年”。土著则于二十三日夜“祀灶神”，客户则在二十四日夜，谓送司命上天。“除夕”，具盛

① 丁世良、赵放：《中国地方志民俗资料汇编·中南卷》（上），447～448页，北京，书目文献出版社，1990。

② 同①，442～443页。

馔，阖家相聚饮食，谓之“吃团年饭”。而容美土司则在“除夕”前一日，盖其先人随胡宗宪征倭，于十二月二十九日大犒将士，“除夕”倭不备，遂大捷。后人沿之，遂成家风。“除夕”，戚友以礼物馈送，曰“辞年”。夜深人静，祭祀祖先、灶神，而后掩门，谓“烧关门纸”。①

清光绪四年《龙山县志》卷十六载：

土人度岁，月大以二十九日为岁，月小则以二十八日。相传前土司出军值除日，令民间先期度岁，后遂以为常。是日，土民供土司某神位于堂上，陈以酒醴、鱼肉，而置己祖先木主于门后。祭时，将牛、马、鸡、犬诸物藏洞中，老幼男妇各屏息以待，谓某神在堂，不敢惊也。②

清光绪三十三年《古丈坪厅志·土俗》卷十六记载：

十二月二十八日，夜祀祖，名曰“祭鬼”，禁闻猫犬声。③

也就是说，在清代土家年较汉族年提前一天来过很盛行，或者说，在清代改土归流之前，土家族提前一天“过年”是土家人主要的年

① 丁世良、赵放：《中国地方志民俗资料汇编·中南卷》（上），422页，北京，书目文献出版社，1990。

② 同①，647页。

③ 同①，630页。

节。但从这些记载中我们并没有看到“赶年”或“过赶年”的记录。

民国二十三年《沿河县志》卷十八记载：

> 十二月二十四日为“小除夕”，俗为灶神上天。陈糖果，焚香楮以祀，为“送灶”，亦有二十三日行之者；“除夕”复燃，为“迎灶”。送灶以后，舂米磨粉，以供新年茶点。三十日，陈馔祀祖先。家人聚食，谓之“食年饭”。卑幼拜尊，谓之“辞年”。夜各不眠，谓之“守岁”。“除夕”祀祖先，有于二十八、九行者。①

民国时期《沿河县志》记载了当地人有提前腊月二十三送灶的，也有腊月二十八、二十九过年的，但没有“赶年”或“过赶年”的记录。新中国成立后，土家族地区人民要求确认自己为单一民族的呼声越来越高，20 世纪 50 年代中央和地方多次派出调查团深入土家族地区进行实地调查，各调查团撰写的调查报告中也都有土家族过年习俗的内容。如中央派出的湖南土家调查小组重要成员汪明瑀撰写的《湘西土家概况》中也记载：“过年，月大过二十九日，月小过二十八日，杀猪接祖先，杀猪后将猪放在门角后，用蓑衣盖上，一人持刀在门角等候；若有人从门口经过，即拿刀追赶，赶上了就一定要拉到家中吃一顿酒（据说为了纪念土王，因当时土王很穷）。堂屋用青布蒙起，祭祀的饭上放腊肉，糍粑上插松枝、梅花并用一小篓子插上很多筷子。（据说青布表示军营，为纪念祖先抗倭寇提早 1 天过年，好乘敌人过年

① 丁世良、赵放：《中国地方志民俗资料汇编·西南卷》（下），461 页，北京，北京图书馆出版社，1991。

不备，乘机攻打。)"① 汪教授的报告中提到土家族过年的时间比汉族提前，但名称还是用的“过年”。

其他的分团调查报告中也都提到了土家族过年时间的提前，如《湖南龙山土家族初步调查报告》记载：“十二月二十三日过小年，祭家先。因为自己的家先已自云南赴会回来，又有说从扬州回来的。忌推磨及其他各种推碾子等动作。二十八、二十九、三十共有三天过年。二十八是服孝的人家才过，无者可免，名曰‘祭鬼日’，禁闻猫犬声。”②《龙山县土家族几个情况的调查报告》中记载：“土家人民一般二十三日过小年（也有二十五日过小年的），小月二十八日，大月二十九日过大年则是一致的。不过有些地区，在当年死去了长辈的人家，却提前一天过年。”③ 古丈县分团撰写的《湘西土家族访问团古丈分团访问工作报告》也记载：“土家族过年一般是在腊月二十八日、二十九日、三十日这三天，但不同的姓有不同的过年时间，如田姓人是二十四、二十九、三十日这三天；向姓人是二十八、二十九、三十日三天，而彭姓人则是二十三、二十九、三十日这三天，细塔乡梁姓也过三个年，时间是六月六日（过半年）、十月六日（过秋收年）、腊月二十九日（腊月年)。”④ 永顺县分团撰写的《永顺县对山乡土家人特点的调查报告》也记载：“（土家人）月大二十九日过大年，三十日

---

① 汪明瑀：《湘西土家概况》，见彭继宽编：《湖南土家族社会历史调查资料精选》，35页，长沙，岳麓出版社，2002。

② 严学窘：《湖南龙山土家族初步调查报告》，见彭继宽编：《湖南土家族社会历史调查资料精选》，9～10页，长沙，岳麓出版社，2002。

③ 湖南湘西土家族访问团龙山分团：《龙山县土家族几个情况的调查报告》，见彭继宽编：《湖南土家族社会历史调查资料精选》，269页，长沙，岳麓出版社，2002。

④ 湖南湘西土家族访问团古丈分团：《湘西土家族访问团古丈分团访问工作报告》，见彭继宽编：《湖南土家族社会历史调查资料精选》，286页，长沙，岳麓出版社，2002。

过小年，月小二十八日过大年，二十九日过小年。”① 桑植分团撰写的《湘西土家族的分布情况、历史及风俗习惯》也记载：“土家腊月二十四日过小年……月大是二十九日，月小是二十八日过大年。”②

湖南省湘西土家问题调查组在1956年7月形成的《关于土家情况的调查报告》中写道：“土家过年，除十二月二十三日（有的是二十四日）过小年（送灶君上天）与当地客家相同外，一般是提前一天过年，即大月在二十九，小月在二十八日就过年，过两天，有的还过三天。”③ 在这些调查报告中还是强调了土家族过年时间上的特殊性，在名称上基本上是用“小年”、“大年”或“过年”，没有使用“赶年”或“过赶年”。这些记载表明“过赶年”的称呼是否是后来人的“智慧”呢？

二、过赶年的记录

土家人过年的习俗在地方志等文献和20世纪50年代的土家族系列调查报告中有大量记录，但是，以“赶年”或“过赶年”的名称被记录下来则是发生在20世纪80年代以后，并且主要是一些学者的命名，那么“赶年”命名究竟是如何产生的呢？

田荆贵先生说：

> 原来在20世纪80年代鄂、渝、黔边恢复土家族民族成

---

① 陈廷亮：《土家族真的“过赶年”吗?》，载《中国民族报》，2011年4月22日，第007版。

② 同①。

③ 同①。

> 分时，由于这些地方作为土家民族识别的重要依据——土家语基本消失殆尽，因此只能从这些地区尚保留下来的一些风俗习惯与湘西土家族的风俗习惯进行对比，而月大腊月二十九、月小腊月二十八过大年的习俗在鄂、渝、黔边的土家山寨也同样存在，由于土家人过大年的日期又刚好比汉族腊月三十过大年的日期早一天，即民间所说的“比汉族过大年往前赶了一天”，于是当时参与鄂、渝、黔边恢复土家族民族成分调查的一些学者就将其定名为“过赶年”，并将其作为鄂、渝、黔边土家族习俗的重要部分。①

这样，“赶年”或“过赶年”的说法逐渐在土家族地区中上层社会中宣扬开来，1981年5月恩施地委统战部的调查人员在宣恩县的高罗、东乡、沙道调查，在后来形成的调查报告中就多次记录了“赶年”或“过赶年”。例如：

> 过赶年：过赶年的除田姓外，还有曹、侯、马、覃、向等姓。过赶年的规矩是提前一天过年，不添人，还祭恩人。据传说提前一天过年，是祖先准备在三十的一天和敌人打仗怕过不成年，就提前过年。但怕走漏消息，土王规定过年时不准添人，谁家要添人，就添一个死一个，沿袭到现在不改。正当准备打仗时，有一个人献计，用若干竹筒，里面筑些黄泥河菜，把竹筒打破以后，一筒一筒的黄土，丢在路两旁的

① 陈廷亮：《土家族真的“过赶年”吗?》，载《中国民族报》，2011年4月22日，第007版。

雪中；又着人打许多长草鞋，也丢在路旁，示意让人去敌方报信，说田土王的兵凶得很，又高又大，力气无穷，屙的屎很大，穿的草鞋很长。敌人见状很害怕，就撤退了。田土王不战而胜，很感激这位献计的人，后来每过年，家家都祭恩人，在堂屋中柱边设祭。①

过赶年：提前一天过年。过年坐席，只坐三方，空出一方以观察敌人。吃大肉，每人一块，以便敌人来了，拿着好跑，大肉的重量，有三两、五两……依据人们需要而定的。席上另放一块生肉，系上绑子，备在逃跑时携带。年猪在堂屋里宰杀，藏于门后，盖上蓑衣，擦干地下血迹，以免被人发现。②

提前一天过年，吃的是亡人汤，传说三十准备打仗，把家里杀的年猪的猪肉、肠、肝、肺及豆腐，煮一大锅，意思是把这一头年猪身上的样样都吃到了，就放心去打仗。除夕时，仍然过年。吃大肉，半斤重的大块块。③

“赶年”或“过赶年”的提法出现以后，上级民族部门也开始采用。1982年4月24日，国家民委在《湘鄂川黔四省边境邻近地区部分群众恢复土家族成分工作座谈会纪要》中提出：“在恢复部分群众

---

① 胡挠、石永红搜集：《宣恩高罗土家老人座谈纪要》，见鄂西土家族苗族自治州民族事务委员会：《鄂西少数民族史料辑录》，395～396页，1986。

② 胡挠、杨大金搜集：《宣恩沙道沟苦溪大队土家族的风俗和信仰》，见鄂西土家族苗族自治州民族事务委员会：《鄂西少数民族史料辑录》，396～397页，1986。

③ 胡挠搜集：《宣恩东乡土家风俗习惯》，见鄂西土家族苗族自治州民族事务委员会：《鄂西少数民族史料辑录》，397页，1986。

的土家族成分时，要注重掌握以下两点：（一）申请恢复土家族成分者须有一定的土家族语言、民族特点（如‘赶年’、祭拜祖先祭土王、信奉土老师、跳摆手舞等）；”① 此后在1983年编印的《鄂西土家族简史》、《恩施土家族简介》，1984年编印的《黔江土家族苗族简况》，1986年出版的《土家族简史》中都采用了“赶年”这个说法。

不仅如此，近年来众多学者在土家族相关著作中只要提到年俗都采用了“赶年”或“过赶年”说法。如在杨昌鑫主编的《土家族风俗志》中描述了土家族“赶年”的种种来历传说，都与民族历史和战争有关，书中还简要地描述了酉水流域不同地区过“赶年”的礼仪。彭英明的《土家族文化通志新编》、董珞的《巴风土韵——土家文化源流解析》、刘凤芝的《中国土家族民俗与稻作文化》、白新民的《土家族风情录》、戴楚洲的《土家族》、李绍明的《川东酉水人家》及全国政协暨湖南、湖北、四川、贵州政协文史资料委员会的《土家族百年实录》中都有对土家族过“赶年”各种来历传说的描述。石亚洲的《土家族军事史研究》列举了土家族过“赶年”的六种传说，全都与战争有关。刘孝瑜的《土家族》和彭官章的《土家族文化》对土家族过“赶年”习俗进行了一定描述。

三、回归乡民的叫法

土家族过年，是土家人的事情，那么，土家人是如何称呼自己过年呢？2010年岁末，笔者在宣恩县李家河的黑塘村过年，过年的时间

---

① 鄂西土家族苗族自治州民族事务委员会编：《鄂西土家族苗族自治州民族志》，196页，成都，四川民族出版社，1993。

是腊月二十八，比汉族的“年”要提前一天。当我们问这里提前一天是不是叫“过赶年”的问题时，几乎所有的村民都不知道“过赶年”指什么“年”，于是，笔者就说现在马上要过的这个“年”，他们很快就明白了。2011 年和 2012 年，笔者在湖南龙山、保靖、永顺县，重庆酉阳县多次调查土家年俗，问及当地村民他们过年有没有“赶年”这个叫法，得到的答案与宣恩县李家河黑塘村一样。

2011 年岁末，笔者在保靖县沙湾村调查时曾经采访当地村民：

覃金福：你们这儿过年是什么时候开始过呢？

魏品富：我们比汉人提前一天，月小就过二十八，月大就过二十九。

覃金福：提前过年，你们本地人没有人讲过赶年吧？

魏品富：我们这边没讲赶年，一般都是讲过年。①

在湖南保靖县陇木洞村调查时也就这个问题问了当地村民：

覃金福：现在村里面过年是喊过年还是其他的名字？

彭运江：就是喊过年。

覃金福：有没有听到讲过喊赶年的？

彭运江：赶年没听到讲过，村里还是喊的过年。②

---

① 访谈者：覃金福、张远满、彭丹；受访者：魏品富；访谈时间：2012 年 1 月 17 日；访谈地点：湖南保靖县沙湾村魏品富家。

② 访谈者：覃金福、张远满、彭丹；受访者：彭运江；访谈时间：2012 年 1 月 18 日；访谈地点：湖南保靖县陇木洞村彭运江家。

2012年4月，在湖南龙山县坡脚乡调查时提出了同样的问题：

覃金福：二十九过年你们这里有没有什么喊法？

彭南京：就是喊过年。

林继富：三十还过不过年啊？

彭南京：二十九把所有东西都弄好了，三十也就是舒舒服服吃现成的啊，初一就亲戚朋友拜年来了。①

2012年7月，在湖南永顺县双凤村和土家年俗传承人彭家齐老人聊起了这个问题：

覃金福：你们这以前不是喊过赶年吧，就是喊过年是不？

彭家齐：就是喊土家族过年，他们原来说过赶年，我说你那个不对，过什么赶年啊，就是土家族过年。就是土家年，因为土家族对国家忠啊，土家族人民对国家忠啊，要送子弟给国家服务，抗敌抗倭，现在就是过大年啊。②

从上面笔者采访过的湖北宣恩、湖南保靖、永顺、龙山等地老百姓看来，说“过赶年”，老百姓根本就不知道为何事，当地村民将自己提前一天过的年叫“年”。之所以有“过赶年”的说法，主要为文化人根据土家族的年比汉族“年”提前一天而叫出来的。尽管得到相

① 访谈者：林继富、覃金福；受访者：彭南京；访谈时间：2012年4月20日；访谈地点：湖南龙山县坡脚石堤村彭南京家。

② 访谈者：覃金福、藤召银；受访者：彭家齐；访谈时间：2012年7月10日；访谈地点：湖南永顺县双凤村彭家齐家。

当多人的认可，主要是地方文化人，包括一些土家族研究专家。然而，土家族民众并不知道这是怎么回事，土家人几千年来就这么过年，哪管你怎么去定义这个节日的名称。然而，这种来自时间计算上的简单逻辑，意味着不符合土家族人的生活常理，于是为土家族“年”正名就显得尤为必要。近几年，一些土家族学者也开始发文章反驳“赶年”这种说法，张伟权和陈廷亮都是湖南龙山县出生的土家族，他们都精通土家语。张伟权的《土家“过赶年”辨》和陈廷亮的《土家族真的“过赶年”吗?》都对“过赶年”这个提法提出了质疑，他们不仅从文献资料和实地调查中反驳“过赶年”这个叫法，而且两位精通土家语的学者还从土家语的角度得出“过赶年”这个叫法是不科学的。

2010 年文化部公示的第三批国家级非物质文化遗产名录推荐项目名单“民俗类”中，“土家年”由湘西土家族苗族自治州永顺县申报，并获得批准，该申报书并没有使用“赶年”的叫法，表明了政府尊重土家族的生活习惯。当时主持申报“土家年”为非物质文化遗产项目的是永顺县文化局向先林局长，对于为什么使用“土家年”这个词，我们访问了局长：

覃金福：向局长，2010 年永顺县已经成功将“土家年”申报为国家级非物质文化遗产，当时永顺县申报的时候为什么用了“土家年”这个标题，而不是用以前学术界一直使用的“赶年”?

向先林：这个是这样的，当时我们省级的时候都还是用的“过赶年”，后面报到中央去的时候上面给改了的，改成“土家年”的。我们申报一直是用的“过赶年”，平常我们过年是喊的大年小年。

覃金福：当时是哪些人给你们的修改意见？

向先林：当时我们往国家级报的时候征求了相关专家的建议，把名字改成了“土家年”。①

从向局长的披露中可以看出，他说平常过年就是叫过大年和小年，没有叫“过赶年”，只是以前学术界和出版物中都叫“过赶年”，所以申报之初才使用“过赶年”一词，好在往国家上报时听取了专家的意见，回归了乡民的叫法。看来在土家族过年的称呼上，叫“土家族赶年”的有专家的意见，回归“土家年”的也有专家的意见，这似乎道出了文化人包括专家，在建构地方文化传统方面的重要力量，尤其是引导地方传统发展上的特殊价值。

第三节　土家年的差异性

今天的土家族和汉族一样十分重视“过年”，但是，“过年”习俗与其他土家族文化同样受制于历史传统和自然生态的影响而呈现不同的局面，且不说习俗上的差异，就是过年的时间上也有相当多的不一样。其中“过年”时间有多种：如有的土家族生活区，如果腊月大，过年就是二十九日；如腊月小，过年则是二十八日。有的地区不管腊

① 访谈者：覃金福；受访者：向先林；访谈时间：2012 年 3 月 7 日；访谈地点：湖南永顺县文化局。

月大小都是二十八过年，有的地区是四月八或四月十八过年，有的地区是六月六过年。有的土家族地区，“过年”时间与汉族一样，在腊月最后一天。也就是说，土家族的“过年”时间因地域不同而有所差异。

新中国成立后的20世纪50年代，为了确认土家族为一个单一民族，中央和湖南省派出调查团深入湘西土家族地区进行实地调查，在各分团撰写的调查报告中都记录了土家族过年时间上的差异，严学窘撰写的《湖南龙山土家族初步调查报告》、湖南湘西土家族访问团龙山分团撰写的《龙山县土家族几个情况的调查报告》、永顺县分团撰写的《永顺县对山乡土家人特点的调查报告》、桑植分团撰写的《湘西土家族的分布情况、历史及风俗习惯》、古丈分团撰写的《湘西土家族访问团古丈分团访问工作报告》以及湖南省湘西土家问题调查组在1956年7月形成的《关于土家情况的调查报告》中都有相关记载。

现在提前过年的土家族也过三十的年，只不过“过三十年”要简单一些。这些土家人认为提前过的年要大一些，要办得隆重一些，与汉族同样时间过的年要小一些，过得相对简单一些。湖南永顺县双凤村土家年俗传承人彭家齐说：“我们这月大二十九过，月小二十八过，我们土家族还是过两个年，二十九年要大一些，三十年要小一些。”①

湖南双凤村摆手舞传承人田仁信说道：

覃金福：三十那天年也过，那哪个年大些呢？

---

① 访谈者：覃金福、藤召银；受访者：彭家齐；访谈时间：2012年7月10日；访谈地点：湖南永顺县双凤村彭家齐家。

田仁信：二十九大些，三十吃现成的。①

湖南龙山县坡脚乡石堤村彭南京老人在谈到这个问题时说："二十九和三十的年统称为过年，二十九的年要大一些。"② 湖南保靖县陇木洞村彭景钰老人告诉我们："我们这里没得三十就二十八过，有三十我们就过二十九。三十那天要过，三十夜要坐通夜。但三十夜还是要小些。"③

就是在土家族内部，姓氏不同也会存在过年时间的不同，20 世纪 50 年代土家族身份识别调查团古丈县分团撰写的《湘西土家族访问团古丈分团访问工作报告》中记载："土家族过年一般是在腊月二十八日、二十九日、三十日这三天，但不同的姓有不同的过年时间，如田姓人是二十四、二十九、三十日这三天；向姓人是二十八、二十九、三十日三天，而彭姓人则是二十三、二十九、三十日这三天，细塔乡梁姓也过三个年，时间是六月六日（过半年）、十月六日（过秋收年）、腊月二十九日（腊月年）。"④ 李绍明先生曾在他的《川东西水人家》里记录了不同姓氏土家人的"过年"时间：

川东酉水土家过"春节"，比汉族提前一两天，或六七天不等，称为"赶年"。过"赶年"的时间，因姓氏宗支、

① 访谈者：覃金福、藤召银；受访者：田仁信；访谈时间：2012 年 7 月 8 日；访谈地点：湖南永顺县双凤村田仁信家。

② 访谈者：林继富、覃金福；受访者：彭南京；访谈时间：2012 年 4 月 20 日；访谈地点：湖南龙山县坡脚石堤村彭南京家。

③ 访谈者：覃金福、张远满、彭丹；受访者：彭景钰；访谈时间：2012 年 1 月 18 日；访谈地点：湖南保靖县陇木洞村彭运江家。

④ 湖南湘西土家族访问团古丈分团：《湘西土家族访问团古丈分团访问工作报告》，见彭继宽：《湖南土家族社会历史调查资料精选》，286 页，长沙，岳麓出版社，2002。

地域而异。如：老寨乡彭姓，为腊月二十九日。石堤乡田姓，可大乡和沙滩乡李姓，为腊月二十八日。后溪乡彭姓，为腊月二十四日。部分向姓和张姓，大年初一黎明前过年。①

秀山石堤，彭、白、李、马、蔡、田六姓为农历四月十七日或四月十八日。酉阳酉水乡龙头村田姓、沙滩新寨和石堤海洋乡彭姓中的一支为四月八日，另一支为四月十八日，老寨彭姓过五月初五，沙滩彭姓过五月十五。②

根据前人的记录和我们的调查，土家人“过年”的时间和地域特点明显，同是生活在一个县的土家族过年都有区别，在酉水流域，土家族过年的时间及其风俗往往以村落为单位。比如，2010 年我们调查的黑塘村就与周围土家族村落不一样，黑塘村不管月大月小都在腊月二十八这一天过大年，这一天是下午团年，在三十早上还要过一个年，要边吃团年饭边等天亮，而周围其他村过年在腊月三十下午。有的即便是同一个村落也有差别，2011 年岁末笔者在湖南保靖县陇木洞村调查时发现，该村 90% 的彭姓土家族是月大二十九，月小二十八过年，但唯独彭翠香一家是腊月二十七过年。

彭翠香：我屋以前是二十七过年，就是我一家二十七过年。

覃金福：那您屋为什么是二十七过年？

彭秀菊：她屋是幺房土，等不起啊，就二十七过年啊。

---

① 李绍明：《川东酉水人家》，202 页，成都，成都出版社，1993。

② 同①，206 页。

彭翠香：我屋是从普戎那边搬过来的嘛。①

有的土家村落分不同的组，不同的组过年时间也不一样。

彭翠香：那边还有一寨是清早过年。

覃金福：他们姓什么？

彭景钰：是姓彭，但是字辈不同。

彭景塘：他们老寨的，那时候过来搭我们姓，还是早上过年。他们过年和我们昂洞人不同。

覃金福：他们跟你们现在是不是一个村呢？

彭秀菊：是一个村，他们那边一组，我们这边二组，那边三、四组，一共四个组。

覃金福：你们二组这边一般是下午过年。

彭秀菊：嗯，我们都是下午过年。②

由此可见，生活在酉水流域的其他土家人的过年习俗的差异性就可想而知了。这些因为地域、村落、姓氏等差异而导致的“过年”时间的不同，在当地人看来没有什么可以解释的，他们在年复一年地过着自己的年，过着自己的生活。那么，为什么会出现这种差异性呢？我们以为背后隐藏的历史和文化情怀值得深入地讨论。

---

① 访谈者：覃金福、张远满、彭丹；受访者：彭翠香、彭秀菊；访谈时间：2012年1月18日；访谈地点：湖南保靖县陇木洞村彭运江家。

② 访谈者：覃金福、张远满、彭丹；受访者：彭景塘、彭景钰、彭翠香、彭秀菊；访谈时间：2012年1月18日；访谈地点：湖南保靖县陇木洞村彭运江家。

第四节　“年”的解释

“年”是一个民族重要的时间节点，汉族在解释何谓“年”的时候，说“年”是一个常常在特定时间出来骚扰人们正常生活的怪兽，于是人们用红红的火来驱赶它，人们通宵不睡觉防备它。这些解释在当时人们的生活境况下自有道理，并且以幻想的故事解释具体的民俗活动，成为民众情感化的有效表达。土家年在民众的解释逻辑中，同样贯穿了历史情感和土家人的生活。

较早记录“土家年”起因的是清代的地方志，清同治九年（1870年）《长乐县志》卷十六载：“除夕具盛馔，阖家相聚饮食，谓之‘吃团年饭’。而容美土司则在‘除夕’前一日，盖其先人随胡宗宪征倭，于十二月二十九日大犒将士，‘除夕’倭不备，遂大捷。后人沿之，遂成家风。”① 这里记载了土家族要提前过年，并且将提前过年原因具体化，那就是与土家族先祖抗倭大捷联系起来。清光绪四年（1878年）《龙山县志》卷十六记载：“土人度岁，月大以二十九日为岁，月小则以二十八日。相传前土司出军值除日，令民间先期度岁，后遂以为常。是日，土民供土司某神位于堂上，陈以酒醴、鱼肉，而置己祖先木主于门后。祭时，将牛、马、鸡、犬诸物藏洞中，老幼男妇各屏

① 丁世良、赵放：《中国地方志民俗资料汇编·中南卷》（上），422页，北京，书目文献出版社，1990。

息以待，谓某神在堂，不敢惊也。”① 这里不仅记录了土家族过年的时间，也记录土家族提前过年的原因，是因为土司出兵正好赶上除夕，为了让土民提前过年，就诞生了提前过年的习俗。从清代地方志记录可以看出，土家族提前过年都与战争相关。后来的一些关于土家年起因的传说多与战争有关，也有一些其他的原因。具体来说包括以下几种：

抗倭说　相传在明朝嘉靖年间，土家族的先民随胡宗宪征倭寇，在十二月二十九那天就提前一天过了年，犒所有将士。将士们吃了丰盛的酒席，养精蓄锐，到除夕那天乘倭寇没有防备时攻打，取得胜利。以后，为了纪念土家先人，提前过年，并成为每年最盛大的节日。另一种传说，主要是说提前过了年出征，才能取得抗倭寇胜利，以后就相沿成习。所以土家人在过年吃饭时，有的事先还要手持扁担在房前屋后走一圈，并用吹火筒呜呜地吹奏一番，表示在出征前，吹牛角集合的情景；有的拿着猎枪在附近的山上走一趟，象征性地摸敌人营盘，以纪念先辈取得的胜利。②

明代嘉靖年间，东南沿海一带受倭寇骚扰，倭祸蔓延，皇帝老儿征调土兵征倭。当时正值年关，按期出征势必不能吃团年饭，于是提前把年过了。从王村上船，踏上抗倭前线。土兵英勇善战，大破倭兵，立了大功。后人纪念抗倭的胜利，

---

①　丁世良、赵放：《中国地方志民俗资料汇编·中南卷》（上），647 页，北京，书目文献出版社，1990。

②　刘孝瑜：《土家族》，44～45 页，北京，民族出版社，1989。

就把提前一天过年定为固定的习俗。①

嘉靖三十三年（1554 年）五月，朝议，以倭寇猖獗，命张经解部务，湖广诸军、士兵听用。保靖州宣慰彭荩臣接令后，集船工数百，在保靖城西与酉水相汇的小溪（后改名为朦瞳溪）赶造战船；集铁匠数百，在保靖城西的冶炼厂铸造兵器；又令各路人马，在保靖城南的教场坪练兵。彭身正律己，军纪严明，名声显赫，威震湘西。为报效征调，彭鼓动全军将士忠心报国。当时，春节在即，军令在急，为安定军心，鼓舞士气，全军将士相聚一起，在军营驻地“祝子坪”火炮连天，举杯共饮，提前到二十八日过了年。将士眷属来军营以物相赠，挥泪送别。嘉靖三十四年（1555 年）初，彭荩臣统领士兵三万，调永顺司彭翼南带领三千，一同出兵前往征剿。因途程遥远，恐粮难接应，征士兵一千，由荩臣长子守忠带领，随后运粮，一路进发，军旗遮天。同年四月十四日到达苏州。探子报，倭寇聚常熟县，彭荩臣发令攻打未开，连攻七日，依然不下，荩臣将兵丁四面常围常熟县，令彭翼南掘地道以火炮震城至五月九日，地雷猛然大发一声，城崩二丈，众军鸣锣，火把四路截杀，斩寇首一千余名，生擒倭将一名，倭寇大败逃往沈家庄。嘉靖三十五年（1556 年），钦差总督军门扎付，尚书赵、侍郎胡，调荩臣八千兵复剿倭贼，彭荩臣长子守忠选杀手三千进兵浙江胡口扎营，又恐倭逃遁海洋，彭荩臣带彭翼南由广城进兵攻沈家庄，直抵徐海巢穴，贼用火器甚烈，攻打不破。彭荩臣挑精兵两千，

① 彭勃：《永顺土家族》，169 页，永顺县民族事务委员会编印，1992。

备七天干粮，用船六十只，每船用竹编笆遮，抵挡火器，至三更候，船夫暗搭浮桥冲过贼营，顺风放火，奋勇交战五昼夜，将倭寇杀败。九月圣旨一道恩升荩臣为云南布政司，又加封云南将军参政，升彭翼南为抗倭将军。消息传来，家乡人民甚是鼓舞，便提前到腊月二十八日过年，作为土家人民爱国的象征传承。①

此外，在《保靖县志》、《古丈县志》、《凤凰厅志》中都有关于土家族提前过年与抗倭有关的记录。至今在永顺县城中心广场上还可看到矗立高大的彭翼南雕像，供当地土家人瞻仰祭拜。

抗敌说　在过去很远很远的年代，贝锦卡首领，带领部落来到了贝锦寨，见到那里柴水方便，树上挂满了红彤彤的果子，野牲口成群结队，河里的鱼很多，高兴极了，便决定在这个美丽的寨子住下来。当官兵赶来，要把这个部落赶走时，贝锦卡不投降，坚持打了三年又六个月，最后趁来犯官兵三十过年的时候攻打敌人而取胜。后人为纪念这个胜利的日子，每年的春节都要提前一天过年。②

传说在清朝时代，古丈会溪坪下面的一个山包上，是土王与客王赵都督打仗的地方。传说有一年快过年的时候，土王被客王赵都督追赶到一个山包上驻扎下来，好多土家人民也跟土王被包围。眼看要过年了，大家要求提前两天过年。

---

① 田茂和：《土家族过年》，见《酉水考略》湘西文史资料总第32辑，231～232，内部版，1994。

② 刘孝瑜：《土家族》，45页，北京，民族出版社，1989。

腊月二十八在山上过年后，初一早晨，天刚蒙蒙亮，山上人马杀声震天，敌军看不清有多少人马，吓得四处逃窜，为了纪念战争的胜利，后人就继承了当时过年的风俗。①

明末抗清女英雄秦良玉奉诏率“白杆兵”北上抗清勤王，有一年腊月除夕年关，为犒劳将士出征，决定提前过年，好让将士奔赴前线奋勇杀敌。秦良玉后来率“白杆兵”血战浑河，收复永平四城，受到明崇祯皇帝御笔四章表其战功。为纪念这位民族女英雄，土家山寨每年提前过年，一直沿袭至今。②

传说有一年，土王与官兵打仗，官兵把土王的人马追到清江源头都亭山。并准备在腊月三十那天出击官兵。有个士兵建议提前过年，被土王采纳。吃了年饭后，腊月三十那天，土王召集人马杀下山去，官兵正在吃团年饭，被土王的人马杀的死的死，伤的伤。为了纪念这次战争，土家人就兴提前过年。③

迁徙定居说　土家族腊月二十九过小年，随便弄几样荤菜；腊月三十过大年，特别丰盛。这一天要动起炸、办年饭，全家忙一整天。同时土家人也有二十九过大年，三十过小年的。传说很早以前，土家人有弟兄俩，从水路来鄂西，哥哥乘坐的是杉木船，弟弟乘坐的是猴栗木船。杉木船轻些，哥哥先到，全家人住下来，就生起火，欢欢喜喜吃了一餐。这

① 彭镜涵讲述：《土家人提前过年的历史传说》，见阳盛海：《湘西土家族历史文化资料》，416页，长沙，湖南人民出版社，2009。

② 《土家族春节过“赶年”》，载《人民日报·海外版》，2005年2月4日，第八版。

③ 黄锡银、谭桂香讲述，黄汝家搜集整理：《过赶年》，见王月圣：《鄂西民间故事集》，276页，北京，中国民间文艺出版社，1989。

就是腊月二十九。猴栗木船慢些，弟弟腊月三十才赶到。全家人也住下来，欢欢喜喜吃了第一餐饭。后来兄弟俩都分别把自己到的那一天定为过大年，同时在对方到的那天也得庆祝一番，有点表示，就算过小年。这样就有了大年和小年的分别。①

洛塔何氏和田氏为什么要在腊月二十八过赶年呢？传说当时只有九节牛角的何氏兄弟和田好汉来到洛塔一带，森林茂密，山中的猫儿野兽很多，但找不到野猪，他们就出去打猎。有一个人在腊月二十八，打了一个野物做了年肉，就在这天过了年，以后，他们就在腊月二十八过年。②

相传，在龙山洗车河草菜一带的向氏和尚氏，在共同落难时结拜成兄弟的，一个是大姓，一个是小姓；过赶年的时候，大姓过二十八，小姓过二十七。③

严家和彭家都是从江西同时出发的，到常德才坐船。彭家的船是青枫木做的，严家的船是杉木做的，杉木船驶得快些。严家的船开到了桃源，彭家的船还在后面慢慢地划。于是严家就等着。彭家的人狡猾些，到了桃源，买了许多酒肉，请严家的人吃，把严家的人灌醉后，就悄悄地把严家的杉木船开走了。严家的人醒来，彭家的船已经走了很远。彭家的船在腊月三十就赶到了住的地方，严家的船直到第二年六月

---

① 田裁缝口述：《大年和小年》，见《摆手舞与普舍树——民族民间故事传说》第二辑，11页，内部资料，1986。

② 刘孝瑜：《土家族》，45页，北京，民族出版社，1989。

③ 同②，45～46页。

六才赶到。因为没有赶到过年，所以在六月六才过年。①

还有很多土家族提前过年起因的故事传说，在众多的传说性解释中，将土家族提前过年说成是抗击倭寇等偶然性事件最多，这种事件衍生出众多的仪式性的固定内容，但是，土家人过年也存有许多不确定因素，尤其是在关涉到过年起源问题上各执一词，归结起来，土家族提前过年与明嘉靖年间土兵抗倭有很大关系。董珞在《巴风土韵——土家文化源流解析》中分析写道："据《明实录·世宗实录·嘉靖三十三年》所记，朝廷'命调'永顺、保靖土兵'前赴苏、松剿贼'，事在当年十二月甲戌。按：是月朔日为丁卯，则甲戌为初八。照快马急传的速度估算，从北京到永顺和保靖总得半个月左右。待永顺和保靖两位宣慰使接旨时，离除夕只有几天了。按最高的办事效率估算，从土司接旨到土兵齐集，少说也得六七天，恰在除夕前后。由此可知，永顺、保靖、古丈、凤凰等县的有关传说基本属实。"②

我们在长期的土家族地区调查中也询问了不少老人，他们说起土家族提前过年的原因也大都与此相关。为此我们曾就此事访问过宣恩县黑塘村的李才佑老人：

覃金福：你们这以前是从哪里迁过来的？

李才佑：从龙山洗洛迁过来的。

覃金福：大概从洗洛是什么时候迁过来的？

① 彭承松讲述：《严家为什么六月六过年》，见阳盛海：《湘西土家族历史文化资料》，420页，长沙，湖南人民出版社，2009。

② 董珞：《巴风土韵——土家文化源流解析》，251页，武汉，武汉大学出版社，1999。

李才佑：我们都不晓得，只是听老人家讲。

覃金福：你们这过年时间提前，那些老人家是怎么讲的嘛？

李才佑：那时候说要去当兵，二十九要走，二十八就把年过了，后头二十九又没走成，三十早上走，后头嘛三十早上天没亮就又过年，过了就走。那三十早上早得很，天没亮就都放炮火过年啊，边吃边亮。①

就土家族提前过年的原因，我们还访问了永顺县双凤村土家年俗的传承人彭家齐老人：

覃金福：为什么提前二十九要过了？

彭家齐：因为土司那个时候要抗倭，抗敌去，要派土兵，就要土家族把儿啊、孙啊送去当兵，上面命令来了要走，就在二十九提前过年了，所以就这样传下来始终就没改了。二十九过完年了，上面要彭翼南抗倭去，就这样年年要送兵，我们从小老人家就这样讲，都是二十九过年啊。②

这些不同的解释成为当地土家人理解年的生长、传承的重要力量，这种依赖于特殊力量的解释成为认识土家年的有效途径。爱弥尔·涂尔干在《宗教生活的基本形式》中说："每当我们从某个特

① 访谈者：林继富、覃金福；受访者：李才佑；访谈时间：2011年1月31日；访谈地点：湖北宣恩县李家河乡黑塘村李才佑家。

② 访谈者：覃金福、藤召银；受访者：彭家齐；访谈时间：2012年7月10日；访谈地点：湖南永顺县双凤村彭家齐家。

定的历史时期中选取与人类有关的某些事物，如宗教信仰、道德戒律、法律准则、美学风格或经济体系并着手解释的时候，必须追溯其最原始和最简单的形式，尽力说明在那个时代标志它的各种特征，再进一步展示它是如何发展起来，如何逐步变得复杂起来，如何变成我们所要讨论的那个样子的。很容易理解，决定我们的研究起点对这种循序渐进的系列解释至关重要，因为所有其他解释都是据此为出发点的。笛卡尔就有一条原理：在科学真理的链条中，最初的环节始终居于支配地位。”① 土家年的来历的多样化解释，包含了归一化的文化内涵，那就是战争，保家卫国的战争。可以说，在土家年的传说里记忆了土家族先祖为了顾全大家而舍弃小我的崇高品德，无论这类传说包含了多少的虚幻成分，但沉淀在土家人内心深处的精神品德在土家年的传说中得到了很好的张扬，成为土家族历史记忆和情感表达的重要依托。

土家族“过年”因时间不同而各有差异，其中比汉族“过年”提前一天的有学者叫“过赶年”，这种“过年”的时间，从目前调查情况来看，主要在酉水河流域和贵州等有土家语传承的土家族生活地区。而清江流域等地的土家族“过年”的时间与汉族是一致的，这种“年”同样属于“土家年”的内容。

① 爱弥尔·涂尔干著，渠东、汲喆译：《宗教生活的基本形式》，3页，上海，上海人民出版社，1999。

第二章　土家族的公共文化时间体系

节日是人们在特定的时间、特定的地点举行特定的活动，节日的诞生和历法有关，比如汉族“农历把一年分为 12 月 4 时（春、夏、秋、冬）、8 节（立春、春分、立夏、夏至、立秋、秋分、立冬、冬至）和 24 节气。所谓的节是对岁时的分节，两节气相交接之日为交节，由此而转为节日。节日的本意是指节气相交之间，在后来的发展中，节气节日中的部分节日演变成民俗节日。”① 既然节日是从历法的交节点演变而来，而历法是古人在长期的生产实践中逐步认识到季节更替和气候变化的规律而制定，以反映四季、气温、降雨、物候等方面的变化，是劳动人民生产生活经验的总结。由此推算节日应该起源

① 彭官章：《土家族文化》，171 页，长春，吉林教育出版社，1991。

于人们的生产和生活，是人们生活节律的体现，是人们在生产生活中逐渐约定俗成的一种民俗事象。

土家族生活在封闭的武陵山区，没有自己的历法，由于受汉族文化的影响较深，土家族的节日系统与汉族的节日系统有很大关系，他们的节日借用了汉族的农历纪年法，但又不完全相同。“土家族与汉族交往密切，土家族选择了汉族的某些节日习俗镶嵌在自己的节日习俗上，但不是完完全全的照搬，而是经过了一定的过滤、变形和改造，然后与土家族节日习俗相结合，使之符合土家族文化的需要，既不雷同于汉族节日，又极富有土家族个性，给土家族传统文化涂上了丰富的色彩。”①

土家族的节日和历法有很大关系，虽然土家族没有自己的历法，而是借用了汉族的农历，但是土家族的节日确又有自己很多的特点。彭英子在其《土家源》中提出两个观点：其一，土家族的节日是土家族历法的主要表现；其二，物候是土家族历法的时间表。土家族的几个重要节日如过年、过十五、四月八、大端午、大重阳等，它们的时间不是提前一天就是推迟十天，避开其他因素不说，其实与土家族的生产相关。“土家人过十四节，因正月初三至十四一般开展跳摆手舞活动时间，故把十四称为社巴日的终端时间日，到了十四不再跳了，吃完过年时的备菜，烧掉过年期间杀牲畜时用钱纸醮血粘贴在各门上的纸，准备农耕或狩猎。故有‘烧了门前纸，各自找钱米’，‘各讨各的吃’等俗语。每到正月十五之后，乘寒春交替之际，农闲之余进行狩猎，以所获的兽皮、肉，特别是麝香等换取钱来购买农事所需用品，有的直到清明前才赶回家中，从事农耕。……四月八时节正是小满节

① 彭官章：《土家族文化》，172页，长春，吉林教育出版社，1991。

气，武陵山区农活最忙的时候，没有时间过节日，只好推迟10日到十八过节，才有空闲。……五月端午节，土家人不过初五，而过十五大端午。等着五月十三日的磨刀节，要杀猪宰羊，预备十五日请客设宴。端午即到夏至时节，田间管理尤为重要，所以，端午是一个农田管理的标志日。……九月九日是重阳，土家人不过初九，而过十九大重阳。初九时节正是霜降之时，要摘茶籽。……几天之内要到树上采摘完，才能保证产量和质量。土家人深知这个道理，宁愿推迟节日，也要摘茶籽归屋，到十九时，茶籽摘完，安心过节。……表现了土家人的勤劳智慧，不违农时的科学态度，按自然规律，安排农事活动和节假日。”①

彭英子提到，土家族这几个节日之所以会提前或推迟，是因为农事生产的需要，从这些节日就能体现土家族的历法。他还提出物候是土家族历法的时间表，从植物和动物的活动时间来看土家族的生产活动，并列出物候与节气对应表。

表2－1　物候与节气（相对地）对应表②

时间	植物	动物	节日	节气	农事	俗谚
正月	樱桃花		元宵节	立春、雨水	狩猎	烧了门前纸，各自找钱米。立春雨水早，早起晚睡觉。

① 彭英子：《土家源》，90～91页，内部资料，2008。

② 同①，92页。

续表

时间	植物	动物	节日	节气	农事	俗谚
二月	桃花	燕子、青蛙	社	惊蛰、春分	砍火畲、烧灰	二月桃花开，懒死牛和羊。惊蛰不动风，冷到端午中。
三月	桐子花	蛇、阳雀	清明	清明、谷雨	播种	三月桐子花，冷死老人家。清明要雨，谷雨要淋。
四月	枇杷熟	布谷	四月八	立夏、小满	插秧	四月八，烂枇杷。立夏不下雨，犁耙高挂起。
五月	黄瓜熟	黄莺	端午	芒种、夏至	田间管理	五月端午烂黄瓜。
六月	荷花开	蝉鸣	六月六	小暑、大暑	防旱	六月六，晒龙袍。暑前不热，果子不结。
七月	稻花扬	杜鹃失啼	七月半	立秋、处暑	防旱	见蛇不打烧纸钱。立秋三日，地凉三尺。
八月	桂花香		中秋节	白露、秋分	收粮	八月白露节，蚊子死不cé①。

① 方言，意为蚊子死得很快。

续表

时间	植物	动物	节日	节气	农事	俗谚
九月	菊花黄	燕南飞	重阳	寒露、霜降	摘茶桐、种油菜、荞子	
十月				立冬、小雪	种麦子	十月小阳春。立冬日出头，正月多牛肉。
冬月				大雪、冬至	翻耕	
腊月				小寒、大寒	狩猎	

总之，土家族的节日既和汉族历法的节气有关，又是自己农事生产需要的体现，节日之于农耕民族来说，是农业生产的时间表，也是调适生活节律的时间表。可以说，土家年很好地处理了人与逝去的先祖、人与现在的乡民、人与自然的关系，从而实现和谐生存、不断发展。

第一节　春季节日

一、立春日

土家族是一个典型的山地农耕民族，在立春这一天会举行占卜仪式，以预测今年农业天气情况。所以立春日对于一个农业民族极其重要，明清时期土家人就已经非常重视立春日，这在明清地方志中多有记载。

明嘉靖《常德府志》载："'立春'，观土牛，以牛首红白等色占水旱等灾，以句芒鞋帽占寒燠晴雨。人家近有以生菜做春盘，茹春饼，亲友会饮，谓之'春台席'。"① 清道光四年《凤凰厅志》卷二十载："'立春'先一日，厅官率同城僚属迎春东郊，祀句芒，出土牛，散花结彩，各扮故事，迎入官署，次游各街市。先期有沅陵县民持春鼓绕春歌击，曰'打春'。至是日，随彩仗往来歌唱，曰'迎新春'。以土牛色占水旱疾疫，以句芒帽鞋占春之迟早及晴雨寒暖。'立春日'，厅官鞭土牛，谓之'打春'。以小土牛送绅士，谓之'送春'。"② 清道光十四年《施南府志》载："春酒，彼此招饮。"③ 清同治五年《来凤县志》卷三十二载："'立春'前一日，印官朝服亮舆率僚属迎春，列芒神、土牛于前，结彩亭，以童子扮台阁故事，旌旗鼓吹导至东郊。行礼毕，以一人善口辩者充春官，首戴纱帽，奔走陈说，曰'讲春'。是日倾城往观，男女云集。'立春日'，以彩鞭鞭春牛，曰'打春'。农民纷纷争取其残，云置栏内辟牛瘟。别以小土牛，长三寸许，送士绅家，曰'送春'。是日宜晴，歌曰'立春晴一日，农夫不用力'。"④ 清同治六年《鹤峰州志续修》卷十四载："'立春'先一日，地方官迎春东郊，农官随行，乡村男女赴城来观者如堵。铺户当街结彩，跪献

① 丁世良、赵放：《中国地方志民俗资料汇编·中南卷》（上），649页，北京，书目文献出版社，1990。

② 同①，632页。

③ 同①，435页。

④ 同①，446页。

春酒，胥吏插纸花帽侧，谓之‘春花’。”① 清同治七年《武陵县志》卷三十二载：“‘立春’先一日，官府迎春东门外，民间竞看土牛、芒神，以占一岁灾祥。”② 清同治八年《保靖志稿辑要》卷四（城市）《岁时民俗》载：“‘立春’前一日，各行备办春牛、芒神，并献春台故事，比户争睹，官僚迎春于东郊。”③，而清同治八年《保靖志稿辑要》卷四（乡都）《岁时民俗》载：“‘立春’先一日，迎春东郊，乡人结伴入城，扶老携幼，争看春牛颜色，以卜四时水旱，预占播种所宜。”④ 清同治十一年《桑植县志》卷八载：“‘立春’，观土牛，以牛首红白等色占水旱诸类，以句芒鞋帽占寒暑晴雨。家贴宜春字。”⑤ 清光绪四年《龙山县志》卷十六载：“‘立春’先一日，知县率僚属迎春东郊，祀句芒神，出土牛，散春花，结彩亭，扮台阁故事，男妇集观如云，旗帜鼓吹迎入署。乡人挂长鼓，随彩仗击而歌之，曰‘迎新春’。以土牛色占水旱疾疫，以芒神帽鞋占春迟早及晴雨。‘立春日’鞭土牛，谓之‘打春’。乡民取牛身土块，归置牲圈，曰蕃畜牧也。别以小土牛十余头分送绅士家，谓之‘送春’。”⑥

从以上土家族地区地方志文献中可以看出，在立春日这一天主要是由官府举行迎春活动，民众也积极参与，期间有很多表演活动，当时立春日是土家族地区民众每年很注重的一个节日。近现代随着科学的发展，技术的进步，立春日的占卜活动已经没有，但是送春活动还存在。

---

① 丁世良、赵放：《中国地方志民俗资料汇编·中南卷》（上），441 页，北京，书目文献出版社，1990。

② 同①，654 页。

③ 同①，642 页。

④ 同①，643 页。

⑤ 同①，624 页。

⑥ 同①，646 页。

林继富：正月有没有什么活动，比如除了摆手舞以外还有没有其他活动？

彭昌松：那外面来的多耶，有扮干龙船的、摇钱树、看炮火叶子、讨粑粑的，那还唱呢，那多哦。那有那个扮土地老儿。

林继富：扮土地是干吗呢？

覃金福：扮土地送春牛。

彭昌松：是个木雕的牛，他就唱啊，就是送春嘛，唱：春牛来得好啊。

覃金福：那些都是来讨粑粑的是不？

彭昌松：恩，讨粑粑的。外面来搞的，初一那天最多。初一那天不能乱讲话，正月忌头、腊月忌尾，腊月二十几里不准骂人，正月要过初五以后才可以乱讲咯。①

送春的多是一些外面来寨子的老人，给每家送一张春耕图，然后唱几句奉承的话，主人家要给送春老人一点打发，就是给送春的人几个糍粑，送春的人带有口袋和背篓装糍粑。现在越来越多的送春是送一本一本的春耕图，第一页是春耕图，后面是黄历，主人家的打发也有所改变，很少有人打发糍粑了，一般都是给送春的人几块钱。

在重庆石柱土家族地区“打春节”极为盛行，当地又叫“三坛节”或“鞭春节”。

这项活动源于清乾隆年间，在石柱土家族地区极为盛行，

① 访谈者：林继富、覃金福；受访者：彭昌松；访谈时间：2011 年 7 月 24 日；访谈地点：湖北来凤县舍米湖村彭昌松家。

1942年，石柱县衙门行文规定：土家族的“打春”节分为春秋两次，每年的二月五日为“农民节”，十一月十六日为“报春功”，合并于立春日举行。……节日游行队伍到达预定地点，在彩亭前摆设香案，向“神”三鞠躬后，就开始扮耕。人们给“春牛”套上犁，由成人搀扶着小孩作犁田架势。香案前，围观的群众踊跃争抢撒在地上的五谷种子，以示闹春热潮开始。继而，由“春官”高诵吉语：“一打春牛头，国泰民安；二打春牛腰，风调雨顺；三打春牛尾，五谷丰登。”诵毕，“春官”举起红绿纸裹饰的春条鞭子朝“春牛”的头、腰、尾各打一次。周围的群众蜂拥而上，争先撕扯“春牛”各部，抢到一片纸者，都相信能吉祥如意。于是人声鼎沸，热闹非凡，人们沉浸在节日的欢乐中……①

图2－1　送春耕图老人（摄影：覃金福）

① 孙家林：《土家打春节》，见白新民：《土家族风情录》，176～177页，成都，四川民族出版社，1993。

二、二月二

农历二月初二是土地菩萨的生日，土家人在这一天会杀鸡备酒敬土地菩萨，土地菩萨的种类很多，有当坊土地菩萨、天门土地菩萨、地府土地菩萨、桥梁土地菩萨、城隍土地菩萨、山村土地菩萨、田垄土地菩萨、青苗土地菩萨等。

清同治五年《来凤县志》卷三十二载："二月初二日，城乡皆祭社祈谷。"① 清同治五年《长阳县志》卷七载："仲春朔二日，'社神生辰'。每社先一日各于社庙前糊布棚，悬灯彩，鸣锣鼓，每家出酒肉合席聚饮，老少子弟竟夜欢哗，谓之'闹土地会'。"② 清同治六年《鹤峰州志续修》卷十四载："二月初二日，按方社醵金，祀灶神，曰'土地会'即春祈秋报意；秋以八月出二日。"③ 清同治七年《武陵县志》卷三十二载："二月二日，俗传'土地生辰'。里人各醵牲醪祀之，官署则演剧祈福。"④ 清光绪四年《龙山县志》卷十六载："二月二日，祭坊社祈谷。"⑤

清代土家族地区方志中记载二月二，这些地区的民众都会祭社祈谷，祭社就是祭拜土地神，希望秋天有个好收成。并有许多农业谚语，如"土地公公晒出汗，一碗荞麦打一担；土地公公打了伞，一升荞麦收一碗"。或"土地菩萨打了伞，荞麦光秆秆"，暗示如果二月二土地菩萨

---

① 丁世良、赵放：《中国地方志民俗资料汇编·中南卷》（上），446页，北京，书目文献出版社，1990。

② 同①，427页。

③ 同①，442页。

④ 同①，655页。

⑤ 同①，646页。

生日这一天天晴的话，这一年的收成就好；如果下雨，则收成较差。

在20世纪50年代土家族调查团的报告中也有相关记载，如《湘西土家概况》记载："二月初二是土地菩萨的生日，祭以酒肉、香蜡、钱纸。"①《湖南龙山土家族初步调查报告》记载："二月初二是土地菩萨的生日，大家都拿着酒、肉、香蜡、钱纸去庆贺，俗语所谓'土地公公晒出汗，一升荞麦打一石；土地公公打了伞，荞子光打光'。"②《龙山县土家族几个情况的调查报告》中记载："二月初二为土地神生日。家家户户备酒肉粑粑，有的杀鸡敬土地神。冉姓在这天家中不能烧饭，必须携带餐具炊具食料等至土地庙旁举炊，表示与土地公婆共同进餐的意思。其他姓氏可以在家举火，但也要往土地庙旁用餐。这天必须晴，就是'土地菩萨打了伞，荞麦光秆秆'。"③

过去土家族地区几乎每家都在屋外搭有土地庙，每个村寨建有一个土地堂，现在的宣恩、来凤、龙山、保靖、永顺等县农村的土地庙仍非常多。这些地方祭的多是当坊土地菩萨和青苗土地菩萨，当坊土地菩萨主要是掌管妖魔邪怪，人们很敬重当坊土地菩萨。青苗土地菩萨主要掌管土地庄稼的丰歉，对于农耕的土家族来说，一年土地的丰歉直接关系到生命的存亡，所以对于青苗土地菩萨也很敬重。以前过二月二的时候土家寨子全寨人都在土地堂那里架锅煮饭，敬土地菩萨，还要在那里一起吃饭。摆手舞传承人田仁信说："二月二，土地菩萨过生日的时候，都到土地堂去敬土地菩萨。敬的时候背一些肉、粑粑、

---

① 汪明瑀：《湘西土家概况》，见彭继宽：《湖南土家族社会历史调查资料精选》，35页，长沙，岳麓出版社，2002。

② 严学窘：《湖南龙山土家族初步调查报告》，见彭继宽：《湖南土家族社会历史调查资料精选》，9页，长沙，岳麓出版社，2002。

③ 湖南湘西土家族访问团龙山分团：《龙山县土家族几个情况的调查报告》，见彭继宽：《湖南土家族社会历史调查资料精选》，268页，长沙，岳麓出版社，2002。

豆腐等，到土地坛那里吃。一般都是村里集体搞的。”① 现在在土家族还过二月二，只是没有以前隆重，多为杀一只鸡在土地庙敬土地菩萨。

三、社日

农历二月的第五个戊日为社日，土家人要在这一天或前几天到三年内去世的亲人坟前祭拜。“‘社’即土家语，是‘死’的意思，故‘社’是‘死人节’的之意。”② 亲人去世后第一年的社日，叫“头社”，第二年叫“寒社”，第三年叫“满社”。前两个“社”祭祀活动较简单，只是到新坟前上香烧纸，供奉酒、肉即可。“满社”要大祭，以前过“满社”时要杀牲畜祭祀，并烧纸、上香。出嫁的女儿、族亲要聚集在坟前宰杀牲畜祭奠，女儿哭着交接，诉说老人是怎么死的，在生时怎么对他们好，亲朋好友们聚在一起追忆死者的事迹和生平。祭祀完毕，现场煮食，饮酒聚餐。“有的第一年到坟上杀只公鸡不请客，第二年不做，第三年大祭请客。现在做‘满社’，相好的亲戚朋友都还要来祭奠。祭祀完毕，回到家里大宴宾客。”③

清道光四年《凤凰厅志》卷二十载：“‘春社’，各户采蒿菜，杂糯米蒸熟，名曰‘社饭’，祭社神及祖墓。丧家祭扫新冢。社前戊日禁止扫汲，名曰‘忌戊’，不忌则云妨农。”④ 清同治二年《宣恩县

---

① 访谈者：覃金福、藤召银；受访者：田仁信；访谈时间：2012 年 7 月 8 日；访谈地点：湖南永顺县双凤村田仁信家。

② 彭官章：《土家族文化》，178 页，长春，吉林教育出版社，1991。

③ 刘伦文：《母语存留区土家族社会与文化——坡脚社区调查与研究》，214 页，北京，民族出版社，2006。

④ 丁世良、赵放：《中国地方志民俗资料汇编·中南卷》（上），633 页，北京，书目文献出版社，1990。

志》卷二十载："'春社'，做米粢祭社神，曰'社粢'。值戊日禁止犁锄。新坟祭扫不过社。"① 清同治五年《来凤县志》卷三十二载："'社日'，做米粢祭社神。值戊日禁止锄犁，否则云妨农事。切腊豚和糯米、蒿菜为饭，曰'社饭'，彼此馈遗。凡祭新坟不过社。"② 清同治八年（1869 年）《续修永定县志》卷十二载："'社日'，祀社神。农家醵钱宰牲，廷巫道致祷，铙鼓喧阗，群相欢宴，名'五谷会'，盖古仲春祈谷遗意也。"③ 清同治十一年（1872 年）《桑植县志》卷八载："'社日'，乡村结彩赛会，具牲醪于树下，祭毕享其胙。农家是日浸种。"④ 清光绪四年（1878 年）《龙山县志》卷十六载："'春社'，做米粢祭社神，曰'社粢'。值戊日禁止犁锄，以土命戊也。祭扫新坟不过社。"⑤清代土家族地区方志中关于社日的记载多与祭土地神和祭祖坟有关，社日当天祭土地神是最主要的活动，后来慢慢发展成祭祖坟为主要活动。民国二十六年（1937 年）《恩施县志》卷十二载："'社日'，采蒿作炊，杂以肉糜，亲邻转相馈赠，谓之'社饭'。新葬之冢则于社前祭之，本家男妇及内戚偕往，祭毕即于璠（墦）间饮食。"⑥ 民国《恩施县志》中的记载根本就没有提到在社日这天祭社，由此推断到民国的时候土家人在社日这一天主要是办社饭祭祖坟。

现在土家族地区还要过社日、办社饭、祭祖坟，社饭一般是在社日的前几天就做好，青蒿叶是从田野中采摘来的，将其洗净切碎，煮

① 丁世良、赵放：《中国地方志民俗资料汇编·中南卷》（上），444 页，北京，书目文献出版社，1990。

② 同①，446 页。

③ 同①，626 页。

④ 同①，624 页。

⑤ 同①，646 页。

⑥ 同①，436 页。

熟直至青蒿呈白蓝色，将煮好的蒿菜放进锅里焙干备用。把腊肉、豆腐干切成颗粒状，胡葱洗净后也切成颗粒状，并将糯米、大米各半淘净。一切准备就绪，便将腊肉、蒿菜和胡葱倒入锅里拌炒，然后盛出。锅内放水，烧开后，将糯米、大米同时倒进锅里，煮到七成熟时，再把拌炒好的配料倒入锅里和米搅匀，盖紧锅盖，用微火焖熟。社饭美味可口，土家人不仅自己吃社饭，要是有亲朋好友当年没有做社饭，便会给其送社饭吃。

图2-2　制作社饭（摄影：覃金福）

图2-3　蒸好的社饭（摄影：覃金福）

在社日或社日的前几天要去祭新坟，现在土家人是在街上买用薄彩纸扎的社灯挂在新坟上，叫“挂社”，去坟上祭拜的时候要用社饭和酒肉祭拜去世的亲人。“挂社”是由去世人的女儿来挂，只挂三年，三年之后就是“挂青”，由去世人的儿子来挂。老人死了三年之内要“挂社”，挂三年以后就不挂了。三年过后就是“挂青”。挂社就是挂社灯，社灯是女买，女来挂。挂青是儿买，儿来挂，叫“儿挂青，女挂社”。挂社还要办社饭，用社饭来摆他。①

① 访谈者：覃金福、张远满；受访者：张桃云；访谈时间：2012年1月15日；访谈地点：湖北省来凤县老寨坪村百家庄覃友生家。

四、清明

土家族和汉族一样，清明节主要是上坟，祭拜去世的亲人，但土家人的清明节又呈现了自己独有的特点。土家人在清明节的时候要去去世亲人的坟前祭拜，去除坟上及周围的杂草，填堆坟土，还要在坟上“挂青”，青是用白色清明纸做成的长条，“挂青”时将青条捆在木棍或竹竿上。土家人认为这样就能得到祖先的庇佑，如谚语说“清明挂一张，子孙发一千”。用酒肉在坟前祭拜，过去祭拜完后，全家人就围坐在坟前与亲人共饮。土家人清明祭拜的是去世三年以后亲人的坟墓，三年之内的新坟清明是不祭拜的，在社日的时候由女儿去祭拜，叫“挂社”。

清乾隆二十八年（1863 年）《永顺府志》载：“清明祭墓，谓之‘挂扫’。”① 清道光四年（1824 年）《凤凰厅志》卷二十载：“‘清明日’，插柳于门，簪柳于首，云免虿毒，辟瘟疫。各家携酒志执榼，上坟祭扫，挂楮钱于墓。亦有‘清明’前后祭墓，不定于‘清明日’者。祭毕，或聚饮幡间。”② 清道光十四年（1834 年）《施南府志》卷三十载：“‘清明’祭墓，标以纸钱，新冢则祭于社前。本家男女及内戚偕往，祭毕即于墓前饮福。”③ 清同治二年（1863 年）《宣恩县志》卷二十载：“‘清明’，插柳叶于门，簪柳于首，曰辟毒疫。挈榼提壶，

---

① 丁世良、赵放：《中国地方志民俗资料汇编·中南卷》（上），624 页，北京，书目文献出版社，1990。

② 同①，633 页。

③ 同①，435 页。

上坟祭扫，挂楮钱于坟树，祭毕席地而饮。”① 清同治五年（1866年）《来凤县志》卷三十二载：“清明，先二三日祭墓，以纸为帛，植诸竿插墓上，曰‘挂青’，届期复祭于家。新冢则祭于社日前，一切同清明，曰‘挂社’。……‘清明’，插柳叶于门，簪柳于首，曰辟毒疫。挈榼提壶，上坟祭扫，祭毕席地而饮。”② 清同治五年（1866年）《长阳县志》卷七载：“季春‘清明’，士女踏青，以五色纸幡、各种花样，名‘清明吊’，系小长竹竿插塚上，曰‘插青’，又名‘挂青’，携榼载酒食祭毕，席地聚饮，竟日方归。”③ 清同治六年（1867年）《鹤峰州志续修》卷十四载：“‘清明节’浇墓，以五色纸幡插垄头，谓‘插青’。”④ 清同治八年（1869年）《续修永定县志》卷十二载：“‘清明’，具酒馔，鸣钲鼓祭坟，披荆培土，以竹木枝挂纸钱。新丧则祭不过社。”⑤ 清同治八年（1869年）《保靖志稿辑要》卷四载：“‘清明’前三四日行祭扫礼。长幼皆赴坟墓，祭毕以祭余就坟墓前共食焉。”⑥ 清同治十一年（1872年）《桑植县志》卷八载：“‘清明’，折柳种（插）檐，男女并戴柳圈，亦登拢（垄）祭扫。”⑦ 清光绪元年（1875年）《彭水县志》卷四载：“‘清明’前后，土民祭扫族茔，间有祭毕具酒馔集亲友会饮垄旁者。插小竿于冢上，揭纸标，曰‘挂青’。”⑧ 清光绪四年（1878年）《龙山县志》卷十六载：“‘清明’，

① 丁世良、赵放：《中国地方志民俗资料汇编·中南卷》（上），444页，北京，书目文献出版社，1990。

② 同①，445~446页。

③ 同①，423页。

④ 同①，442页。

⑤ 同①，626页。

⑥ 同①，642页。

⑦ 同①，624页。

⑧ 丁世良、赵放：《中国地方志民俗资料汇编·西南卷》（上），253页，北京，北京图书馆出版社，1991。

插柳叶于门，童男以柳圈首，亦曰辟疫。挈肴醴往祭墓，挂楮钱墓树上，祭毕席地痛饮而归。”① 清光绪六年（1880 年）《巴东县志》卷十六载：“‘清明日’，具酒馔、纸钱展墓，或邀亲朋奏乐器偕往。祭毕宴饮，尽醉始归。是日，又赴田中化纸祀后土。”② 清光绪二十年（1894 年）《黔江县志》卷五载：“‘清明’前后，土民祭扫祖坟，揭纸于冢上，曰‘挂青’。间有男女偕往，邀族戚馂祭于垄旁者。”③ 清光绪三十三年（1907 年）《古丈坪厅志》卷十六载：“三月‘清明’过社，较他处为重，作清明粑，匕社粑粑。祭坟，同他处。”④ 民国二十六年（1937 年）《恩施县志》卷十二载：“‘清明’扫墓，以竹悬纸钱插之墓上，谓之‘标墓’，本家男妇及戚族偕往，其修理坟茔者皆于是日并土成之，相传‘寒食’前后不忌方位凶吉也。”⑤

清明节在土家族聚居地区的方志中基本上都有记载，这一天主要是去坟前祭拜“挂青”，另外是插柳辟邪。龙山、保靖、永顺等地土家族把腊猪头留在清明节这天吃，有“清明节酒醉，猪脑壳有味”的说法。《龙山县土家族几个情况的调查报告》中记载：“清明节，土家人民上坟挂青（用清明纸剪成条系竹竿上插在坟头）不敬酒肉。群众用‘清明挂一张，子孙发一千’的话来鼓励自己纪念祖先。这天家家户户过节吃猪头肉。”⑥ 古丈县的土家族在清明节要做清明粑吃，清明

① 丁世良、赵放：《中国地方志民俗资料汇编·中南卷》（上），646 页，北京，书目文献出版社，1990。

② 同①，439 页。

③ 丁世良、赵放：《中国地方志民俗资料汇编·西南卷》（上），251 页，北京，北京图书馆出版社，1991。

④ 同①，629 页。

⑤ 同①，437 页。

⑥ 湖南湘西土家族访问团龙山分团：《龙山县土家族几个情况的调查报告》，见彭继宽：《湖南土家族社会历史调查资料精选》，268 页，长沙，岳麓出版社，2002。

粑是用清明菜加糯米做成的。清明菜是一种中草药，清热解毒，吃这个有驱瘟避邪、祈求平安之意。现今土家人过清明，增加了许多新的节日内容。人们不仅给自己的祖坟扫墓，还在官方的组织下，给烈士、英雄扫墓来进行爱国主义教育。

第二节　夏季节日

一、四月八

四月八是土家族一个重要的节日，四月八有四月初八和四月十八，龙山、保靖、永顺等地土家人过四月八也提前一天，分别在四月初七和四月十七这一天过。土家人在过四月八的时候要打粑粑，杀猪宰羊祭祖，祭祀吃完饭后要集体跳摆手舞和茅古斯。

> 很古时候，土家族先民沿酉水而上，迁移到湘鄂川黔边境的大山区定居。有的在四月初八到达，有的在四月十八到达，为了纪念到达的这一天，以后就分别过节。于是就出现了过四月初八节和四月十八节。①

四月初八相传为“浴佛日”，家家要贴红纸驱毛虫。清道光四年

① 田荆贵：《中国土家族习俗》，119页，北京，中国文史出版社，1991。

(1824 年)《凤凰厅志》卷二十载："四月八日'佛诞日'，以朱书遣毛虫字贴壁，云屋瓦不生毛虫。农夫及牛具休息一日。"① 清同治五年(1866 年)《来凤县志》卷三十二载："四月八日，城乡皆书'嫁毛虫'字粘壁间。"② 清同治六年（1867 年）《鹤峰州志续编》卷十四载："四月初八日，以红纸二条书俚语四句，交斜相连，贴于墙壁，谓'嫁毛娘'。因是日僧家'浴佛'，号以辟书虫。"③ 清同治七年(1868 年)《武陵县志》卷三十二载："四月八日，传为'佛生日'，多书签于壁，以辟恶虫。"④ 清同治八年（1869 年）《保靖志稿辑要》卷四："四月初八日，僧寺做'浴佛会'。"⑤ 清同治八年（1869 年）《续修永定县志》卷十二载："四月初八日为'浴佛日'。户户书红签贴壁，以镶恶虫。"⑥ 清同治十一年（1872 年）《桑植县志》卷八载："四月初八日，采杨桐诸叶造青饭，馈遗亲戚。又以朱书遣毛虫字贴壁上，令屋瓦不生毛虫。"⑦ 清光绪六年（1880 年）《巴东县志》卷十六载："四月八日，以红纸条交斜相连，编语四句，遍贴墙壁间，谓之'嫁毛娘'。"⑧ 民国二十六年（1937 年）《恩施县志》卷十二载："四月八日，城乡皆以径寸朱纸书数语粘于壁间，谓之'嫁毛虫'。"

从这些方志中的记载可以看出，清代到民国时期，四月八这一天土家族地区主要是驱赶毛虫，也有传这一天是牛王节，说牛救过土家

① 丁世良、赵放：《中国地方志民俗资料汇编·中南卷》（上），633 页，北京，书目文献出版社，1990。
② 同①，446 页。
③ 同①，442 页。
④ 同①，655 页。
⑤ 同①，643 页。
⑥ 同①，626 页。
⑦ 同①，624 页。
⑧ 同①，439 页。

族先民，在这一天让牛休息，并且给牛喂好吃的。清道光四年（1824年）《凤凰厅志》卷二十载：“四月八日‘佛诞日’，以朱书遣毛虫字贴壁，云屋瓦不生毛虫。农夫及牛具休息一日。”① 清同治八年（1869年）《保靖志稿辑要》卷四《乡都岁时民俗》中记载：“四月初八日，家家作糍粑，夜半祭祖。是日歇牛。”从这两处方志中的记载得知在四月初八这一天，一些地区的土家族要让牛休息。现在来凤县旧司乡、大河乡等地土家族在四月初八这一天要举行盛大的牛王节。

《湘西土家概况》记载：“四月初八（或十八）是牛生日，而实际上是在四月十七过节。牛在该日不耕作，家家打粑粑、杀鸡、敬祖先及土王菩萨。”②《龙山县土家族几个情况的调查报告》中记载：“四月初八为牛毛大王的生日，土家人们的大节之一，这天除一部分彭姓人（俗称端午彭）以外，各家备办酒肉等敬神过节。但岩冲乡打虎溪的田姓和那咱的杨姓，却在四月初七过节，据说是在明朝时，四川冉土司与永顺彭土司争夺八面山地区，彭令田万隆之子大贵抗击，为叙别家人，故提前一日过节。杨姓因当时应征去前线修路，也提前一日过节。”③ 鄂西土家族地区流传很多牛王节的传说：

相传四月八这一天，土家族人在一次战斗中失败了，退却时，在一条河边遇见了洪水。在这万分危急的时刻，一条水牛游来了，他们拖着牛尾巴过了河，牛解救了他们的生命，

---

① 丁世良、赵放：《中国地方志民俗资料汇编·中南卷》（上），633页，北京，书目文献出版社，1990。

② 汪明瑀：《湘西土家概况》，见彭继宽：《湖南土家族社会历史调查资料精选》，35页，长沙，岳麓出版社，2002。

③ 湖南湘西土家族访问团龙山分团：《龙山县土家族几个情况的调查报告》，见彭继宽：《湖南土家族社会历史调查资料精选》，268～269页，长沙，岳麓出版社，2002。

以后土家人就以这一天为纪念日。每年到了这一天，无论田里怎样忙，土家、苗族人都要让耕牛休息一天，给牛喂饭、喂酒、喂鸡蛋，然后用香烛进行祭奠。土家、苗族人视牛为宝，在耕牛最为劳累的季节，让耕牛过一个轻松的日子，吃一天上等的伙食，以此作为对牛的酬谢。①

相传几千年前，洞庭湖是天湖，排浪冲天，无法渡越。湖对岸有仙谷，落地成金，人食不饥，得到它就丰衣足食。土家、苗族的祖先多么想得到仙谷啊。他们不畏艰险，祖祖辈辈不停息地冒险渡湖，立誓拿回仙谷。这事感动了洞庭湖边的一头神牛，它决定帮助人们得到仙谷。一天深夜，一头神牛冲进谷地，奔驰而来，浑身沾满了谷粒。哗哗的声音惊动了守谷的神将，持鞭追来。神牛被迫跳进洞庭湖。它用尽全力才游上对岸，来到土家、苗族人民居住的地方。可是盗来的谷种只剩下鼻子尖上的几粒了。仙谷终于得到了，神牛和人们立即引水开田，把谷种种下，从此土家、苗族吃上了仙谷饭。一时还不能满足人民的需要，神牛宁肯吃草，也要把饭留给人们。所以至今牛还是以草为食。在劳动中，神牛和人们朝夕相处，结成了患难之交，它就在人间安居下来，繁育后代，世代为人耕田造福。后来人们称神牛为牛王，仙谷为盗（稻）谷。②

---

① 吴明口述：《牛王节的传说》，见《摆手舞与普舍树——民族民间故事传说》第二辑，7～8页，内部资料，1986。

② 向平安口述：《神牛盗谷》，见《摆手舞与普舍树—民族民间故事传说》第二辑，8～9页，内部资料，1986。

有酉阳土家族地区，流传牛王神话：

在酉阳一带的土家族，流传的“牛王”神话说：古代的农民在深山旷野里刀耕火种，日夜辛劳，但一年所获不足一个月的口粮，饿殍遍地，积尸腐臭，气冲天庭，玉皇大帝责问这是什么缘故，众官面面相觑，不敢直言，只有牛王据实禀报，并下凡到人间，帮助农民耕田犁地。玉帝素来喜欢牛王勤劳刻苦，忠厚朴实，就命令他下凡传“玉帝圣旨”，规定人间所有百姓，只准“三日一餐”。牛王下到凡尘，了解到“三日一餐”难以活命，于是它擅自篡改“圣旨”，叫老百姓“一日三餐”，这就是一日三餐的来历。牛王返回，如实向玉帝复旨，玉皇听了大怒，立即将牛王贬下凡间为民耕地，并命令百姓不得给它吃饭和肉，只准给它终生吃草。牛王怜惜民间疾苦，欣然从命下凡，听人使唤，为民出力。因此，土家人到处设立祠祭祀“牛王”，把四月八这天叫“牛王节”。这天，土家人户户都让牛休息，还用好吃的款待它。①

四月十八是土家族的一个大节，在这一天土家族要杀猪宰羊，还要打粑粑，祭祀完先祖后共同食之。清同治五年（1866 年）《来凤县志》卷三十二载：“土人以四月十八日为大节，宰豕为大脔，糁糯米蒸之，祭祖先毕兼廷客。”② 清光绪四年（1878 年）《龙山县志》卷十六载：“土人以四月十八为大节。做粢宰豕，脱为大脔，糁糯米蒸之，享先祖

① 刘孝瑜：《土家族》，48 ~49 页，北京，民族出版社，1989。

② 丁世良、赵放：《中国地方志民俗资料汇编·中南卷》（上），446 页，北京，书目文献出版社，1990。

毕，环坐啖之，兼食客。”① 清光绪三十三年（1907 年）《古丈坪厅志》卷《十六土俗》载：“土人旧俗，每岁三月杀白羊，击鼓吹笙以祀鬼。四月十八、七月十五，夜祀祖。”②

现在主要是酉水流域的土家族过四月八，但大都提前一天四月初七或十七过，过的还是很隆重。例如，来凤县舍米湖村的彭姓土家族就是四月十七过四月八：

林继富：四月八是什么时候啊？

彭昌松：四月八我们是过十七。

覃金福：四月八为什么是过十七那天呢？

彭昌松：他们就讲的接客哦，把他们接到我们这里过四月八，原来都还是干田还没得水，正坐在桌子上吃酒、吃肉，这边在过四月八的时候突然冒起雨来哒，是大雨，就都赶回去整干田去了，脑壳上挂个灯笼看到。

林继富：哦，过四月十七的时候是不是要请在外面的家里人回来。

彭昌松：接女婿他们回来哦，姐姐姐夫接回来过四月八就这么过。

覃金福：是喊的舍巴还是四月八？

彭昌松：四月八。

林继富：四月十八吃什么呢？

彭昌松：接客嘛就肉啊酒啊粑粑那些都有咯。那要杀猪

---

① 丁世良、赵放：《中国地方志民俗资料汇编 · 中南卷》（上），647 页，北京，书目文献出版社，1990。

② 同①，630 页。

宰羊，打粑粑，四月八很隆重。①

舍米湖村过去过四月八要跳麻舞，就是模仿栽麻、刮麻、纺麻等动作的舞蹈，还要去摆手堂祭祀土王。

林继富：四月八是什么，就叫四月八吗？

彭承金：四月八，刮长麻啊，必须要跳，跳麻舞必须要摆手啊，要到摆手堂去搞祭祀啊。

林继富：除了麻舞、摆手舞还有什么啊？

彭承金：唱山歌啊，打粑粑呀，杀猪宰羊都要搞啊，非常重要的，三四月份，原来接新媳妇，都要接来过四月八啦。讲我今年如果还只有20岁，我们叫讲老婆婆、讲姑娘，未来的未婚妻，要接她和岳父岳母大人来过四月八，来唱歌、跳麻舞，我们要摆手，看哪门织铺盖，这土家族是非常讲究的。

林继富：四月八是一天时间吗？

彭承金：是一天。像有在外面读书的，把同学都接到这里来，非常热闹。我们那时候探亲，老婆婆、岳父岳母，都接到这里来，还要打糍粑，过四月八，我媳妇是酉阳县的人，我岳母是非常贤惠有水平的人啊，她就问我："你们这边哪门要过四月八呢？是么道理呢？"我又讲不到，一代一代都是这样的，比较隆重，我就接他们来过四月八啊。

林继富：要不要敬神啊？

---

① 访谈者：林继富、覃金福；受访者：彭昌松；访谈时间：2011年7月24日；访谈地点：湖北来凤县舍米湖村彭昌松家。

彭承金：要去摆手堂敬彭公爵主，田老汉啦，向大官人。①

“有的姓氏不过‘四月八’而过‘四月七’即四月十七。如龙山岩冲的田、杨、向诸姓过‘四月七’。据说永顺、酉阳两土司争夺八面山地区，这几姓听从土司调遣提前一天过节，便投入了战斗。为了庆祝这次胜利，便过‘四月七’而不过‘四月八’。”② 还有的地方把四月八叫成舍巴节，例如2012年4月23日，笔者就在湖南湘西永顺县芙蓉镇参加了“中国（湘西）土家族‘舍巴节’”。

林继富：舍巴节你们过吗？

彭南京：过嘛，不是过年那么隆重，我们这里就是四月八。

覃金福：四月八是四月初七还是四月十七？

彭南京：是四月初七过嘛，也是提前一天嘛，但叫还是叫四月八。

林继富：那四月八那天要干些什么了？

彭南京：那就是跳茅古斯、摆手舞啊。

林继富：是村里办的还是镇里办的？

彭南京：这个村里好像不用办，这都好像形成了一个制度，大家吃饱吃好后就来玩茅古斯、摆手舞哦。

林继富：四月八那天敬不敬神啊？

彭南京：那要敬神啊。

---

① 访谈者：林继富、覃金福；受访者：彭承金；访谈时间：2011年7月23日；访谈地点：湖北来凤县舍米湖村彭承金家。

② 彭官章：《土家族文化》，180页，长春，吉林教育出版社，1991。

林继富：敬哪些神啊？

彭南京：主要是敬庙神啊，就是摆手堂啊。

林继富：那你们现在摆手堂拆了，四月八的时候家里还做祭祀吗？

彭南京：那要敬，就是在街岩上插三根香敬庙神。就在家里敬，由于这个拆了就没到这里来敬。①

当然，当下永顺土家人在四月八期间举办“舍巴节”，着力于政府参与下的文化再造和节日符号化过程中的文化产业化与观光化，与先前的四月八已经有了根本上的区别了。

图2-4　舍巴节祭祖表演

（摄影：覃金福）

图2-5　舍巴节梯玛祭祀祖

（摄影：覃金福）

二、端午

端午节在中国有着悠久的历史，与端午节相关的传说也很多，吃

---

① 访谈者：林继富、覃金福；受访者：彭南京；访谈时间：2012年4月20日；访谈地点：湖南龙山县坡脚石堤村彭南京家。

粽子、划龙舟已成为端午节的标志性传统。土家族也过端午节，但土家族的端午节有其自己的特点，从数量上来看，大部分土家族地区要过两个端午，即五月初五的小端午和五月十五的大端午；有的地方要过三个端午，除了大、小端午，还要过五月二十五的末端午。

过端午的习俗在土家族地区方志中多有记载。清道光四年（1824年）《凤凰厅志》卷二十载："'端午'户悬蒲艾，谓之辟邪。往来馈送角黍，并饮雄黄、菖蒲酒，近河者竞渡龙舟，钲鼓喧闹阗，相传为吊三闾大夫之意。又，乡俗以初五日为'小端午'，十五日为'大端午'。"① 清同治二年（1863年）《宣恩县志》卷二十载："'端午'，竞渡。各家悬艾于门，饮菖蒲酒，食角黍，以雄黄点小儿额及手足心，云辟（避）疫。百草煎汤，合家澡洗，云辟（避）疮疥。乡村以初五日为'小端午'，十五日为'大端午'，其俗自汉伏波始。"② 清同治五年（1866年）《来凤县志》卷三十二载："五月五日，悬艾叶、菖蒲于门，饮菖蒲、雄黄酒，以雄黄点小儿额及手足心，云辟（避）疫。采百草煎汤澡洗，曰辟（避）疮疥。捣蒜和雄黄水遍洒门户及墙阴，曰辟（避）蛇虺。先期，各以角黍、蔗霜相馈遗，亦有赠香、赠扇者。俗以是日为'小端阳'，十五日为'大端阳'，云始于马伏波。俱竞渡龙舟，十五日尤盛。方邑侯诗云：'今日生平真有象，大端阳节鼓冬冬'。"③ 清光绪元年（1875年）《彭水县志》卷四载："'端阳日'。户插菖蒲、艾叶。以雄黄入酒饮，并涂小儿额及洒墙壁湿处，以避虫蛇。采百草煎水浴身，馈角黍，观竞渡。十五日为'大端阳'，

① 丁世良、赵放：《中国地方志民俗资料汇编·中南卷》（上），633页，北京，书目文献出版社，1990。

② 同①，444页。

③ 同①，446～447页。

复竞渡如前。"① 清光绪四年《龙山县志》卷十六载："'端午'悬艾于门，饮菖蒲酒，以角黍相馈遗。研雄黄点小儿头上及手足心，云辟（避）疫。采百草煎汤，男女澡洗，云辟（避）疥疮。南河官渡处，沿汨罗之风，张水嬉。乡村又以十五日为'大端午'，云其俗自汉伏波始。"② 清光绪二十年（1894 年）《黔江县志》卷五载："五月五日，放'端阳'学。户悬蒲艾，饮雄黄酒，并涂小儿额以避疫。馈角黍，采百草煎汤浴身，入以雄黄洒墙屋阴湿处，避虫蛇。十五日为'大端阳'。翼日，童子入学。"③ 民国二十六年（1937 年）《恩施县志》卷十二载："五月五日，悬艾叶、菖蒲于门，食角黍，饮雄黄酒，亲友交相馈节。童子以雄黄点额。清江龙舟竞渡，至十五日乃止。十五日，俗名'大端阳'，悬门蒲艾始去之，饮食如前。"④

以上这些方志中都记载了土家族地区过初五的小端午和十五的大端午，在清同治五年（1866 年）《长阳县志》卷七中有关于末端午的记载："五月，'天中节'，家家包角黍，曰'包粽子'，配腌蛋、果品、肉鱼相遗，为'送端阳节'。堂中悬天师收五毒像，啖角黍，饮菖蒲、雄黄酒，曰'过端午'。乡间十五日为'大端午'，二十五日为'末端午'。以月大小卜诸菜熟否。谚云'五月大，瓜果、葫芦不上架；五月小，豇豆、瓜瓠吃不了'。"⑤

《湘西土家概况》记载："五月初五过端午，亦有过五月十五的，

---

① 丁世良、赵放：《中国地方志民俗资料汇编·西南卷》（上），253～254 页，北京，北京图书馆出版社，1991。

② 丁世良、赵放：《中国地方志民俗资料汇编·中南卷》（上），647 页，北京，书目文献出版社，1990。

③ 同①，251 页。

④ 同②，437 页。

⑤ 同②，428 页。

谓之大端午，包粽子敬祖先和土王菩萨，又到田间敬秧神，也有吃雄黄酒的。”①《龙山县土家族几个情况的调查报告》中记载：“土家族有大小端午之分（初五为小端午，十五为大端午），人们有两端午都过，有都不过的（如田姓和一部分所谓四月八彭的彭姓人），一般是只过大端午而不过小端午。过节那天，家家烧香敬神，磨豆腐杀猪，吃糯米粑粑，外姓亲戚和嫁出的女儿回家团聚，停止生产一天。”②

《湘西土家族访问团古丈分团访问工作报告》中记载：“五月十五（即大端午，土家人一般都过大端午）划龙舟，据说谁划得快，划在先，谁的年成就好。”③

现在土家族地区过三个端午已不多见，大部分地区过初五小端午和十五大端午，过大端午的时候要隆重一些。过去过端午土家人要打糯米粑粑吃，粑粑刚打出来就要拿两叠放在神龛上敬家神，端午这一天还要带上酒、肉、粑粑去土地堂敬土地菩萨。现在土家族过端午都是包粽粑吃，其中腊肉粽粑，美味可口，别有一番风味。土家族过端午划龙舟的习俗还有，多是一些官方组织的划龙舟比赛。

覃金福：你们这里过几个端午啊？

田仁信：我们这里小端午也过，就是没有大端午那么重视。过大端午前一天我就到城里买菜去。

覃金福：过端午那天要吃些什么？

---

① 汪明瑀：《湘西土家概况》，见彭继宽：《湖南土家族社会历史调查资料精选》，35页，长沙，岳麓出版社，2002。

② 湖南湘西土家族访问团龙山分团：《龙山县土家族几个情况的调查报告》，见彭继宽编：《湖南土家族社会历史调查资料精选》，267页，长沙，岳麓出版社，2002。

③ 湖南湘西土家族访问团古丈分团：《湘西土家族访问团古丈分团访问工作报告》，见彭继宽：《湖南土家族社会历史调查资料精选》，286页，长沙，岳麓出版社，2002。

田仁信：就是包粽子，吃肉，以前还要打粑粑。

覃金福：那天敬不敬菩萨？

田仁信：要敬菩萨。

覃金福：敬哪里的菩萨？

田仁信：屋里神龛上和土地堂都有敬。①

三、六月六

六月六是土家族的一个节日，过去土家族在这一天要蒸糯米饭、打粑粑，还要杀牛到摆手堂去敬土王，敬完土王后全寨人聚餐。

《湘西土家概况》记载："六月初六晒龙袍，家家把新衣服好衣服拿出来晒（因土王在六月六晒龙袍）。该日要到摆手堂前敬土王菩萨，蒸饭、杀牛（每家出米出钱买牛），杀牛后，把肉、舌头、肠，每割一点祭土王菩萨。全村聚而共食，不到的人，亦必分送牛肉。"②《湖南龙山土家族初步调查报告》记载："六月初六吃新，以新出包谷、辣椒等敬菩萨，酬谢保护一年的安全生产，祭青苗菩萨。"③《龙山县土家族几个情况的调查报告》中记载："六月吃新节，土家人们一致认定'辛卯日'为吃新节最吉利的日子，乙卯次之，如农作物早熟，则在初六日过节，不必另择日期，以本年最早成熟的包谷煮熟敬神，

① 访谈者：覃金福、藤召银；受访者：田仁信；访谈时间：2012年7月8日；访谈地点：湖南永顺县双凤村田仁信家。

② 汪明瑀：《湘西土家概况》，见彭继宽编：《湖南土家族社会历史调查资料精选》，35页，长沙，岳麓出版社，2002。

③ 严学窘：《湖南龙山土家族初步调查报告》，见彭继宽：《湖南土家族社会历史调查资料精选》，9页，长沙，岳麓出版社，2002。

有的以土王神为单位杀牛一头分食。”①

六月六有“晒龙袍”的说法，土家人要把家里的被子、衣服等拿出来晒。传说“晒龙袍”是土家人为了纪念土司王覃垕，“《覃垕王》传说，有一年湘西大旱，颗粒无收，饿殍遍野，覃垕的娘也饿死了。一天晚上，覃垕娘托梦，叫他种上楠竹，关门练武，等待时机，杀死皇帝。次日开始，他在嫂嫂的支持下，关起门来练枪练箭。一而三，三而九，整整练了三年，楠竹也长到大腿粗了。嫂嫂着了急，时辰还未到，就喊他开门放箭，故而没有射中皇帝。皇帝派出十万大兵捉住覃垕，把他斩了。覃垕遇难后，天昏地暗，昼夜不分，那天正是六月六。皇帝后来知晓错杀了覃垕，每年六月六便脱下龙袍，让位一天。故土家人每年六月六敬覃垕，‘晒龙袍’，家家户户把棉袄、衣服放在阳光下曝晒，象征土家人也有‘王天下’的本领”。②

据载，明朝洪武三年（1370 年），土家族首领覃垕面对朝廷横征暴敛，率众起义，覃垕在率众与官兵作战时，不幸被刺，血染战袍。土民将覃垕的尸体抬回，脱下龙袍，洗净晒干后再给他穿上，然后祭奠这一天，并修土王庙长年祭祀。覃垕遭难这一天正好是六月六日，土家人为了纪念这位起义英雄，将六月六定为节日，家家祭祀，并晒衣物，意为晒干覃垕血染的战袍。由晒龙袍祭祀土王又衍生出为土王晒书的习俗。人们捡出一些书放在太阳底下晒，实为防霉除虫，但土家族却说成是为土王送书。为土王晒的书一般都是军事方

---

① 湖南湘西土家族访问团龙山分团：《龙山县土家族几个情况的调查报告》，见彭继宽：《湖南土家族社会历史调查资料精选》，269 页，长沙，岳麓出版社，2002。

② 彭英明：《土家族文化通志新编》，364 页，北京，民族出版社，2001。

面的书，意思是帮助土王精于兵法，便于他在阴间胜过恶鬼。晒书时，还要在简易的灵堂前举行祭奠仪式，口念祭语："哭我土王，两眼汪汪；身为黎民，战死沙场；……云海茫茫，龙河泱泱；将军功业，千古流芳……"①

清代土家人生活地区方志中多记载六月六要晒物品，但也有一些地方文献中记载这一天祭祀祖先，要吃鱼，意为年年有余，不能吃鸡，以音类饥饿。有些地方说这一天要"尝新"。清道光四年（1824 年）《凤凰厅志》卷二十载："六月六日，晒书籍、衣服，不蠹。是月新谷将升，合乡择吉日煮新米，买鱼肉，以祀祖先，合家欢饮，谓之'尝新'。"② 清同治二年（1863 年）《宣恩县志》卷二十载："六月六日，曝衣服、书籍，喜晴。谚云'六月六日阴，牛草贵如金；六月六日晴，牛草吃不赢'。是月逢卯日，尝新肴，尚鱼，曰'有余'；不食鸡，不食苦菜，以音类饥、苦也。"③ 清同治五年（1866 年）《来凤县志》卷三十二载："六月六日，晒衣服、书画，蓄制酱、水。是月卯日尝新，肴尚鱼，曰'有余'，忌鸡，谓近于饥也。"④ 清同治八年（1869 年）《续修永定县志》卷十二载："六月六日，曝书及冬衣。是月择卯日取新谷穗插堂前，炊新米被馔，祭祖先、室神，谓之'尝新'。"⑤ 清同治八年（1869 年）《保靖志稿辑要》卷四载："六月六

① 石亚洲：《土家族军事史研究》，223 页，北京，民族出版社，2003。

② 丁世良、赵放：《中国地方志民俗资料汇编·中南卷》（上），633 页，北京，书目文献出版社，1990。

③ 同②，445 页。

④ 同②，447 页。

⑤ 同②，627 页。

日，田家祭农神，俗说答土地。是日比用鱼尾数以祈丰年。”① 清光绪四年（1878 年）《龙山县志》卷十六载：“六月六日喜晴，曝衣服、书籍。逢卯日炊新稻，曰‘尝新’，肴尚鱼，曰有余，不食鸡，以音类饥也。”② 清光绪二十年（1894 年）《黔江县志》卷五载：“六月六日，曝书帙、衣服。俗以是日晴雨占收天旱涝，颇验。”③

有的地方土家族在六月初六这一天过年，清同治七年《武陵县志》卷三十二载：“六月六日为‘半年节’。”④ 清光绪三十三年（1907 年）《古丈坪厅志》卷十六载：“六月六日，土家过小年。”⑤ 湘西的严姓土家是六月六日过年，据说是其祖先从江西迁徙过来，六月六日才到达溪州，没赶上过年，就以这一天过年。

20 世纪 50 年代土家族认定调查团古丈县分团撰写的《湘西土家族访问团古丈分团访问工作报告》也记载：“六月六过半年，要敬太阳菩萨，以求粮食早收。”⑥ 2011 年岁末在湖南永顺做调查时，永顺文化局向先林局长介绍，永顺沈泽那边有一个村也是六月六过年。永顺摆手舞传承人田仁信也说在永顺富坪那里也是六月六过半年。

覃金福：六月六过不过啊？

田仁信：要过，有些地方六月六过半年，富坪那边就是

① 丁世良、赵放：《中国地方志民俗资料汇编·中南卷》（上），643 页，北京，书目文献出版社，1990。

② 同①，647 页。

③ 丁世良、赵放：《中国地方志民俗资料汇编·西南卷》（上），252 页，北京，北京图书馆出版社，1991。

④ 同①，655 页。

⑤ 同①，629 页。

⑥ 湖南湘西土家族访问团古丈分团：《湘西土家族访问团古丈分团访问工作报告》，见彭继宽：《湖南土家族社会历史调查资料精选》，286 页，长沙，岳麓出版社，2002。

六月六过半年。

覃金福：怎么过六月六呢？

田仁信：六月六最大，要杀牛。

覃金福：杀牛？

田仁信：六月六那天他们过年还要杀牛。①

在保靖县碗米坡镇沙湾村和首八峒等地六月六也是过年，当地土家人叫这一天为过小年，这一天要吃新。六月六这一天杀羊，用羊头去八部大王庙祭祀八部大王，有钱的人凑钱在八部大王庙前举行歌舞活动。

魏品富：六月六是大拜嘛，过小年的时候是土家族最大的祭拜日子，一般情况下土家族的那些老财主都要到这里，几个人斗钱嘛，你斗多少担粮食，他斗多少吊小钱啊什么的，在这个地方搞一下活动，有些年轻的跳跳舞。这个地区过去玩花鼓灯、摆手舞、龙灯等等，基本上就是这些东西，女人有些就吹一下巴雷咚，竹子做的那个，就是咚咚奎，这个地方搞了很久。

覃金福：哦，主要是六月六祭八部大王。

魏品富：嗯，六月六是土家族小年

覃金福：过小年你们还过吗？

魏品富：我们过，六月六还吃新，像我们这个地方中秋、

① 访谈者：覃金福、藤召银；受访者：田仁信；访谈时间：2012年7月8日；访谈地点：湖南永顺县双凤村田仁信家。

> 七月半什么的还不是很隆重的，中秋对城市比较隆重，我们土家族也过，像过六月六的话，必须几个人约起来杀一只羊，仅次于过大年。我们土家族过年就是杀猪炕腊肉嘛，六月六就是杀羊，如果人少、经济不是很方便的，就我们几个亲戚或者朋友斗在一起杀只羊，聚会一下，杀了以后羊头拿到这里祭拜一下，然后拿回去几个人打平合就是这种搞法。①

土家族地区“六月六”习俗的多样性和多种说法，表明“六月六”在土家人生活中的重要性，至于说“六月六”为土家人的“年节”，我们以为不是没有道理的，在过去许多民族常常是“麦熟为岁首”，土家族主要种植水稻，其稻作成熟收割之后“尝新”，显然符合“稻熟为岁首”的时间逻辑了。

第三节　秋季节日

一、年小月半大

农历七月十五为月半节，月半节又叫中元节、鬼节、亡人节。土家族也过月半节，但土家族的月半节时间也提前，一般是七月十二到

① 访谈者：覃金福、张远满、彭丹；受访者：魏品富；访谈时间：2012 年 1 月 17 日；访谈地点：湖南保靖县沙湾村八部大王庙遗址。

十四这几天过。清同治二年（1863 年）《宣恩县志》卷二十载：“‘中元’前三日，各家具酒馔祭祖先，男妇序拜，如事生礼。十四日，焚楮钱送之。”① 清同治五年（1866 年）《来凤县志》卷三十二载：“七月十五日，道书所谓‘中元节’，俗名‘亡人天’。前二三日，祭祖先，焚楮钱，各庙做‘盂兰会’，赈济无主鬼魂，故又谓之‘鬼节’。”② 清同治八年（1869 年）《保靖志稿辑要》卷四载：“七月十三、十四日，祀祖烧香楮，各家市脯畅饮，俗说‘过七月半’。”③ 清光绪四年（1878 年）《龙山县志》卷十六载：“‘中元’前三日，具酒馔祭先祖。将祭，男妇序拜迎于门，如生归者，十四日焚楮钱，仍拜送之。”④ 民国二十三年（1934 年）《沿河县志》卷十八载：“七月十五日，陈馔祀祖先，焚烧袱包，谓之‘中元中元焚赙’，多于十三、十四日行之者。”⑤ 土家人认为月半是祖先的鬼魂要回家看望亲人，土家族又是一个十分崇尚祖先崇拜的民族，所以对七月半这个节日很看重，素有“年小月半大”的说法。

清道光四年（1824 年）《凤凰厅志》卷二十载：“‘中元’，丧服未满之家，于初一日子时即戒兴，具酒馔于灵前哭奠，名曰‘接亡’。至十一日起，各家具祀祖先，每日焚香奠茶，供酒醴，设肴馔。十五日设席，化纸钱以祭，曰‘送亡’。”⑥ 清道光十四年（1834 年）《施南府志》卷三十载：“七月‘中元’，封包纸钱，上书祖先名讳，供于

---

① 丁世良、赵放：《中国地方志民俗资料汇编·中南卷》（上），444 页，北京，书目文献出版社，1990。

② 同①，447 页。

③ 同①，643 页。

④ 同①，647 页。

⑤ 丁世良、赵放：《中国地方志民俗资料汇编·西南卷》（下），461 页，北京，北京图书馆出版社，1991。

⑥ 同①，633 页。

中庭，三日乃于门前焚烧。出嫁之女，是日亦必迎归饮福。”① 清同治五年（1866年）《来凤县志》卷三十二载：“中元前三日，为祖先位，迎于门外，供于庭中，朝夕必祭，男女序拜如事生礼。届期，封包纸钱，上书祖先名氏，祭而焚之。”② 清同治六年（1867年）《鹤峰州志续修》卷十四载：“七月中元日，谓之‘过月半’。具酒馔祀祖，用纸封楮钱，名‘包袱’，上天祖宗考妣姓名，祭毕焚化，较他时祭祀更虔，曰‘年小月半大’。”③ 清同治八年（1869年）《续修永定县志》卷十二载：“‘中元’，家封楮钱，祀列祖考于寝堂。初十日后，具馔致奠，晚送门外焚之。新亡者不过初七日。”④ 清同治十一年（1872年）《桑植县志》卷八载：“七月‘中元’，先晚焚香，侯（候）祖考；是日具牲醴，化衣钱，家人聚饮。”⑤ 清光绪六年（1880年）《巴东县志》卷十六载：“七月十五日为中元节。前三日接祖先，供包袱，至节前一日焚之。后里最重此节，谓之‘月半’，具酒馔遍至亲舍，互饮为乐。”⑥ 清光绪二十年（1894年）《黔江县志》卷五载：“十五日，‘中元节’。前期具酒馔，书楮袱陈于庭，合享远祖以下及故族戚，三日祭毕焚之，俗谓‘端阳接人，中元接鬼’也。”⑦ 20世纪50年代湘西土家族调查团龙山分团撰写的《龙山县土家族几个情况的调查报告》中记载：“七月十四那天，家家户户办酒肉祭祀祖先，并烧

---

① 丁世良、赵放：《中国地方志民俗资料汇编·中南卷》（上），435页，北京，书目文献出版社，1990。

② 同①，446页。

③ 同①，439页。

④ 同①，627页。

⑤ 同①，625页。

⑥ 同①，439页。

⑦ 丁世良、赵放：《中国地方志民俗资料汇编·西南卷》（上），252页，北京，北京图书馆出版社，1991。

钱纸包，烧完之后，就地设板凳一张，连续点灯三夜。”①

土家人过月半节要备酒肉祭祀祖先，如果是新亡的亲人烧纸钱包不能过初七，纸钱包是把钱纸用清明纸封裹，上面用毛笔写上祖先的名字。否则会认为祖先收不到钱，本姓的祖先在堂屋内烧，外姓的或者非正常死亡的要在堂屋外烧。

> 七月半给过世的老人家封包烧钱纸，自己屋里的祖先就在堂屋里烧，晚上吃夜饭了就在神龛下给他们烧包。包上面要写他们的名字，不然他们就收不到了。有些不是正常死亡的亲人就不能在堂屋里烧，要到外头去烧，给他封几个包放在篾篓篓里烧。现在有些家庭不会写包，也有些懒得写包，就直接给祖人烧钱纸，这样也可以，就是烧的时候要边烧边喊祖先的名字喊他们来领钱。②

月半节这一段时间，如果有蛇或蝴蝶之类的进家门，则不能打或驱赶，土家人认为这是已故亲人化身的，他们是来看亲人了。还有说七月半也叫“赶云南大会”。

> 传说古时候由于战乱频繁，土家族的一部分先祖流入云南，终生未能回到故乡，在外亡人成了野鬼。他们的家人在每年月半时，便先到村外向云南方向烧香纸，深情地呼唤亡

---

① 湖南湘西土家族访问团龙山分团：《龙山县土家族几个情况的调查报告》，见彭继宽：《湖南土家族社会历史调查资料精选》，269 页，长沙，岳麓出版社，2002。

② 访谈者：覃金福；受访者：覃友生；访谈时间：2011 年 1 月 25 日；访谈地点：湖北来凤县老寨坪村百家庄覃友生家。

灵："老人家，你快回来吧！"边喊边回家，喊到家门口，在大门外面坪场再用酒肉、新鲜包谷、稻谷供奉和烧香祭祀（因在外的亡灵不能进屋上神龛同祖先列位）。到了傍晚，每家还要准备一些稀饭，并将烧好的纸钱拌在里面，洒在堂屋外，这叫做洒"鬼稀饭"。表示在外亡灵要回云南去了，家人给他们送些盘缠赶路，去赶"云南大会"。①

土家族地区现在大部分还是提前几天过月半节，用酒肉祭拜亡祖，晚上给亲人烧纸钱包，七月半在土家族的节日中占有重要的位置。

覃金福：七月半那天，要烧钱纸吧？

田仁信：嗯，烧钱纸。

覃金福：你们这边封不封包？

田仁信：要封，上面要写祖先的名字。

覃金福：七月半是七月十二过？

田仁信：嗯，七月十二。过了之后，（死人）就赶云南大会去了。

覃金福：赶云南大会是什么意思？

田仁信：死人都到那里去聚会。

覃金福：七月十二，给他们烧钱纸，大概是什么时候烧？

田仁信：要黑不黑的时候。

覃金福：那天要不要敬菩萨？

田仁信：就到屋里敬家先菩萨？

① 田荆贵：《中国土家族习俗》，120页，北京，中国文史出版社，1991。

覃金福：是什么时候敬？

田仁信：晚上，吃夜饭之后，就开始烧钱纸敬菩萨。①

今天的土家人对“七月半”仍然很看重，并且保留的习俗也很少因为时代有所变动。毕竟这个节日与其他节日不一样，作为祭拜亡人的特殊时日，如果祭祀的内容或者相关风俗发生较大的变化，势必在心理上、情感上对人产生影响。

二、中秋

八月十五为中秋节，土家族也过中秋节，土家族在中秋节这一天也要准备酒、肉和粑粑来敬祖先，《湘西土家概况》记载：“八月十五过中秋，用粑粑、肉祭祖先。”② 现在中秋祭祀活动已不多见，部分地区土家族在中秋还有赏月和摸秋的习俗。

清道光四年（1824 年）《凤凰厅志》卷二十载：“‘中秋’，八月十五日。具月饼、西瓜、石榴相馈遗。夜则切饼劈瓜，盛之以盘，焚香烛以祀之，曰‘赏月’。并以月之明晦，定来岁‘上元’之阴晴。妇人有艰于子者，亲友家以鼓乐送瓜，意取瓜瓞，主人设筵待之。至次年生子，复筵饮焉。”③ 清同治二年《宣恩县志》卷二十载：“‘中秋’，食月饼、枣、栗、胡桃，彼此相饷。有艰于子者，亲友窃邻圃

① 访谈者：覃金福、藤召银；受访者：田仁信；访谈时间：2012 年 7 月 8 日；访谈地点：湖南永顺县双凤村田仁信家。

② 汪明瑀：《湘西土家概况》，见彭继宽：《湖南土家族社会历史调查资料精选》，35 页，长沙，岳麓出版社，2002。

③ 丁世良、赵放：《中国地方志民俗资料汇编·中南卷》（上），633 页，北京，书目文献出版社，1990。

南瓜，取生男之意，藉以红绫，鼓乐送往，主人具酒馔以待。明年生子，庭宴相酬。是夜宜月明。谚云‘中秋月不明，雨打上元灯’。”① 清同治五年（1866 年）《来凤县志》卷三十二载：“‘中秋’以月饼、枣、梨、胡桃向馈遗。有艰于子者，亲友窃邻圃南瓜，取生男之义，藉以红绫，鼓乐送往，名曰‘送瓜’，主人具酒食以待；明年生子，庭宴相酬，往往有验。失瓜之人或从而诅骂之，其应更速。是夜宜月明。谚云‘中秋月不明，雨打上元灯’。”② 清同治七年（1868 年）《武陵县志》卷三十二载：“‘中秋’以月饼、石榴等物相馈。又有‘摸秋’之戏。入人家蔬圃中摘瓜抱归，用鼓乐、花红送于无子家，以兆宜男。”③ 清同治八年（1869 年）《续修永定县志》卷十二载：“‘中秋’，具茶瓜、月饼赏月。盼嗣者，亲友鼓吹张灯，为之‘送瓜’。”④ 清同治八年（1869 年）《保靖志稿辑要》卷四载：“‘中秋节’，率以瓜饼相遗。有新娶者，亲友则择小儿捧南瓜，饰以花红，金鼓随之，谓之‘送瓜’。或以此为来年生子之兆。”⑤ 清同治九年（1870 年）《长乐县志》卷十六载：“‘中秋’，士人赏月赋诗，无异他处，惟辄夜不寐，谓之‘守月花’。且有戏摘人园中瓜，窥相邻之望子者，将此瓜彩红包裹，箫鼓衣冠，送至其家，以为宜男之兆。如来年果举子，则必具盛馔申谢。田泰斗《竹枝词》：‘金轮捧出碧山头，坐看月花果现不，豆驾瓜棚频眺望，须防有客夜摩秋’。”⑥ 清光绪元

① 丁世良、赵放：《中国地方志民俗资料汇编·中南卷》（上），444 页，北京，书目文献出版社，1990。

② 同①，447 页。

③ 同①，655 页。

④ 同①，627 页。

⑤ 同①，643 页。

⑥ 同①，422 页。

年（1875 年）《彭水县志》载："八月'中秋节'，士民具茶果祀月于庭，制月饼相馈，或通夜作乐，笑语达旦，曰'守月华'。"① 清光绪四年（1878 年）《龙山县志》卷十六载："'中秋'，妇女陈月饼、枣、栗拜月。农家占验，'中秋'宜晴，若是夜无月，则明年'元宵'必雨。"② 清光绪六年（1880 年）《巴东县志》卷十六载："八月十五日，戚友咸以果饼相馈，具酒肴，陈瓜果、饴饼于庭，谓之'赏月'。乞子者，更深潜入他人园中，取瓜瓞绵绵之意，谓之'摸秋'。及戚友家或有望子綦切者，以盘盛瓜送之，取瓜瓞绵绵之意，后里独否。"③ 清光绪二十年（1894 年）《黔江县志》卷五载："八月十五日'中秋节'，馈月饼，庭列茶果，坐语达旦，曰'守月华'。是夜，有偷瓜具鼓乐以送子者，倘失瓜之人从而骂之，其验甚速。"④

从以上方志中可以看出，土家族地区人们在中秋这一天吃月饼、赏月和摸秋是主要活动，特别是摸秋，仪式较为隆重。人们还在这一天晚上通过天气晴雨来预测来年元宵节的晴雨。

八月十五摸秋是年轻人喜爱的一种活动。传说元朝为强化统治，给州境百姓每 5 户人家派一官兵监督，并由这 5 户人家供养。官兵依权仗势，无恶不作，百姓深恶痛绝，决心除掉他。约定八月十五这一天晚上统一行动，行动暗号叫"摸秋"。结果，这批无恶不作的官兵全部被杀死。为纪念这

① 丁世良、赵放：《中国地方志民俗资料汇编·西南卷》（上），254 页，北京，北京图书馆出版社，1991。

② 丁世良、赵放：《中国地方志民俗资料汇编·中南卷》（上），647 页，北京，书目文献出版社，1990。

③ 同②，439 页。

④ 同①，252 页。

个日子，当地人便把“摸秋”作为一种娱乐活动传演下来。后来的“摸秋”，是在当天晚上，青年人可以到外面去偷人家的瓜果吃。这种“偷”是善意的，不在偷得多，只在偷到手。偷到手吃了就算了，表示胜利了，有收获。被偷的人家不能骂，因为这天偷东西越挨骂越好。所以许多平常从来不偷东西的青年，这天晚上也敢去偷，而且津津乐道，并不汗颜。①

还有的地方土家人认为这一天是牛王的生辰，要做“牛王会”。如清同治五年（1866年）《长阳县志》卷七载：“八月十五日，‘牛王生辰’，于卯刻诵经，为‘牛王会’，事毕饮福。是日本‘中秋佳节’，以西瓜、月饼、核桃、栗子、水梨、石榴馈亲朋。至夜设酒馔，食饼瓜诸果，谓之‘赏月’。三五成群偷知好园中瓜果，谓之‘摸秋’。摸得南瓜，用彩红、鼓乐送无子之家，谓之‘送瓜’。男、南同音，瓜又多子，谓宜男也。是以夜无月，占来春‘上元’有雨。谚云：‘云遮中秋月，雨打上元灯’，又以月大月小占诸菜丰歉。语云：‘八月小，萝卜白菜吃不了；八月大，青菜白菜当肉价’。”②

现在土家人仍然过中秋节，只不过中秋打粑粑的人很少了。

林继富：你们中秋怎么过啊？

彭昌松：八月十五过中秋，过去就讲八月十五打谷子，

---

① 湖北恩施土家族苗族自治州地方志编纂委员会：《恩施州志》，1073页，武汉，湖北人民出版社，1998。

② 丁世良、赵放：《中国地方志民俗资料汇编·中南卷》（上），428～429页，北京，书目文献出版社，1990。

打哒就晒干，八月十五就舂几个哄粑，打哒吃，这是八月十五过中秋。①

大部分地区土家人在中秋这一天就是做一顿好吃的，酒肉一定要有，吃饭之前要敬一下家先菩萨，或在吃饭之前不入座，摆上饭菜碗筷，呼唤死去的亲人先吃，然后再入座吃饭。湖北来凤等地的土家族在中秋这一天要用鸭子煮新出的豆子吃，这一道菜必须要有。吃月饼的习俗都还有，由于受现代媒体的冲击，晚上赏月的习俗基本上已经没有了。“八月份要过中秋节。中秋节那天到屋里敬家先菩萨。这一天要搞一餐好吃的，到街上称点新鲜肉、鸡鸭之类的。以前过中秋节都要吃月饼。但是不走亲戚，就到屋里”。②

三、重阳

土家族的重阳节和汉族的重阳节不同，土家族过的重阳节有大重阳和小重阳之分，小重阳节是九月初九，大重阳节是九月十九，大部分地区土家族都以九月十九的大重阳节为大。重阳节这天土家人要打粑粑吃，有的地方还要祭祀五谷神和土地神。如《湘西土家概况》记载：“九月初九过重阳，挑一根结有五个包谷的包谷秆祭神，表示五谷丰登。”③《湖南龙山土家族初步调查报告》记载：“九月初九日过

---

① 访谈者：林继富、覃金福；受访者：彭昌松；访谈时间：2011 年 7 月 24 日；访谈地点：湖北来凤县舍米湖村彭昌松家。

② 访谈者：覃金福、藤召银；受访者：田仁信；访谈时间：2012 年 7 月 8 日；访谈地点：湖南永顺县双凤村田仁信家。

③ 汪明瑀：《湘西土家概况》，见彭继宽：《湖南土家族社会历史调查资料精选》，35 页，长沙，岳麓出版社，2002。

重阳过得很隆重原因是快要秋收。‘九月重阳打破牛栏’，就是说可以乱放牛，吃了别人的东西，不负赔偿之责。”①《龙山县土家族几个情况的调查报告》中记载：“土家族有大（十九日）小（初九日）重阳之分，大部分过小重阳，也有过大重阳的，特殊的如杨姓，却在小重阳之后的第一个‘马’日过节。过节那天，家家备粑粑酒肉敬土地神，并在土地庙杀鸡，这天敬神的食品，不许外来的任何客人（包括出嫁了的女儿在内）分食。”②

清同治二年（1863 年）《宣恩县志》卷二十载：“九月九日，士人携酒登高，捣粉为糕。又，乡俗以十九日为‘大重阳’。”③ 清同治五年（1866 年）《来凤县志》卷三十二载：“‘重阳’，携酒登高。捣米粉为糕，曰‘重阳糕’。采茱萸蓄之。以十九日为‘大重阳’。”④ 清同治八年（1869 年）《续修永定县志》卷十二载：“‘重阳’，文士携酒登高，相与题咏。农民或仍祀社神，以符秋报之意。”⑤ 清同治八年（1869 年）《保靖志稿辑要》卷四载：“九月九日，合寨宰牲，过‘重阳节’。祀土地神，以报土功。”⑥ 清光绪四年（1878 年）《龙山县志》卷十六载：“九月九日，士人携酒登高。捣米粉为糕，曰‘重阳糕’。又，乡俗以十九日为‘大重阳’。”⑦ 清光绪三十二年（1906 年）《古丈坪厅志》卷十六载：“九月‘重阳’，土家大节，次皆他处所异

---

① 严学窘：《湖南龙山土家族初步调查报告》，见彭继宽：《湖南土家族社会历史调查资料精选》，9 页，长沙，岳麓出版社，2002。

② 湖南湘西土家族访问团龙山分团：《龙山县土家族几个情况的调查报告》，见彭继宽：《湖南土家族社会历史调查资料精选》，269 页，长沙，岳麓出版社，2002。

③ 丁世良、赵放：《中国地方志民俗资料汇编·中南卷》（上），444 页，北京，书目文献出版社，1990。

④ 同③，447 页。

⑤ 同③，627 页。

⑥ 同③，644 页。

⑦ 同③，647 页。

者。……土人旧俗，每岁三月杀白羊，及故吹笙以祀鬼。四月十八、七月十五，夜祀祖，而惟重阳尤重，合寨宰牲祀重阳，以报土功。”①

方志中记载了土家族生活地区人们在重阳这一天要祭祀土地神，特别是《古丈坪厅志》中的记载，土人合寨宰牲祀重阳。大部分地区县志中都提到重阳这一天人们要做一种米粉糕，叫做重阳糕，这在现在土家族地区仍还盛行，重阳这一天要打粑粑。九月十九为大重阳，在乡民中以大重阳为重。

彭昌松：我们这边九月初九过重阳，九月初九过重阳呢，就要打一场粑粑，讲“重阳不打粑，老虎要咬妈”。

林继富：哦，那就非要打一场粑粑，请外面的人回来吃粑粑。

彭昌松：嗯，要喊儿女们都回来吃粑粑。

林继富：打粑粑是玉米粑粑还是糯米粑粑。

彭昌松：糯米粑粑。②

湖南永顺县双凤村的土家族过九月十九的大重阳节，这一天要在家里准备酒、肉祭祀家先神。

覃金福：九月份，过重阳节吧？

田仁信：嗯，九月十九。

---

① 丁世良、赵放：《中国地方志民俗资料汇编·中南卷》（上），629～630 页，北京，书目文献出版社，1990。

② 访谈者：林继富、覃金福；受访者：彭昌松；访谈时间：2011 年 7 月 24 日；访谈地点：湖北来凤县舍米湖村彭昌松家。

覃金福：九月十九？

田仁信：嗯。

覃金福：不过九月初九？

田仁信：别的地方过，我们过大重阳。

覃金福：哦，就是和端午节一样的吧？

田仁信：嗯。

覃金福：重阳节搞些什么？

田仁信：就是办好吃的。

覃金福：敬不敬菩萨？

田仁信：敬，要到屋里敬家先。①

土家族的重阳节分为大重阳与小重阳的时序与土家族节日体系中的时间制度是一脉相承的。重阳节虽然没有明确表明敬老的内容，但是，祭祀祖先、菩萨等神灵则是必不可少的程序，请女儿回娘家等习俗透露了土家族对祖先的敬重、对亲情的重视。

① 访谈者：覃金福、藤召银；受访者：田仁信；访谈时间：2012年7月8日；访谈地点：湖南永顺县双凤村田仁信家。

第四节　冬季节日

一、过年

土家族过年有大年和小年，小年有的地方是腊月二十四过。有的地方过小年也提前一天，腊月二十三过，土家族过小年不隆重，主要是晚上祭祀灶神，送灶神上天。过小年这一天也是灶神为大，敬完灶神以后再到堂屋神龛下敬家先。过大年是土家族最隆重的节日之一，有的地方要比汉族提前一天过，月大是腊月二十九过年，月小则是腊月二十八过，例如龙山的坡脚、他砂，保靖的陇木洞，永顺的双凤等地。有的地方是腊月二十八过年，三十早上边吃边等天亮再过一个年。有的地方是六月六过大年，有的地方是六月六过半年，有的地方是六月六过小年。有的地方因为姓氏不同，过年的时间也不一样。提前过年的土家族在三十这一天也要过年，只是过的相对简单一些，还有的地方土家族和汉族一样，只过三十的除夕。

土家族提前过年的习俗一直存在，在明清时期的土家族地区方志中确有关于土家族比汉族提前过年习俗的记载。清道光版《鹤峰州志·风俗》载："土户覃、田二姓，土司时于除夕前一日祀神过年，今多仍之。"① 清同治九年（1870 年）《长乐县志》卷十六载："'除夕'，具盛

①（清·道光）《鹤峰州志》。

馔，阖家相聚饮食，谓之‘吃团年饭’。而容美土司则在‘除夕’前一日，盖其先人随胡宗宪征倭，于十二月二十九日大犒将士，‘除夕’倭不备，遂大捷。后人沿之，遂成家风。‘除夕’，戚友以礼物馈送，曰‘辞年’。夜深人静，祭祀祖先、灶神，而后掩门，谓‘烧关门纸’。”① 清光绪四年（1878 年）《龙山县志》卷十六载：“土人庆岁，月大以二十九为岁，月小则以二十八日。相传前土司出军值除日（夕），令民间先期度岁，后遂以为常。是日，土民供土司某神位于堂上，陈以酒醴、鱼肉，而置己祖先木主于门后。祭时，将牛、马、鸡、犬诸物藏洞中，老幼男妇各屏息以待，谓某神在堂，不敢惊也。”② 清光绪三十三年（1907 年）《古丈坪厅志·土俗》卷十六载：“十二月二十八日，夜祀祖，名曰：‘祭鬼’，禁闻猫犬声。”③ 民国二十三年（1934 年）《沿河县志》卷十八载：“三十日，陈馔祀祖先。家人聚食，谓之‘食年饭’。卑幼拜尊，谓之‘辞年’。夜各不眠，谓之‘守岁’。‘除夕’祀祖先，有于二十八、九行者。”④

关于土家年的来历很多，多与战争有关，综合文献资料和实地调查，土家族祖先因抗倭要走而提前过年较为可信。20 世纪 80 年代，民族部门深入土家族地区调查，在后来形成的调查报告中把土家族提前过年叫成“过赶年”，后来证实这种叫法是不科学的，现在基本上不叫过“赶年”了，就叫土家族过年或土家年。

土家族从冬至日就开始忙年了，过了冬至日，就可以杀年猪了，土

---

① 丁世良、赵放：《中国地方志民俗资料汇编·中南卷》（上），422 页，北京，书目文献出版社，1990。

② 同①，647 页。

③ 同①，630 页。

④ 丁世良、赵放：《中国地方志民俗资料汇编·西南卷》（下），461 页，北京，北京图书馆出版社，1991。

家人把喂肥的大猪杀了做成腊肉，一年四季就可以吃腊肉了。忙年还有打粑粑、推豆腐、炸团馓等，土家人爱吃糯米粑粑，每家过年都会打几十斤糯米的粑粑，粑粑不仅自己吃，还要拿来敬神和走人家用。土家人生活的武陵山区适合生长黄豆，用土家族地区甘甜的山泉水推成的豆腐美味可口，土家人敬神的时候也要用豆腐，土家人还把豆腐做成油豆腐、熏豆腐、霉豆腐等，这样豆腐就能长期存放。土家人过年还会炸团馓和油粑粑，一来是自己食用，再者就是敬神和走人家的时候用。腊月的赶场是土家人置办年货的高峰时期，各个相邻乡赶场的时间是错开的，或“一、四、七”或“二、五、八”或“三、六、九”或“二、七”或“五、十”，等等，土家人一般是把自家的农产品或山货拿到乡场上去卖，然后买过年所需的食品和祭祀用品等。

过年当天土家人早上就早起办年菜，其实过年前一两天就已经准备办某些年菜了，饭菜要用甑子蒸，要蒸坨坨肉，传说是为了土家士兵出征便于携带和食用。青菜和豆腐也是不可缺少的，吃这个菜，预示来年一清二白。土家族人过年还要吃“合菜”，亦称“贺菜”，即将豆腐、粉条、萝卜、白菜等一起煮着食用，据传也是和土家将士征倭取胜有关。

过年这一天的祭祀活动最隆重，一般是家里男性长者主持祭祀活动，如果寨子有摆手堂，要用煮熟的猪头、酒、茶、粑粑、豆腐等先去摆手堂祭拜土王，然后祭拜土地神、井神、猪圈菩萨等。吃饭之前要祭拜堂屋神龛的家先菩萨，饭菜摆好后不能入座，要先喊去世的亲人吃，然后才能入座吃团年饭。团年饭要慢慢吃，忌吃快，吃团年饭不能泡汤，否则认为来年要垮田坎。

提前过完年的土家族在三十的时候也还要过年，只不过这个年没有提前的年隆重，祭祀就只是在吃饭之前祭家先菩萨。土家人在过年这一天还要给各种农具贴上纸钱，叫“贴喜钱”，让它们在过年这一段时间也休息休息。酉水流域地区土家族在三十吃过团年饭以后还要去上坟，带上香、纸、蜡烛和祭品给每座亲人的坟送亮，让他们也过一个热闹的年。来凤、龙山等地的土家族在三十晚上子时还要给过世的亲人烧纸钱包，过年当晚每家都要烧一个大大的柴火蔸，叫“烧年蔸”。土家人围着火坑烤火，谈笑，坐通夜，叫“坐三十夜”。12点交节的时候要放鞭炮，迎新年。

正月初一开始就要去拜年，各地拜年的时间不一样，有的地方土家族正月初一是不出门的。拜年的时间和顺序也是有讲究的，首先要给嘎嘎（外婆）和舅舅家拜年，给他们拜年拿的礼物是最隆重的，一般是猪腿、粑粑、团馓和酒。然后再给其他亲戚拜年，给其他亲戚拜年就不拿猪腿，只拿一块腊肉了，粑粑、团馓和酒这些是不能少的，总之土家人拜年要拿够四样物品。正月土家族有很多娱乐活动，有各种灯会活动，还要跳摆手舞，一直到过完十五，才算把年过完。

二、摆手节

摆手节是以摆手舞为中心的综合性民俗文化活动的总称，“摆手”土家语称为：舍巴巴、舍巴日，意即甩手或玩摆手。土家人历来就爱跳摆手舞，据杨昌鑫编著的《土家族风俗志》中记载：“摆手，根据土家族居住的地区不同、族系不同、生产生活方式不同，分为大摆手和小摆手两种类型。大摆手是种表演军功的战舞；小摆手是种常年要祈祷年丰的农事舞。大摆手三年举行一次，小摆手每年都举行”①。现在所见的摆手舞基本上都是小摆手，大摆手已经很少见了。每年举行

① 杨昌鑫：《土家族风俗志》，170页，北京，中央民族学院出版社，1989。

的小摆手时间也不确定，有的地方是正月举行，有的是三月举行，有的地方是五月举行，还有的地方是秋收后举行。

湖南永顺双凤村的摆手舞，保留着古老的文化痕迹，用双凤村人的话说，他们的舞蹈是“原汁原味”的。双凤村的摆手舞是小摆手，分为 13 个动作，分别为：单摆、双摆、回旋摆、砍火畲、插卡子、撒小米、结麻、纺麻、吃豆浆、冰口痛①、扭虱子、水牛打架、打蚊子。湖北来凤县舍米湖村有目前发现最早的摆手堂，该村摆手舞历史也比较悠久，他们的摆手舞最开始只有 4 个动作，分别是单摆、双摆、撒种和老鹰展翅，后面又增加一个回旋摆就有 5 个动作，现在改编增加到 9 个动作了。现在在来凤县流行的土家摆手舞的基本（9 个常规）节拍是：开始（拜火）— 1. 单摆（8 次）— 2. 拜年（5 次）— 3. 撒种（3 次）— 4. 双摆（4 次）— 5. 比脚（4 次）— 6. 擦背（4 次）— 7. 纺纱（4 次）— 8. 抖灰（4 次）— 9. 张翅（4 次）—团火（结束）。

现在土家族地区盛行跳摆手舞，各地都举行摆手节，来凤、龙山、酉阳等地都举办过规模宏大的摆手节，节日的具体时间不固定。1983 年，龙山马蹄寨举办过千人大摆手活动；1993 年秋天，龙山县举办过土家族摆手节；1999 年，摆手节被列为恩施土家族苗族自治州四大民族节日之一；2001 年，来凤县政府承办湖北首届“万人摆手节”；2009 年 5 月 20—25 日，来凤县又举办了为期 6 天的“来凤 · 中国土家摆手舞文化旅游节”。2011 年 8 月，酉阳也举行了大型的摆手舞文化旅游节。

现在的摆手节多是政府主导的节日，与旅游招商引资联系紧密，一方面对于土家族地区经济的发展有促进作用，另一方面对民族文化

① 农村人的皮肤皲裂，引发的疼痛。

的原生性有一定负面作用。

三、过十五

土家人也过元宵节，但土家人自己不叫元宵节，而叫过十五。龙山、保靖、永顺等地的部分土家族过十五也提前一天，正月十四过，但也还是叫过十五。过十五这一天土家人要敬菩萨，用酒、肉敬自己的家先。晚饭一定要吃一顿肉，叫吃爬坡肉，俗语说“吃了爬坡肉，准备扛锄头”、“吃了十五肉啊，抱起锄头哭啊”、“吃了十五肉，牛犁耙上土”等，意为过了十五，年就过完了，就要开始搞劳动生产了。吃过晚饭以后土家人要把各种农具上贴的“喜钱”扯下来烧掉，意为它们的年也过完了，也要准备工作了。正月土家人爱玩各种花灯，到了十五这一天半夜的时候就要“烧灯”，送灯神上天，俗话说“三十夜的火，十五的灯”。

覃金福：你们这里过正月十五提不提前？

彭运江：我们这里过十五也提前一天，是过十四。

覃金福：过十五那天有没有什么活动？

彭运江：往天过十四那天要烧龙灯。①

土家族地区人们玩灯的习俗在清代各个地方的方志中多有记载，现在土家族地区正月玩灯仍然特别盛行，例如湖北来凤县每年正月都

① 访谈者：覃金福、彭丹；受访者：彭运江；访谈时间：2012年3月8日；访谈地点：湖南保靖县雨名轩茶楼。

会举行灯会，各个乡镇都会派“灯”来县城玩灯，灯会不仅仅是玩灯，还有打三棒鼓、唱山歌等娱乐活动。

林继富：过完年之后到正月十五还有其他的活动吧，比如说有没有跳花灯？

彭昌松：有啊，多得是。

林继富：什么灯呢？

彭昌松：原来我们那儿街上有玩龙灯的，还有老汉打锣的。玩龙灯的有好多个，从尾巴、脑壳都有，现在我看玩龙灯的都是几块布蒙起的，那个时候都是搞的篾笼起的。

覃金福：玩彩龙船的有没有？

彭昌松：那上回就搞的嘛，玩彩龙船的、板凳龙的、打九子鞭、打丧棒鼓都有嘛。①

有的地方人们在十五这一天不仅玩灯，女孩在这一晚上要迎紫姑神来占卜吉祥。清同治五年（1866年）《来凤县志》和《长阳县志》中都有十五晚上幼女“请七姑娘”记载。清同治八年（1869年）《保靖志稿辑要》卷四载：“闺秀多结伴迎紫姑神，或帚把姑娘、瓢儿姑娘，卜吉祥，更深方散。”② 清光绪四年（1878年）《龙山县志》卷十六载：“‘元宵’前数日，剪纸为灯，或鱼鸟龙狮各形，群擎而舞之，周走城市；至十五夜尤盛，箫鼓灯花，达旦乃已，曰‘闹元宵’。又

① 访谈者：林继富、覃金福；受访者：彭昌松；访谈时间：2011年7月24日；访谈地点：湖北来凤县舍米湖村彭昌松家。

② 丁世良、赵放：《中国地方志民俗资料汇编·中南卷》（上），642页，北京，书目文献出版社，1990。

束草为女人形，立而祝之，则身俯仰若拜然，或请紫姑之遗意。”①

有的地方人们在十五这一天还要给祖坟去送灯，清同治五年(1866年)《来凤县志》卷三十二载：“‘上九’日至‘元宵’，城乡有龙灯之戏，杂以狮象、麟鱼诸灯，或扮童子，联袂踏歌，箫鼓争喧，爆花竞放，观者填衢达旦。‘元宵’，家家墓上送灯，远望如众星。”民国二十三年（1934年）《沿河县志》卷十八载：“自此以后，花灯、龙灯。喧阗高唱，一县若狂。十五日晨，焚楮烧香，午后上祖坟，谓之‘亮灯’。夜庆‘元宵’，烧香燃炮，烛屋四隅，竟成不夜。”②

有的土家族地区人们在十五晚上还要赶毛狗，毛狗就是狐妖。清同治五年《长阳县志》卷七载：“十二、三日为‘正灯’，十五、六日为‘罢灯’，喧阗彻夜，曰‘闹元宵’。幼女请紫姑神，问灾病、休咎、年岁。曰‘请七姑娘’。持爆竹山中，燃放有声，曰‘赶毛狗’。毛狗，即狐也。俗谓狐之为妖，率于十五拜月，新年十五尤盛，故驱之。是日，以米粉包糖、肉、豆沙不等，因相馈遗，谓之‘元宵团’，俗称‘毛狗团’，言是以供狐，一云赶毛狗之行粮也。”③ 清同治九年(1870年)《长乐县志》卷十六载：“十五夜，取杉树枝或蜡树枝于宅外烧之，曰‘烧蛇蚤’。儿童大声呼逐，谓‘赶毛九’，或曰‘赶毛狗’。是夜张灯，演花鼓戏，曰‘闹元宵’。食粉团，曰‘吃元宵’。”④

湖南永顺县双凤村的土家族十五是提前一天十四过，十四这一天

---

① 丁世良、赵放：《中国地方志民俗资料汇编·中南卷》（上），646页，北京，书目文献出版社，1990。

② 丁世良、赵放：《中国地方志民俗资料汇编·西南卷》（下），461页，北京，北京图书馆出版社，1991。

③ 同①，426页。

④ 同①，421页。

还要敬外面的土地堂和家里的家先，他们和过年一样，十四过了十五也还过，十五这一天也要祭拜家先菩萨。

覃金福：过十五，是不是提前一天过？

田仁信：十四也过，十五也过。

覃金福：那十五与十四有什么区别呢？

田仁信：没有什么区别。

覃金福：农具上贴那个纸什么时候烧呢？

田仁信：十五烧。十四不烧。

覃金福：十四那天搞什么呢？

田仁信：把纸扯下来。

覃金福：哦，是十四那天扯，十五烧。

田仁信：嗯。

覃金福：那十四那天吃不吃爬坡肉？

田仁信：没，十五的时候吃爬坡肉。

覃金福：那个纸是到什么地方烧？

田仁信：就到堂屋里面烧。

覃金福：十四那天，敬不敬菩萨？

田仁信：敬，和过年一样，土地坛都要敬。

覃金福：敬的时候，拿的东西跟过年的时候是不是一样呢？

田仁信：一样，就是刀头肉、粑粑、豆腐那些。

覃金福：过十五那天敬不敬菩萨？

田仁信：敬家先菩萨。

覃金福：早上敬还是下午敬？

田仁信：下午，到现在这个时候（下午四点半）就开始敬了。

覃金福：烧钱纸大概是什么时候烧？

田仁信：也是这个时候。

覃金福：是敬完菩萨以后，还是敬菩萨以前？

田仁信：敬菩萨的时候烧，烧了之后，吃爬坡肉，就可以开始劳动了。①

土家族的节日远不止这些，只是这几个节日在土家人的生活中比较重要，过这几个节日的人数也较多。还有一些节日只是局部地区的土家族过，例如土家女儿会，现在主要是恩施附近的土家族过，女儿会源于鹤峰、建始、宣恩、恩施交界的石灰窑，相传每年的农历七月十二，土家女儿盛装打扮，带上货物出来赶会摆摊，土家青年也来赴会，男女青年通过买卖货物趁机寻找对象。过去女儿会是土家儿女找对象的主要媒介，现在恩施政府介入女儿会，打造女儿会文化旅游节，是女儿会成为恩施主要的文化品牌之一。

还有一些节日在历史上比较盛行，但现在基本衰落。例如二月十五的花朝节，历史上土家族地区人们要过，现已基本不过。清同治六年（1867 年）《鹤峰州志续修》卷十四载："二月十五日，曰'花朝节'。幼女穿耳，时或作风鸢之戏。谚云'杨柳青，放风筝'。"② 清同治九年（1870 年）《长乐县志》卷十六载："二月十五日，谓'花

① 访谈者：覃金福、藤召银；受访者：田仁信；访谈时间：2012 年 7 月 8 日；访谈地点：湖南永顺县双凤村田仁信家。

② 丁世良、赵放：《中国地方志民俗资料汇编·中南卷》（上），442 页，北京，书目文献出版社，1990。

朝大期’，男女多于此时婚配。”① 清光绪六年（1880 年）《巴东县志》卷十六载：“二月‘花朝’时，做纸鸢于山前后放之，有‘杨柳青，放风筝’之谚。”②

射虫日　即惊蛰前一晚上要用石灰在门前画一把弓箭，意在把害虫消灭。清道光四年《凤凰厅志》卷二十载：“‘惊蛰’先一晚各家用石灰画弓矢于门，复撒石灰于阶除，以驱毒虫。”③ 清同治八年《续修永定县志》卷十二载：“‘惊蛰’先日，晚以石灰画弓矢于门前，以避虫毒。”④ 民国二十六年（1937 年）《恩施县志》卷十二载：“‘惊蛰’前一夕，画灰于地，像弓矢之形，谓之‘射虫’。”⑤

磨刀节　为农历五月十三日，这一天又传为关帝诞辰，喜下雨，称为磨刀雨。有谚云“你不赐我磨刀水，我不赐你晒龙袍”、“五月十三把刀磨，大刀磨来长江水，小刀磨来沿渡河”。清道光四年（1824 年）《凤凰厅志》卷二十载：“五月十三日，祭关帝，曰‘磨刀会’。”⑥ 清同治五年（1866 年）《来凤县志》卷三十二载：“五月十三日，相传为‘关帝诞辰’。是日雨，俗谓‘磨刀雨’。”⑦ 清同治五年（1866 年）《长阳县志》卷七载：“五月十三日，俗名‘关帝磨刀会’。是日有雨，名‘磨刀雨’。”⑧

通过上文春夏秋冬节日的描写，既观照到从宋代，尤其是明清时

① 丁世良、赵放：《中国地方志民俗资料汇编·中南卷》（上），421 页，北京，书目文献出版社，1990。

② 同①，439 页。

③ 同①，633 页。

④ 同①，626 页。

⑤ 同①，436 页。

⑥ 同①，633 页。

⑦ 同①，447 页。

⑧ 同①，428 页。

期以来的土家族地区的节日，又落脚于当代土家族节日系统的习俗传统，从而在历史的纵轴和当代横轴上观察土家族的节日系统。土家族的节日是多样化的，尤其在土家年流传的区域的土家族节日还保留了相对完好的民族个性，比如，“大端午”、“中端午”和“小端午”，“大重阳”、“小重阳”；与其他民族比较，土家族很多重要节日都会提前一天，等等。这些在土家族时间制度上都包含了丰富的文化内涵，包含了土家族特殊的生存状况和民族特征。

第三章　土家族的过年

土家人把过年作为一年中最重要的仪式性事件，其活动都被安排得秩序井然，在相对固定的时间内，每天为过好年做着所有准备。

土家族小年从腊月二十三开始，在“年饭”之前主要是准备“团年饭”和新年接待客人的食品等。“年”的所有活动均是家人一起劳动，一起准备的过程，这个过程充满了欢声笑语，充满了浓浓亲情，充满了温暖与温馨。土家人为过年制定了严整有序的时间表，有俗语云：

腊月二十三日，白天家家要打扫檐尘迎过年，晚上要烧灶书，送灶神菩萨上天。

腊月二十四日，户户写、贴年联。

腊月二十五日，家家推年豆腐。年豆腐冲浆水清，豆腐多又硬，才是好兆头。

腊月二十六日，家家炒“炒米”，炸“团馓”。炒米白，团馓起得好，预兆来年运气好。

腊月二十七日，土家人户户打年粑，年粑有糯米，亦有包谷、小米、高粱等杂粮粑粑。蒸粑粑上气快，粑粑糯喜泡多，兆头才好。

腊月二十八日，家家要到村头土地祠前杀鸡鸭。每只被杀的鸡要扯一点毛，并沾上血贴在土地祠上，叫感谢土地。

腊月二十九日，称“过年样样有”。这一天男人要上山为祖坟送年饭，回来要背柴（财）归家烧旺火，女人则一天忙办年。

上面的俗语讲的是部分土家族地区过腊月三十“年”的时间表，而对于提前过年的土家族来说，这个时间显然是要提前的。从冬至以后土家族就进入忙年状态，冬至日一到土家人就可以杀年猪了，把一年辛苦喂的大猪杀掉做成腊肉，一年四季就有肉吃。粑粑也是土家人过年必须准备的食品，不仅是土家人爱吃粑粑的原因，还要用粑粑祭祀和作为走亲戚携带的礼物。打粑粑需要多人协作才能完成，所以土家人在忙年打粑粑时都是约定几家人一起打粑粑，分工协作，蒸饭的、打粑粑的、捏粑粑的、压粑粑的等都各司其职或交替轮换。土家人每家过年都会推两三桌①豆腐，过年的时候拿来敬菩萨和食用，过年这几天肯定吃不了这么多豆腐，土家人就把豆腐做成炸豆腐、熏豆腐、霉豆腐等，便于长时间存放。土家人过年也要炸团馓，湘西土家族地

① 土家人习惯把一豆腐箱豆腐叫一桌豆腐。

区叫“团馓”，鄂西土家族地区叫“米粢糖”，团馓不仅自己食用，还拿来敬菩萨和走人家，过去给嘎嘎家拜年都是用担子挑团馓和粑粑。甜酒又叫“醪糟”，土家人过年自家会蒸一点甜酒，正月用来招待客人，多是中午用甜酒煮粑粑吃。腊月最后几个乡场异常热闹，乡场的时间是固定的，有三天一场的，也有四天或五天一场的，土家人居住附近几个乡的乡场时间一般都是错开的。

过年一般要提前一天或两天过，到汉族过年三十的时候他们也简单地过。过年当天土家人早早就起床来办年菜，因为土家人过年当天的年菜特别丰盛，所以有些菜提前几天就已经准备好了。过去年饭是用甑子来蒸，并且有很多讲究，年饭要年年有余，今年吃到明年，饭上还要盖大片大片的肉。年菜像坨坨肉、合菜是不能少的，传说这些都和土家族先祖抗倭有关。现在土家族过年相对简单一些，但坨坨肉和合菜基本上保留了，还有一些菜如鱼、鸡、猪脚炖海带、芋头、青菜豆腐等，鄂西土家族在过年这一天要吃猪头和猪尾巴，意为有头有尾，而湘西土家族多把猪头肉留在清明节吃。土家人过年的祭祀是非常隆重的，他们要非常虔诚地祭拜各种菩萨，如土地菩萨、猪圈菩萨、水井菩萨等，摆手堂里的土王神和家里堂屋神龛上的家先神是重要的神，敬神一般是家里年长的男性主持，土家人过年敬菩萨只允许男性参与，女性是不能参与的。三十过年的时候他们也要举行祭祀，但较提前过的年显得简单一些。三十吃完年饭以后，宣恩、来凤、龙山、永顺、保靖等地土家人要去上坟，带上酒肉去亲人坟上祭拜，叫做“送亮”。三十晚上土家人要烧大树蔸，叫“烧年蔸蔸”，晚上大家围着火坑谈笑风生，要坐到初一天亮叫“坐三十夜”。

土家人在过年当天就会给同村人拜年，这多是由小孩来完成，他们去每家每户拜年，目的是讨一些瓜子、糖果。土家人给亲戚拜年从正月初一开始，但各地土家人拜年的时间又有差异，有的地方正月初一不出门，有的地方初一去拜丈人，有的地方初一去看新灵，即在过去一年中，哪一家有老人去世，在正月初一这一天，这一家族的所有亲戚都会带上香纸、蜡烛、鞭炮和礼物来这家“看新灵”，祭拜过去一年中去世的亲人。土家人拜年顺序是有讲究的，首先要给嘎嘎和舅舅家拜年，给他们拿的礼物也最隆重，一般是猪腿、粑粑、团馓和酒，给其他亲戚拜年就不拿猪腿，而拿一块腊肉，其他基本不变，要凑齐四样东西。现在土家人拜年东西有所简化，也是四样，多为腊肉、糖、酒和挂面，粑粑和团馓在拜年礼物中也有，但不多见。主人家要给拜年的小孩打发钱，还要给拜年人的背篓里回东西，不能让其空着回家。

正月里土家人有丰富的娱乐活动，摆手舞是土家族的一项标志性文化，一般从初三开始跳摆手舞，一直要跳到初十五前才结束。土家人正月也爱玩灯，龙灯、狮子灯、蚌壳灯、彩龙船等各种花灯土家人都善玩，玩灯的时候土家人还爱打三棒鼓、打九子鞭、唱山歌等，现在很多地方土家族在正月都会举行灯会活动。龙山、永顺、保靖等地土家族过十五也提前一天十四过，土家人过十五要用酒肉敬家先菩萨和土地菩萨，有的地方土家族还要去摆手堂敬土王。十五这一天要做一顿肉吃，叫“爬坡肉”，吃完爬坡肉就意味着年过完了，土家人就要开始忙生产了，俗谚云“吃了爬坡肉，各自找门路”或“吃了爬坡肉，准备扛锄头”。十五吃过晚饭以后要把过年贴在各种农具上的钱纸扯下来烧掉，意为它们的年也过完了，要准备工作了。十五这天晚上还要烧灯，把正月玩的各种灯烧掉，送灯神上天。过完初十五，土家族的年才算真正过完。

第一节　忙　年

一、杀年猪

猪在土家人的生活中占有重要的地位，在农村基本上每家都喂有猪。过年要杀年猪，即使家里再穷，过年也会把养了一年的猪至少杀一头来做成腊肉，熏好以后保存起来，这样一年四季都有肉吃。过了年之后，每家都会去市场或者有猪崽的人家买几头小猪饲养。哪家有母猪下了小猪，喂了五十天以后，附近的人就去买小猪，如果时间一确定，卖家就会通知要来他家买小猪的人早上来买，买家走的时候，卖家要说一些奉承猪喂大的吉利话。在选年猪的时候也有诸多讲究，土家老人彭南京给我们介绍了选年猪的一些情况：

选年猪那有讲究，老人家说买猪要买后腿直一点的猪，旋猪①不能买；再一个就是把猪提起来看脚趾，要是双的，就买，单的不能买。如果是单的，那你来年就不存猪啊；再一个就是猪嘴巴，要有三道鼓的猪一定要买下来，如果猪嘴巴是两道鼓的，这样的猪不能买；还有一个就是下巴短，上巴长的猪也不要买，这样的猪不肯吃食；再一个就是鼻孔小

① 旋猪：身上有旋涡的猪。

的猪也不能买；最后一个就是尾巴短的猪不行。①

杀年猪是土家人忙年中的一项重大内容。进入冬至以后就有土家人开始杀年猪了，杀年猪是一个特殊的日子，土家人会选择吉祥的日子，有的地方土家人认为冬至以后逢牛日杀猪最好，希望来年的猪喂得像牛那么大。

覃金福：那杀年猪是从什么时候开始？

彭南京：我们土家族一般要到腊月，我们这里杀年猪也要看日子，水牛日杀猪是最好的，那意思就是明年猪要长到水牛那么大。

林继富：杀年猪的日子是谁来看？

彭南京：那些老人家都会看，他们也像算命的一样会算。②

有的地方土家人认为冬至以后逢马日杀猪最好，希望来年猪喂得有马那么大。

覃金福：杀年猪是什么时候开始啊？

彭秀菊：杀年猪是哪天日子好就哪天杀。

覃金福：那日子是怎么看的啊？

彭秀菊：那要是属马的日子啊，猪好长马那么大啊。往

---

① 访谈者：林继富、覃金福；受访者：彭南京；访谈时间：2012年4月20日；访谈地点：湖南龙山县坡脚石堤村彭南京家。

② 同①。

天都兴看这个日子，随便杀猪的话不利顺。①

有的地方土家人认为红煞日②，即逢鸡、蛇、牛日可以杀猪，逢猪日则不能杀猪。

覃金福：杀年猪，是不是过冬至以后就可以杀了？

田仁信：嗯，过冬至日以后，就可以杀了。

覃金福：杀年猪应该要选日子吧？

田仁信：看日子。

覃金福：怎么讲？

田仁信：红煞日。属鸡、属蛇、属牛可以杀，属猪的时候不能杀。

覃金福：那是哪个看呢？

田仁信：看皇历，我以前就是杀猪的屠夫。③

土家年俗传承人彭家齐说杀年猪最好选择冬鸡腊牛的日子，也就是冬月和腊月的红煞日。

覃金福：杀年猪是不是要看日子？

彭家齐：那是要看日子，杀年猪是冬鸡腊牛，冬月份属

① 访谈者：覃金福、张远满、彭丹；受访者：彭秀菊；访谈时间：2012 年 1 月 18 日；访谈地点：湖南保靖县陇木洞村彭运江家。

② 土家人认为农历一、四、七、十月的蛇日，二、五、八、冬月的鸡日，三、六、九、腊月的牛日，属红煞日，这些天不宜出门。

③ 访谈者：覃金福、藤召银；受访者：田仁信；访谈时间：2012 年 7 月 8 日；访谈地点：湖南永顺县双凤村田仁信家。

鸡的日子就是肥猪日，腊月属牛的日子就是肥猪日。[1]

杀年猪请的屠夫一般都是当地的，他们基本是半农半屠，平时都在家里做农活，腊月到各家各户去杀年猪。

覃金福：那杀年猪的屠夫是你们自己寨子上的吗？

彭南京：是的，是我们自己寨子里面的。

覃金福：屠夫是不是专门的屠夫？

彭南京：不是专门的屠夫，就是那几个会杀的，过年在寨子里帮忙杀。[2]

待杀年猪的日子定好以后，主家就会提前准备好澡盆（烫猪毛时要用）和杀墩，这两样屠夫是不会带的，得自己准备。提前烧一大锅开水，还得准备几大桶冷水，烫猪毛时不能直接倒入开水，要兑入冷水，否则会把猪皮烫坏。

待一切准备妥当，屠夫就和几个帮忙的人把猪从猪圈赶到院坝，把猪按在杀墩[3]上不让其动弹，屠夫要保证能一杀剑[4]毙命。这是有说法的，如果屠夫杀了好几刀才把猪杀死，是不吉利的，土家人认为要么主人家人会倒霉，要么屠夫会倒霉。杀猪时如果猪不叫也是不吉利的，不叫则说来年喂不了大猪。等杀猪刀拔出来以后，屠夫会迅速把

① 访谈者：覃金福、藤召银；受访者：彭家齐；访谈时间：2012 年 7 月 10 日；访谈地点：湖南永顺县双凤村彭家齐家。

② 访谈者：林继富、覃金福；受访者：彭南京；访谈时间：2012 年 4 月 20 日；访谈地点：湖南龙山县坡脚石堤村彭南京家。

③ 杀墩：木板墩，单扇门板大小。

④ 杀剑：杀猪插喉咙那把刀叫杀剑。

事先准备好的盆对准刀口接猪血，有的家庭会往盆里放上糯米接猪血，然后加入各种调料，灌进猪大肠后挂在火塘上熏成土家族人特制的风味食品“血粑粑”，或炒或煮，有香美的味道，特别好吃。有的家庭直接放上食盐在盆里接猪血，等血凝固了以后直接下火锅吃，也是别有一番风味的。

主人家在杀猪时要烧三炷香，点一对蜡烛，烧一叠纸钱，作三个揖酬谢猪圈菩萨，感谢其保佑土家人能杀大猪。猪杀死以后，用杀猪刀在刀口上划三下，然后用纸钱在杀猪刀上擦一些血，主人家把带血的纸钱贴在猪圈的柱头上，意为“留血财”，要把血财留住，来年又能喂大猪。

> 纸擦拭猪血贴在猪圈上，叫“血财”，就是说杀猪流血了，带走血财了，要把血财带回来，就是说明年血财又旺，养大猪。杀猪时，把猪赶出来，要往猪圈放个背篓，不要让猪圈放空，保证猪圈一直有东西。①

猪杀死后，屠夫把猪鼻子割破，便于后期挂猪脑壳，还要从一只猪后腿上割一个口子，用一根叫“挺长”的长钢筋器具从割开的口子插入，从各个方向往前推进，最远要延伸到猪脖子附近，这样为了疏通猪皮与猪肉之间的空隙，便于后期往里吹气，因为后期刮猪毛时要从这个口子往里吹气，让整个猪鼓起来，这样才能快速把猪毛刮干净。

澡盆里铺上系好的圆形绳索，几个力气大的男人把猪抬进澡盆放

---

① 访谈者：覃金福；受访者：覃友生；访谈时间：2011 年 1 月 25 日；访谈地点：湖北来凤县老寨坪村百家庄覃友生家。

在绳索上，屠夫把绳索的一头拿出来用脚踩住，另一头用手拿住，猪就被绳索绑住，烫猪毛的时候可以利用绳索不停地滚动猪身并给猪翻身。此时，主人把事先烧滚的开水抬来，屠夫会根据实际情况兑上冷水倒进澡盆，不停地拉动绳索滚动猪身烫猪毛。一边烫好后翻烫另一边，烫好后屠夫就用刨子①刮猪毛，先把容易刮掉的地方的猪毛都刮干净。然后把猪脚指甲用起镣②上的钩子钩住扯掉，这个时候屠夫开始从割开口子那条后腿往里吹气，把整个猪给吹鼓起来，用绳子把后腿绑住不让气外泄，屠夫也得有很大的肺活量。猪鼓起来以后再把猪抬起来横放到澡盆上，就可以把不易刮到的猪毛都刮干净，有的用刨子刮不掉的毛还得用刀来刮掉。

猪毛刮干净后，屠夫用一把略往上翘的弯刀从猪屁股开始沿后背脊梁把猪剖开，叫做“开边”，这样就可以往里看这头猪的膘好不好，猪肥不肥。开边后就准备下猪头，屠夫用杀剑把整个猪头给切下来放在杀墩上，再用砍刀把猪头从下边砍开，把猪脑髓取出来，不然长期存放猪头会变臭。接着在猪前背两边各扎两个刀眼，便于后期用钩子挂起来砍肉。这时把猪屁股大肠部位切开，把大肠往外拉一截留出空隙，用起镣的长钩往空隙进入，钩进肉里并拉紧，帮忙的人一起把猪抬起来，用起镣的大钩把猪倒挂在事先搭好的高架子横木上。挂好后屠夫就用杀剑把猪肚从上往下剖开，用一根木棍把两边肚皮撑住，然后把猪的内脏取出来。猪小肠要从里往外翻过来洗净挽成一捆，用卯子③夹住挂起来，灌香肠要用猪小肠。大肠取出来以后先把覆盖在大肠表面的水油撕掉，割掉的水油后期被用来熬猪油，大肠、猪肚都是

---

① 刨子：刮猪毛的工具。

② 起镣：挂猪肉的挂钩。

③ 卯子：用棕树叶搓成的小圈，用于挂腊肉等。

从里往外翻过来洗净用卯子挂起来。其他的内脏如猪肝、猪肺和猪心等就直接取出用卯子挂在家里。

猪内脏取完以后，屠夫要用砍刀沿猪屁股脊梁骨把猪砍成两半，这时主人就会拿秤来称一下，往往是一半猪的重量，以此来估算整个猪的重量，这称之为“吊边”。秤完以后再把这半边猪肉挂起来，屠夫就开始砍肉了。如果主人家有孩子明年娶媳妇或是学手艺拜师傅要送肘子（猪腿），屠夫就会按主人的要求留下肘子不切开，即把猪脚以及连接的一大圈肉砍下来给主人挂上，其他地方的肉按主人的意思砍大小。过年时拜年走人家①要几块人情肉，每块人情肉大概几斤，主人这时都会告诉屠夫，屠夫就会按照主人的要求把肉砍好，每一块肉都会扎一个刀眼，便于用卯子挂。

杀年猪当天还要“吃泡汤”，所谓吃泡汤就是主人用刚杀出来的新鲜肉置办一桌酒席，请屠夫以及帮忙杀猪的人来吃酒，一来犒赏屠夫，二来共庆丰收。吃完泡汤就要给屠夫递工钱，过去屠夫杀猪不用工钱，主人家直接给屠夫一块两三斤以上重的肉即可，多为猪腰上的肉。过去杀年猪的屠夫主要是附近认识的人，或者亲戚，或者乡邻，以帮忙为主，杀完猪后，主家给一些礼物作为劳动的回报。现在杀年猪，要给钱，一般是按约三毛钱一斤来算，讲究的人家会用红包包着，这样就显得礼貌和委婉。

覃金福：你还杀过猪？

田仁信：嗯。杀一个猪，主人家过一块肉。

覃金福：就是过年的时候吧？

① 人家：这里指亲戚和朋友。

田仁信：嗯。我们寨上的猪，都归我杀。

覃金福：平常的时候没杀吧？

田仁信：没有，就搞生产。

覃金福：那你一个人不要喂猪了吧？

田仁信：不要喂。

覃金福：每家给你一块，你也有很多了。

田仁信：嗯，我比其他人还多些，挂满的。

覃金福：给你一般是哪里的肉，猪身上哪个地方的？

田仁信：腰部。

覃金福：一般是好重的？

田仁信：一般两三斤以上。①

过去一般都是给屠夫一块肉作为报酬，有的屠夫甚至不要肉，就直接在主人家吃顿饭，算是帮忙了。“过去杀年猪一般是给他们过一块肉，请他们吃一顿饭，有些给肉他也不要，就是吃一顿饭”。②

过去土家族是在堂屋门槛外杀猪，杀死后把猪拖到堂屋里用蓑衣盖住，然后用梭镖、牛角叉围着整个屋赶三圈。传说土家族祖先穷，年猪是偷来的，怕被别人发现，才这样做。

覃友生：我们小时候杀猪是在街沿上杀，杀死后把猪拖到堂屋里，用蓑衣把猪盖住，然后用梭镖、牛角叉围着整个

① 访谈者：覃金福、藤召银；受访者：田仁信；访谈时间：2012年7月8日；访谈地点：湖南永顺县双凤村田仁信家。

② 访谈者：林继富、覃金福；受访者：彭南京；访谈时间：2012年4月20日；访谈地点：湖南龙山县坡脚石堤村彭南京家。

屋赶三圈。听老人家说我们土家族的祖先是偷的别人的猪，怕被别人发现，所以要把猪盖住，然后用梭镖、牛角叉把人赶走，再才做后面的工序。①

覃金福：你们这里杀年猪是在哪个地方杀？

彭南京：在堂屋大门外面的街沿上杀，杀完以后拖到堂屋，用杀猪刀在刀口上划三下，然后用纸钱在杀猪刀上擦一些血，主人家把带血的纸钱贴在猪圈的柱头上，这就是留血财，汉语是留血财，土语是“兹咩财”。

覃金福：就是猪杀死以后，把猪放在堂屋里，用棕叶子盖住，然后拿牛角叉来撵人，你们这里以前有没有这个习俗？

彭南京：这个我看到过，拿着牛角叉撵三个圈圈。

覃金福：具体是什么意思你知不知道？

彭南京：就是说老把式他们留有这个习俗，我们必须这样搞，如果我们不这样搞，来年就要背时，就是这个意思。杀年猪以后猪圈不能为空，要给猪圈里放一个背篓或撮箕。②

喂年猪和杀年猪贯穿土家人一年的生活，众多的习俗和禁忌是为了保护土家人的健康富有生活，与年猪相关的传说及其习俗记忆着土家族先祖生活的艰难。

---

① 访谈者：覃金福；受访者：覃友生；访谈时间：2011 年 1 月 25 日；访谈地点：湖北来凤县老寨坪村百家庄覃友生家。

② 访谈者：林继富、覃金福；受访者：彭南京；访谈时间：2012 年 4 月 20 日；访谈地点：湖南龙山县坡脚石堤村彭南京家。

二、炕腊肉、灌香肠

土家人家家户户过年的时候挂满了大大小小的腊肉和长短不一的香肠，这些腊肉和香肠是土家人最丰盛的过年食品，也是一年中款待客人的贵重食品。制作这些食品在土家人那里有一套严格的规程。

首先要将砍好的猪肉和猪脑壳抹上大量的盐，淋入一些酒，再放入一些八角、花椒、辣椒之类的香料，然后将这些肉放在大缸里，上面最好压住进行腌制。为了使肉入味均匀，隔一两天可以把肉翻一遍。一个星期后，盐味、香味都渗透到了肉里，这时再把肉取出来挂在火塘上熏烤，土家人几乎每家都有一个火塘，整个冬季火塘里的火不灭，如果用松树枝或加一些桔子皮、柚子皮来熏腊肉效果就更佳，味道也特别香。等腊肉熏黄熏干以后就移开挂在通风的地方，这样腊肉就可以长期存放不坏，一年四季都可以吃上腊肉了。过年拜年的时候要背上一块三四斤重的腊肉，如果土家小伙在当年结婚，那么在正月拜年时要给丈人家和女方的舅舅等主要亲戚每家挑一个腊猪腿，过去给嘎嘎家拜年也要挑一个腊猪腿。

香肠是土家人年桌上必不可少的一道菜，做香肠俗称“灌肠”，年前杀完年猪以后要灌肠，要赶在猪小肠干壳之前把香肠做好。如果猪肠干壳，在灌肠的时候很容易破。灌肠本身不难，难的是洗小肠。要把小肠洗干净不是一项轻松的活。猪小肠很细很长，而且洗的时候很滑不容易抓住。据宣恩县黑塘村马玉珍说：

图3-1　炕腊肉（摄影：覃金福）

> 肠子要洗得索利，刮得索利。小肠的皮头有一层皮皮，灌猪肠时要把那个皮刮净。那个猪肠子刮了以后还有一层皮，把那层皮撕掉，再翻过来洗一遍。不然的话这道菜估计就没得人敢吃咯！①

灌肠之前要把肉准备好，把新鲜的猪肉剁成肉末，最好是肥瘦相间的猪肉，这样吃香肠的时候既不会没油也不会太腻，然后再拌上葱花、辣椒、姜、胡椒等调味料。有的家庭为了让肉末更容易灌进肠内，会用一截大概一指长中空的小竹筒，把它卡在小肠的口子上，通过这个小竹筒再把肉灌进去就容易多了。灌肠时要一边灌肉一边用线把它一截一截地扎起来，把做好的肉肠挂到火塘上熏，熏好以后就成了腊

① 访谈者：林继富、覃金福；受访者：马玉珍；访谈时间：2011年1月30日；访谈地点：湖北宣恩县黑塘村李才佑家。

肠，这样保存的时间就长了。

过年的时候从火塘上取几截腊肠，洗干净，可以直接蒸熟，然后切片吃，也可以煮一下炒着吃。总之，不管哪种做法，腊肠都是美味的土家特色菜。

三、打扬尘

土家人在腊月要打扬尘，一般是在腊月二十三日祭祀灶神之前完成。据清道光四年（1824 年）《凤凰厅志》卷二十载："十二月十五日后，择吉日用竿缠竹叶扫除屋舍，曰'打扬尘'。"① 清同治二年（1863 年）《宣恩县志》卷二十载："十二月二十四日，曰'小年'，亦曰'小除日'。'祀灶神'，戒妄言，谓之'谢灶'。扫除屋宇，曰'打扬尘'。"② 清同治五年（1866 年）《来凤县志》卷三十二载："十二月二十三日，入夜祀灶神，曰'谢灶'，戒妄言。二十四日，曰'小年'，一曰'小除日'。送墓灯，与'元宵'、'除夕'同。打舍宇，曰'打扬尘'。"③ 清同治六年（1867 年）《鹤峰州志续修》卷十四载："十二月二十四日，曰'过小节（年）'，先期扫舍宇。"④ 清同治八年（1869 年）《续修永定县志》卷十二载："十二月二十日，内外扫舍宇。"⑤ 清同治十一年（1872 年）《桑植县志》卷八载："腊月二

① 丁世良、赵放：《中国地方志民俗资料汇编·中南卷》（上），634 页，北京，书目文献出版社，1990。

② 同①，445 页。

③ 同①，447 页。

④ 同①，443 页。

⑤ 同①，627 页。

十四日为‘小年’，扫舍宇，‘祀社’。”① 清光绪四年（1878 年）《龙山县志》卷十六载：“十二月二十四日曰‘小年’，亦曰‘小除日’。‘祀灶神’，扫除庭宇，杀猪鸡祀先祖，曰‘祭小年’。”②

土家人一般是用竹竿绑一些细竹枝来打扬尘，打扬尘的时间要看皇历，五行逢水的时候就适宜打扬尘，意思是水把扬尘冲走，逢火的时候不能打扬尘。打完扬尘要把打扬尘的竹刷子带点扬尘放在十字路口，意思是十字路口走的人多，路过人踩一下，把扬尘带走，点三炷香烧钱纸送扬尘。《龙山县土家族几个情况的调查报告》中记载：“每年只准打两次灰尘，一次是在秋收时，择‘闭日’清扫，说可免粮食虫伤鼠咬；一次是在过年前择‘水星日’清扫，可保来年不遭火灾。其余时期禁止大扫。两次扫集的灰尘，均须用钱纸送到屋外大路上焚烧。”③

扫除垃圾在每天都会进行，但是，在腊月二十三之前为家里做卫生，扫除垃圾是一年中规模最大的，也是最尽心的一次。这次扫除垃圾就不仅仅是出于卫生，而是包含了深厚的文化意义。于是，这次清扫垃圾叫做“打扬尘”，并且要选择吉祥时日，从房子哪里开始清扫，清扫后的垃圾放在哪里等都有讲究。

覃金福：腊月打扬尘是什么时候打？

覃友生：那二十三祭灶神之前要打扬尘，具体哪天要看皇历本本，逢水那天就可以打，逢火日就不能打。

覃金福：打扬尘是用长竹扫把打？

① 丁世良、赵放：《中国地方志民俗资料汇编·中南卷》（上），625 页，北京，书目文献出版社，1990。

② 同①，647 页。

③ 湖南湘西土家族访问团龙山分团：《龙山县土家族几个情况的调查报告》，见彭继宽：《湖南土家族社会历史调查资料精选》，270 页，长沙，岳麓出版社，2002。

覃友生：一般就是用一把细竹子枝打，有的地方高了，打不到，就把它绑到木杆上打嘛。

覃金福：打完扬尘那个竹枝是扔到哪里？

覃友生：那是不能乱扔的勒，要把带扬尘的竹刷子放在十字路口，让过路的人踩一下，把扬尘带走，还要点三根香，烧点钱纸。①

为什么打扬尘要赶在送灶神上天之前呢？因为土家人认为灶神上天是去告状的，你屋里有一条扬尘，那就是一条罪状，所以在腊月二十三晚上送灶神上天之前一定要把家里的扬尘打扫干净。

林继富：过年打不打扬尘？

彭昌松：打扬尘是二十三就要打咯，也有十八九里就要打的，要看日子，水日子就可以打扬尘，火日子就不打，怕烧香火。

覃金福：二十几送灶神，是二十三哦。

彭昌松：灶神二十三上天啊的，走啊的，它到天上告状切咯。你们年轻人找不到，在灶上洗啊东西哒，比如洗啊锅子哒莫那么磕，把它经条打哒，扬尘掉下来哒，他就要上天告状去。

覃金福：哦，灶上的扬尘就是一条一条的状。

彭昌松：是的，二十三不打扬尘，二十九里它就告状。②

---

① 访谈者：覃金福；受访者：覃友生；访谈时间：2011 年 1 月 25 日；访谈地点：湖北来凤县老寨坪村百家庄覃友生家。

② 访谈者：林继富、覃金福；受访者：彭昌松；访谈时间：2011 年 7 月 24 日；访谈地点：湖北来凤县舍米湖村彭昌松家。

腊月二十三晚上送灶神上天的时候，除了准备刀头肉、团馓、糕点等祭品外，还要用麦芽糖塞住灶神菩萨神像的嘴，使他只说人间的好话而不上天告状。

打扬尘的用意是要把一切穷运、晦气统统扫出门，因“尘”与“陈”谐音，扫尘可能有“除陈布新”之义，这一习俗寄托着土家人破旧立新的愿望和辞旧迎新的祈求。

四、推豆腐

豆腐是土家族人过年时必备的一道菜。土家族人多聚于山区，丰富而甜美的山泉水为土家人制作豆腐创造了特别优质的水源条件，用来自于大山之中的山泉水制作的豆腐口感特别香甜。

图3-2　磨豆浆（摄影：覃金福）

年关时推豆腐一般在腊月二十七八进行。推豆腐的工序比较复杂，首先要选黄豆并清洗干净，黄豆要选大而饱满的。推豆腐前一天晚上将选好的黄豆用山泉水浸泡，第二天早上将水滤出，用一小勺将黄豆一点一点地投进石磨中，然后推磨。

推磨是力气活，由一个人手握摇动的木杆子，不断地推动石磨，另一个人则用勺子向石磨口里灌黄豆，此时石磨不断被推动，黄豆浆从石磨下端四周流出，用大盆把豆浆接住。制作豆腐时先将一条干净的白包袱四角捆住吊在大锅上面，把黄豆浆慢慢倒进包袱里，然后不断摇晃包袱，黄豆浆经过包袱过滤后进入锅中，用一瓢瓜①盛约一升的冷浆待用，随后将锅子里过滤后的浆烧开。

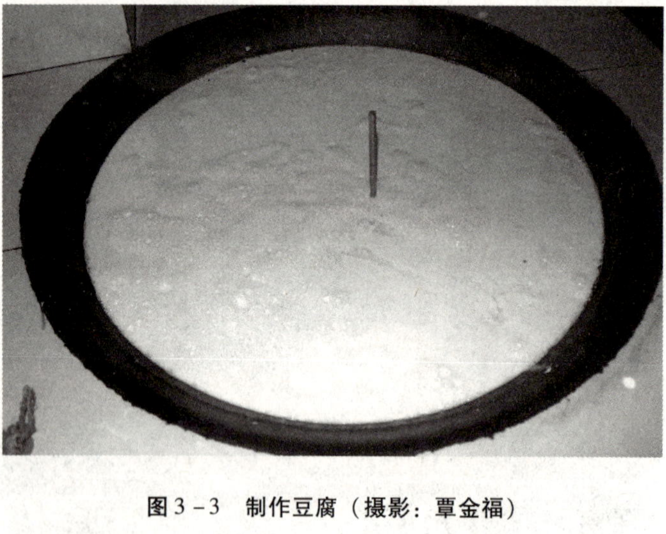

图 3－3　制作豆腐（摄影：覃金福）

在烧浆的过程中，将在火中烧好的石膏磨成粉，放入待用的冷浆

① 瓢瓜：土家族人对一种舀水工具的称呼。

里搅拌均匀。待锅里的浆烧开后，再将渗入石膏粉的冷浆倒入锅中搅拌均匀，盖上锅盖约5分钟后，取一筷子竖着插入锅内的浆中，看筷子能否脱离人手后直立在锅中，若筷子能直立，即可将其倒入专用于制作豆腐的豆腐箱里的包袱内，用包袱将其稍稍包住，再将木箱的盖子盖上，上面放上一些重物，比如石头。过几个小时，豆腐冷却后就制作完成。

豆腐是土家人的传统食品之一，是逢年过节招待亲朋好友的佳肴。由于腊月间土家人每家至少要推一箱豆腐，白豆腐又不能长期存放，所以土家人还喜欢用白豆腐制作其他三种豆腐：一是霉豆腐，就是把豆腐切成3厘米左右的四方体，放入稻草里发酵生霉，再加上辣椒粉、食盐及其他调味品，腌制而成。制成霉豆腐一般要一个月左右，湖南龙山县洗车河制作的霉豆腐因其口味好而远近闻名。二是熏豆腐，也叫“炕豆腐”，就是把豆腐块熏干，食用时直接从炕上取下洗净，在全家团年及正月初一到十五的待客席上，它与香肠、腊肉成为盘中“三珍”。三是油炸豆腐，就是把豆腐切成2.5厘米左右的四方体，放入油锅里炸，使其膨胀。炸豆腐一般在腊月二十七八进行。将豆腐用油炸成三角形、小长方形、小正方形、立方体的各种形状的油豆腐，这样炸成的油豆腐香美无比。办年菜的时候，土家人爱用油豆腐炖鸡，味道甚好。

推豆腐这一天不能乱说话，否则土家人认为豆腐是做不好的，例如有些小孩因为不知道推豆腐，会问是不是在推合渣，那么推豆腐的人便认为今天制作的豆腐肯定不出豆腐或出的豆腐很少。豆腐不仅食用，还拿来祭祀，土家人过年祭祀时要煎一碗豆腐做祭祀用品。平时过节时，土家人也要推一箱豆腐来敬菩萨和食用，遇见有婚丧嫁娶等需要办席的时候，土家人就要根据客流量推相应量的豆腐，豆腐与土家人的生活紧密相连。

五、蒸甜酒

甜酒又叫“醪糟酒”，是一种类似于米酒的饮品。据清光绪四年(1878 年)《龙山县志》卷十六载：“酒性多峻烈，过饮或至病，惟糯米酿者曰‘甜酒’，并糟食之，性较温平。”土家人过年每家要蒸一桶甜酒，正月用来招待客人，不到吃饭的点或是不方便准备主食，一般就会开一锅甜酒，里面煮一点糍粑，让客人先填填肚子。有时候晚上夜宵的时候，也会煮一点甜酒，哪家要是有红白喜事，晚上宵夜都是用甜酒煮粑粑吃。

土家人在腊月会选一天来蒸甜酒，蒸甜酒一般要花费差不多一天的时间，蒸甜酒需要很多道工序，过程中有很高的技术含量，一旦技术不过关，蒸出来的甜酒就不甜。土家人认为蒸甜酒还和人有关，有的人怎么做都不甜，不是手轻了就是手重了。

蒸甜酒先要泡米，蒸甜酒的前一天晚上把糯米用大瓷盆泡起来，等到第二天米就泡得松软了，用筲箕①把糯米晾起来，土家人叫“沥米”，主要是为了把米里面多余的水分沥出去。接下来是蒸米，蒸米要用甑子蒸，家里的甑子因为不常用，都是放在楼上的，上面会积上一层厚厚的灰尘。用之前要仔仔细细的洗干净，不然蒸出来的米就是黑色的，这样的甜酒不好看，端出去招待客人主人脸面无光。“沥米”的时候，把洗好的甑子放进大锅里先煮上一段时间。过几分钟以后把晾干的糯米放进甑子里面用小火蒸熟。

过去蒸甜酒要把将用来装米饭的簸箕、瓷盆等工具用一种叫香树

① 筲箕：竹编盛物品的大器具。

的树叶熏烤，目的是为了除掉这些容器上的其他异味，据说如果不熏的话蒸出来的甜酒就有怪味。现在大家为了图方便渐渐的很少用树叶熏，一般都是洗干净就可以了。等到甑子里的米蒸熟了以后，把蒸熟的糯米取出来放进簸箕中，摊开弄散等它冷却。这个时候糯米就不叫糯米了，而是叫“甜酒饭”。这个过程中是要忌口的，不仅不能叫“糯米饭”，还不能说“米”，只能说“甜酒饭”，土家人认为如果说错了，甜酒是做不甜的。刚出锅的“甜酒饭”可以直接吃，一般大人在这个时候会用手团几个“甜酒饭”给馋嘴的小孩吃。

锅里蒸完米留下的水土家人叫做“甑脚水”，等到甜酒饭冷到不烫手的程度以后，把“甑脚水”均匀撒在饭里，这个时候的甜酒饭就不能直接吃了。接着把水和甜酒饭用手搅拌，直到甜酒饭变成一粒一粒的不粘在一起为止。然后把甜酒曲子揉碎成粉末状均匀地拌在甜酒饭里，再加少量的水并将其装入瓷盆中，用手压紧，在盆上铺上一层干净白包袱，把瓷盆放在锅里，锅下面的灶里放上微微火种，在冬天一般三个对时，即三到五天就可以闻到甜酒香味了。

六、炸团馓

团馓是土家族过年必备的食品，腊月土家人家家都要炸团馓，很多家庭在过年这一天早上就简单泡一碗团馓吃，然后就抓紧时间办年菜。团馓不仅用来吃，还用来祭祀和走人家，过去拜年都兴拿团馓，特别是给嘎嘎家拜年，粑粑和团馓都是用箩筐挑。

团馓的主要原料是糯米，做团馓时先将糯米蒸熟，事先根据大小需要用竹片箍成一个个竹圈，竹圈摆在干净的桌上或木板上，把蒸熟的糯米分别倒进竹圈内固定成一个个圈状的饭饼，待其冷却后用炭火烘干或放在阳光下晒干，然后再用清油炸成一个一个的团馓。有的土家人在炸团馓之前，还在晒干的糯米饭团上用红笔点上花纹，或写上“喜”字，使其炸出后造型美观。

关于土家人过年为什么要炸团馓，流传着这样的传说：

> 土家人正月间要吃团馓。它是用糯米做成的大小圆饼状，上面染上梅花点点。说起团馓，这还有个故事咧。传说某年腊月二十八，官兵攻打土家寨堡。这天，人们刚刚把糯米蒸熟，准备打糍粑，敌兵到了寨堡跟前。寨子建在悬崖上面，后面是青山老林，前面一条独路，怎么办呢？有个小伙子叫阿龙，他忙叫其他的人快上山，由他一人来抵挡。人们便把蒸熟的糯米饭用家什舀了端进山林里去了。阿龙拿起撮糍粑的造杠堵住了路口。官兵蜂拥而上，他虽然打死不少敌人，但毕竟寡不敌众，终于一步步退到屋里，被敌兵杀死在粑槽边，点点鲜血溅在糯米饭里。等敌兵退走，人们回来已是正月初一。端上山的糯米饭都结成了饼状。大家便把它用清油炸来泡油茶汤吃。后来为了纪念阿龙，土家人过年都要用糯米饭做成圆饼，用清油炸过，并在上面染上各色梅花点点，这就是现在土家人吃的团馓。①

过去土家族每家过年都会炸很多团馓，正月里客人来拜年，要给客人先泡一碗团馓吃，拜年的礼物要四样，其中团馓就是其中一样。

---

① 向国余口述：《团馓的传说》，见《摆手舞与普舍树——民族民间故事传说》第二辑，9页，内部资料，1986。

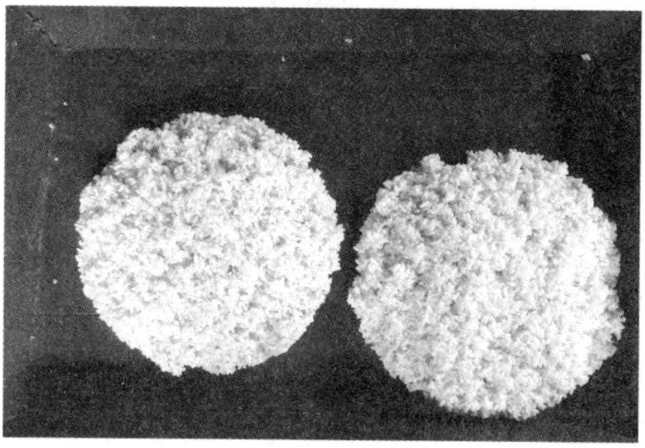

图 3－4 团馓（摄影：藤召银）

"现在团馓作为土家族的特制食品或被当作'团圆'的吉祥物，除在正月间正常食用外，还被派上许许多多的用场。平日（尤其是正月间）贵宾进屋主人必定先给客人泡一碗团馓，以示欢迎。膨松松的团馓，冲上滚烫烫的开水加进甜滋滋的白糖，吃起来分外香甜可口。小两口正月初一上岳父家拜年，年轻媳妇背上花背篓，小伙子用箩筐挑一挑礼品，这箩筐里装的，里面是糍粑，上面盖着的必是梅花点点或是画上'喜'字的团馓，以表示对岳父岳母的尊敬。"①

覃金福：你们这里一家一般炸好多个团馓？

彭南京：那一般是看家庭的富裕程度，一般 20 个、30 个是少不下来的。②

现在大部分土家族地区还炸团馓，但数量都不多，一般家庭就炸

① 田荆贵：《中国土家族习俗》，115 页，北京，中国文史出版社，1991。

② 访谈者：林继富、覃金福；受访者：彭南京；访谈时间：2012 年 4 月 20 日；访谈地点：湖南龙山县坡脚石堤村彭南京家。

几个来吃，拜年礼物中已很少见团馓了。

七、打粑粑

土家人爱吃粑粑，过去土家人在过节的时候都要打粑粑，粑粑是土家人过年必须准备的食品。土家人生活在武陵山区，主要是旱地为主，水田里也种植水稻，为了过年的粑粑，每家都会栽种一些糯谷，糯谷成熟后脱粒的糯米就是为过年做糍粑所用，当然也用这些糯米蒸甜酒。除了糯米粑粑以外，土家人还喜欢在过年的时候打高粱粑粑、小米粑粑。

腊月十八以后家家户户就开始张罗着打粑粑，腊月二十八，打粑粑的最多，俗话说“二十八，打粑粑”。打糍粑是一个体力活，需要至少两个壮劳动力才能完成。土家人一般是左邻右舍几家人合在一起来打或者兄弟哥嫂至亲合在一起打，男女老少齐上阵，分工有序，有负责用甑子蒸糯米的、有负责烧火的、有负责打粑粑的、有负责捏粑粑的，打粑粑的人一般都是几个家中身强力壮的人，妇女主要负责蒸饭和捏粑粑。打糍粑要在户外，所以最好是挑一个风和日丽的日子。

无论是糯米粑粑、小米粑粑还是高粱粑粑，都必须在前一天晚上将糯米、高粱、小米分别洗净、泡上，第二天早上将其分别滤干。这一天约好的几家人都要早早起床，带着泡好的米和行头到其中一户人家里去支起场子。主人家张罗早饭，其他的人就开始做前期的准备工作，粑粑槽、粑粑槌、甑子、木桌也都是好久没有用的，要好好打理清洗。粑粑槽是椭圆形或猪腰子形，用耐子岩或青岩打凿而成，这种岩石击打时不易掉小石子或石灰。粑粑槌有两个，槌头用檀木树制成，檀木树比较绵，树里还有丝，打粑粑时槌头不易断裂，槌把用比较坚

图 3－5　打粑粑（摄影：覃金福）

硬的青冈树做成，粑粑槌一般要使用多年，邻居乡亲可以相互借用。

等到把这些准备工作做完，差不多就该吃早饭了。吃完饭，先把糯米、高粱、小米放进甑子里蒸上，等蒸熟以后，先用刷把往粑粑槽里刷一点干净的淘米水，这样饭粒不易黏住粑粑槽，把蒸熟的糯米饭倒在粑粑槽里，用丁字形的粑粑槌你来我往地打揉。由于粑粑槽容量有限，一次打不完的糯米要好好保温，不能让它凉了，更不能让它进水汽，不然就打不成团。打粑粑可不是个轻松的活，因为糯米的黏性很大，尤其到后来米快黏成一团时。等到糯米、高粱、小米分别打得不见了颗粒、黏成一团，而且粑粑槌能够拉起一两尺长的丝而不掉下去时，打粑粑的男人用粑粑槌将其弄起来，做粑粑的妇女则伸出手将其接住，一起放到擦洗干净的四方大桌上，由手巧的妇女将糯米团扭成大小合适的球形小团，分给其他制作粑粑的人，这个过程叫做“出坨子”。

粑粑出坨子以后，一般都是老人或者是妇女、小孩来做成粑粑，这个活要的力气小。捏粑粑时要往手上抹一点清油①，这样就不黏手，在蒸饭时要在甑子里放一碗清油蒸热。出坨子可是很讲究手上功夫的，出的好的，一个个大小均匀，最后做出来的粑粑就齐整，码在一起就好看。要是出的不均匀，压出来的粑粑大小不一，那可不好看。把出好的坨子放在木桌上，剩下的人再对它进行第二道加工。把另外的一个木桌压在放有坨子的木桌上，让小孩站在桌子上面去踩，这个时候的力道很重要，糍粑的厚薄就全靠这个时候掌握了，只有重量适中，且用力均匀，做出来的粑粑才厚薄均匀适中，否则压出来的糍粑就会一边厚一边薄也不好看。压好的糍粑拿开放在一边冷却，冷却好后按五个一摞的糍粑叠起来。

我屋打粑粑是腊月二十二打的，是到李才军舅舅家打的嘛，早上大概10点开始打，到下午2点打完嘛，是四家人家合伙打的，李才元屋里是16斤米，李才彦屋是30斤米，我们屋是40斤米，李才军舅舅家屋是60斤米，总共蒸了3甑子米。我们屋的糯米是在自己家里蒸的，李才元和李才彦家的米是在李才军家蒸的，但是是从自己家里带的柴。打粑粑时你四个舅舅都轮流打，捏粑粑是我们妇女们搞。一斤米大概打8个粑粑，他60斤米刚好打了480个粑粑。②

粑粑的大小一般有三种，用于食用的普通粑粑其直径两寸左右，厚一厘米左右。稍大一点的直径约为一尺，最大的需要糯米三五斤，

① 清油：菜油，油菜籽打的油，土家人称之为清油。

② 访谈者：覃金福；受访者：马玉珍；访谈时间：2012年2月21日；访谈地点：湖北宣恩县黑塘村李才佑家。

甚至十余斤的，此种粑粑一般用于婚庆之类的喜庆事或祭祀神灵、祖先用。粑粑快做完时，由心灵手巧、最会做粑粑的妇女做几个大粑粑，这种粑粑被称为“破拢粑粑”或“阔箩粑粑”，它既象征“五谷丰登”，又显示土家人的大方。

图3－6　做好的糍粑（摄影：覃金福）

说起“破拢粑粑”的来历还有一个传说：

相传田姓土家人原是九兄弟，加上一个女婿，称九子十状元。朝廷怕他们称霸一方，差来了大兵，要斩尽杀绝，这正是腊月二十八打过年粑粑的时候。惊慌间，几弟兄们从粑槽中取出一大坨糍粑，用簸箕端起上山了。吃的时候发现它成了老厚老大的一个，几兄弟只好用菜刀划成小块烧来吃。后来，他们几兄弟各居一方，安家立业，生养后代。可大家都没有忘记当年的苦难，所以每当过年都照旧要做大糍粑分食。①

这种习惯也被“田姓”的子孙后代承袭了下来，并渐渐变成了一种习俗。后来，这种粑粑一般都要留到正月十五，有的甚至留到过清明节时才吃。

粑粑除了煮在甜酒里吃以外，还可以烤着吃，也可以炸着吃。糍粑吃起来很方便，深得土家人的喜欢，而且粑粑容易储藏。粑粑打成之后，五个一叠放在案板上冷却，然后将其放在干净的器具里放上七八天，再用山泉水浸泡，隔个十天半月换一次水。这样的粑粑即使放到清明都不会变坏。等到早春农忙时节，来不及做饭，就烤上几个粑粑吃相当方便。关于打粑粑的问题，笔者采访了当地土家老人：

覃金福：打粑粑一般是什么时候打？有没有讲究？

彭家齐：打粑粑从十八以后开始打。

覃金福：为什么从十八开始打了？

彭家齐：那上前没打嘛，过十八以后才打。

覃金福：主要是打糯米粑粑？

彭家齐：还有高粱粑粑、包谷粑粑、小米粑粑。还有阔箩粑粑，很大，打一槽就只做两个阔箩粑粑，神龛下面的桌上一边摆一个，是一对撒，过年敬菩萨。

覃金福：打粑粑一般是几家人家合伙打不？

彭家齐：一般是几家人家一起打，那有的屋里打的多了

① 田士常口述：《田姓为么子做大糍粑》，见《摆手舞与普舍树——民族民间故事传说》第二辑，14～15页，内部资料，1986。

就是自己一家打，那个时候吃粑粑狠啊，每家都泡一大桶粑粑，平时挖土都是带的粑粑，那个时候一般都要吃四五个，狠的要吃五六个，现在的人吃一个都差不多了。①

糍粑除了自己吃以外，还是拜年赠送的礼品和对拜年者回赠的礼物。以前的时候，土家人拜年是一定要带糍粑去的，特别是给嘎嘎家拜年，粑粑都是用箩筐挑。现在打糍粑的人越来越少，有些家庭直接把糯米送到加工厂用机器打粑粑，有的土家人嫌拿粑粑太重，或自己家里过年就没有打粑粑，拜年时就不拿粑粑了，而用其他物品代替。

八、赶乡场

“赶乡场”是土家人商贸活动中的重要内容，“场”是商贸活动的地点。“赶乡场”其实就是土家人的集市，“乡”是我们今天的行政单位，在土家族地区每个乡都有一个乡场，相邻几个乡的赶乡场时间是错开的，或逢一四七赶，或逢二五八赶，或逢三六九赶，或逢二七赶场，或逢三八赶场，或逢五十赶场，这样就便于相邻乡的商贸交易活动，每一个乡场一个月只有几天赶场时间，过年前的几次乡场无疑是最热闹的。下面我们看看酉水流域土家族一些地区赶场时间表：

来凤县：

（农历）

一、四、七：高洞、漫水、三胡。

① 访谈者：覃金福、藤召银；受访者：彭家齐；访谈时间：2012 年 7 月 10 日；访谈地点：湖南永顺县双凤村彭家齐家。

二、五、八：大河、百福司、革勒车、毛坝。

三、六、九：绿水、旧司。

一、六：两河口。

四、九：杉木塘。

宣恩县：

（农历）

一、四、七：高罗。

二、五、八：沙道沟、板栗园、麻阳寨。

三、六、九：李家河。

一、六：沙坪。

龙山县：

（农历）

一、六：石牌、贾坝、农车、西湖、洛塔、马蹄寨、水田坝。

二、七：坡脚、桶车、三元、老兴、火岩、洗车河、红岩溪、猫儿寨。

三、八：靛房、兴隆街、湾塘、茅坪、贾市、桂塘。

四、九：茨岩塘、洗洛、咱果、苗市。

五、十：石羔山、隆头、召市、大安。

一、四、七：里耶。

二、六：内溪。

逢三：比溪（十天赶一场）。

保靖县：

（农历）

一、六：毛沟、普戎、阳朝、大妥。

二、七：涂乍、复兴、野仡坪。

三、八：水银、比耳、黄连、拔茅。

四、九：中心。

五、十：水田河、葫芦、夯沙。

一、四、七：清水坪。

花垣县：

（农历）

一、六：麻力场

二、七：猫儿、吉卫、雅桥、董马库。

三、八：道二、排碧、雅酉、和平。

四、九：团结、民乐、长乐、排料。

五、十：茶峒、龙潭。

永顺县：

（农历）

一、四、七：泽家、颗砂、青坪、阳峰、官坝。

二、五、八：吊井、和平、回龙。

三、六、九：永茂、抚志、塔卧、列夕、对山、石堤。

（阳历）

1、4、7：衫木、松柏、首车、西歧、三家田。

2、5、8：王村、万民岗、盐井、万福山。

3、6、9：高坪、万坪、砂坝。

5、0：勺哈、毛坝。

2、7：新寨。

凤凰县：

（农历）

一、六：木江坪、水打田、和库。

二、七：阿拉、腊尔山。

三、八：山江、廖家桥、禾子坪、茨岩。

四、九：黄合、新场、麻冲。

五、十：茶田、吉信、官庄、两林、林峰。

吉首：

（农历）

一、六：马劲坳。

二、七：矮寨、社塘坡。

三、八：河溪。

四、九：乾州。

五、十：丹青、大兴寨。

泸溪县：

（农历）

一、六：兴隆场、梁家潭。

二、七：浦市、踏虎、解放岩、小章。

三、八：达岚、白羊溪。

四、九：石榴坪、八什坪、潭溪。

五、十：合水、洗溪、永兴场。

古丈县：

（农历）

一、六：罗依溪、草潭。

三、八：古阳、坪坝、河蓬。

四、九：高峰。

五、十：断龙。

这些地区赶乡场时间有规律，并且与周边乡镇赶乡场时间错开，从而构成了一个时间有序的商贸时间网络，为当地人的生活提供了极大便利。

逢场的当天清早，土家人从乡下到乡场置办各种年货。乡场的开场时间很早，一般6点多已经有很多人了，村民赶场基本上都会带上一些农产品去卖，如稻谷、玉米、花生、柑橘，等等，然后买回自己需要的商品。

图3－7　百福司乡场（摄影：覃金福）

宣恩县李家河乡场是农历三、六、九逢场，2011年腊月二十六一大早我们赶到了李家河乡场，感受了土家乡场的热闹。8点多乡场街道两头已经停满了各个村开来的三轮载客摩托，各个地方的人还在陆续涌进李家河街道，9点多的时候乡场已经非常拥挤了，机动车要想通过已经非常困难。

卖肉的摊位一年四季都很火，年前这几次乡场也不例外，有很多家庭过年都要杀几头猪，除了把一部分做成腊肉外，还要卖掉一部分来购买其他生活品。乡场上的那些商户们是不喂猪的，所以他们会在年前几场来买过年所需要的猪肉。还有卖牛肉、羊肉的，但是比较少。卖鸡和鱼的地方人特别多，鸡和鱼都是土家人年菜中必须有的菜，鱼基本上是从外地运过来的，本地养鱼的很少，这主要是受地形所制约。鸡是当地的，有的家庭会养几十只鸡，在这个时候拿来卖。卖蔬菜的地方人不是太多，基本上都是乡场上或住在乡镇上的商户们在买，村里人很少在乡场上买蔬菜，他们自家基本上都种有各种蔬菜。卖海带及各种调料的摊位的人也比较多，土家人每家过年都会称几斤海带，用海带炖猪脚，这是许多地方土家族年菜中必有的一道菜。办年菜需要各种调料，例如煮猪脑壳用相应的调料来煮，肉就特别好吃。土家人现在的生活水平有所提升，过年会买一些外地的水果，买的最多的是甘蔗、苹果、梨和葡萄。过年的时候除了自家人吃外，还拿来招待来拜年的亲戚。

服装市场特别拥挤，土家人过年都会给家里每人买一套新衣服，正月拜年时要穿新衣服，特别是小孩，从年初就惦记着过年买新衣服。卖香、纸、蜡烛、鞭炮等祭祀用品的摊位就更不用说了，土家人过年时要祭拜各种神灵，例如家祖神、土地神、猪圈菩萨等，村里有庙宇的也要去祭拜，还要到每座亲人的坟前上坟，等等。这些活动都需要祭祀用品，每家都会估算在过年期间大概需要多少祭祀用品，然后在赶乡场的时候买齐。为正本清源、追念故祖，一般土家人都会在房子的正中处设有“堂屋”，而“堂屋”的后正墙上会陈设“神龛”。“神龛”的“龛”内会用红纸写上历代先祖的牌（排）位，俗称“家先”，土家人一般过年会换一副新家先，赶乡场时写家先的摊位前也有不少人。

还有卖各种生产和生活用具的摊位，例如各种竹编器具和木制器具，背篓、簸箕、甑子、锅盖等，换锅底的也比较忙，土家人的节俭意识很强，蒸锅等各种生活用具若是坏了，能修或能换锅底则不会买新的。卖小吃的摊位为土家人赶乡场提供正餐以外的零食，例如炸油粑粑的、卖米豆腐的等。过了中午就开始散场了，赶场的人买上各自办年所需的东西回家，乡场一般在中午 1 点左右就完了。

年前最后一场乡场叫“叫花子场”，因为大多数家庭在这之前都已经把办年需要的年货办好了，这一场人也比较少了，也没有什么买的了，略显冷清，故叫“叫花子场”。

图 3－8　李家河乡场上卖祭祀用品的摊位（摄影：李艳芳）

过年家用的饮食、服装、礼物准备好了，家里的清洁做完了，就等着全家人的“团年”了。

第二节　团　年

一、贴喜钱

土家人在过年这一天一大早要贴纸钱，叫“贴喜钱”，有的地方又叫“贴贴钱”，即在门楣、窗楣、猪圈、牛栏、鸡笼、石磨等地方和犁、耙、锄、打谷桶等各种生产工具上都要贴上祭祀烧的纸钱，有的土家族地区是贴用红纸剪成的喜钱，有的地方土家族在家中的大型家具上、附近的果树上都要贴上纸钱，贴的喜钱在正月十五的时候才能扯掉烧毁。贴喜钱是由家里的男性来帖。

清道光四年（1824年）《凤凰厅志》卷二十载：“各户换新对联，挂纸钱于门，镌福、禄、寿、喜等字，统曰‘喜钱’。”① 清同治五年（1866年）《长阳县志》卷七载：“‘除日’……糊春联，门楣贴梅红花纸，凡壁铺皆贴金钱、楮钱，谓之‘喜钱’。”② 清同治八年（1869年）《续修永定县志》卷十二载：“至‘除夕’日，易门神，贴春联，张灯彩，凡什物俱贴楮钱。”③

过年贴喜钱的习俗在清代土家族地区还很盛行，《湘西土家族访问团古丈分团访问工作报告》记载：“在腊月二十九日各种用具特别是桌椅、柜子、门、桃李果木树等，都要贴上一张纸钱，表示休息拒用。到十五日后才能扯下来烧，器皿家具始春启用（名曰‘烧门神纸’）。”④ 现在在土家族地区过年贴喜钱习俗不多见，但在龙山、保靖、永顺部分地区土家族那里还有。下面是永顺县双凤村彭家齐老人的介绍：

彭家齐：过年那天三脚就放在堂屋的角落里，那锄头、

① 丁世良、赵放：《中国地方志民俗资料汇编·中南卷》（上），635页，北京，书目文献出版社，1990。

② 同①，429页。

③ 同①，627页。

④ 湖南湘西土家族访问团古丈分团：《湘西土家族访问团古丈分团访问工作报告》，见彭继宽：《湖南土家族社会历史调查资料精选》，288页，长沙，岳麓出版社，2002。

犁头、刀子啊都要贴贴钱。

覃金福：什么时候贴贴钱啊？

彭家齐：过年早上就要贴，门上啊都要贴。

覃金福：哪个去贴啊？

彭家齐：一般还是老人家去贴。

覃金福：为什么要贴这个东西了？

彭家齐：就是说这一天它们要歇气，就是给它们奖品一样，给它们过东西，那是钱啊，让它们休息，还给钱嘛，连三脚都要贴。

覃金福：那个贴钱是十五烧？

彭家齐：是的，那是十五那天烧，十五那天吃了爬坡肉了要用那些行头做工夫啊，它们就休息不成了，就要把贴钱扯了烧嘛。①

保靖县陇木洞村彭秀菊讲："过年时门上要贴纸，屋外四周都要贴钱纸，农具上面都要贴，锄头、钉耙都要贴，过年早上就要贴，十五就要扯了烧，十五那天早上就把这些扯了烧了。我们这里是过十四，那天早上也要敬茶，那天还要扯门神纸，要烧门神纸。"②

二、办年饭

土家族饮食以稻谷为主食，同时辅以甘薯、土豆、玉米、小麦制

① 访谈者：覃金福、藤召银；受访者：彭家齐；访谈时间：2012 年 7 月 10 日；访谈地点：湖南永顺县双凤村彭家齐家。

② 访谈者：覃金福、张远满、彭丹；受访者：彭秀菊；访谈时间：2012 年 1 月 18 日；访谈地点：湖南保靖县陇木洞村彭运江家。

品等，土家人饮食口味偏重，喜酸、辣味。土家人口味偏酸是与其生活的环境相适应的，土家人生活在山区，水质硬，碱性大，吃酸菜可以中和。土家人吃辣不是单纯的辣，而是麻辣香的复合味，土家人擅长将花椒、胡椒、辣椒混合使用。不同地区土家族饮食习惯存在差异，但喜酸、辣味在整个土家族地区基本都相同，随着时代的变化，饮食习惯也在发生着变化。

年饭是“团年”活动的中心，土家人在过年这一天早早就得起来办年菜，办年菜主要是由家里的女人来完成，有的年菜提前几天就得准备。如过年要吃猪头肉地区的土家族，在过年前几天就要把猪头烧好洗净，加五香调料煮熟，否则在过年这一天肯定忙不过来。

过去土家人在“过年”这一天蒸饭要用甑子蒸，饭上还要搭大片大片的肉，饭要准备充足，年年有余，从当年吃到明年。坨坨肉和合菜是不能少的，“土家族过年时要吃‘蒸饭’，架甑子蒸，‘饭兼数日之炊’，一般都蒸几十斤，据说此源于祖先为了出征集中蒸饭用餐。要吃‘合菜’，将各种菜和炒在一起，有的地方先分炒后合成‘合菜’，据说这种习俗源于为了出征菜来不及分炒。要吃‘坨坨肉’，将肉切成大坨大坨的，每坨一两左右，放在甑子里的米中一起蒸熟，据说此源于为了打仗肉来不及细切”①。鸡肉也是要有的，过年杀鸡都是去土地庙杀。据湖南永顺县双凤村彭家齐老人介绍：

二十九那天一般是那几个菜啊，鸡啊，肉啊，肉有几种，有蒸肉、坨坨肉、熬肉、炒肉。还有豆腐、贺菜，那个时候没有现在的盆子，都是用木打的盆子，贺菜是专门盛在用木

---

① 彭官章：《土家族文化》，174页，长春，吉林教育出版社，1991。

做成的盆子里，那个叫端桶，放在桌子的中间。饭就是用大甑子蒸，上面盖的肉蒸嘛，一般到初五才开始空甑子煮新饭。①

湖南龙山县坡脚乡石堤村彭南京老人介绍当地土家族年菜时说：

吃年饭比较传统的菜一般是肉、蒸肉、猪头和猪尾巴，猪肠和豆腐是一起的，白菜和猪血一起煮的，黄豆炒辣子，辣子就是整个干辣子，这个菜只搞一小碗。合菜一般是胡萝卜、白菜、粉条、田苋菜这些。二十九那天不吃，三十晚上吃。三十那天猪脚脚都炖好了，那天要吃。②

现在土家人生活好了，年菜也越来越丰富了。例如2010年腊月二十八笔者在湖北宣恩县黑塘村李才佑家调查时，他家当天的年菜分别是：海带炖猪蹄火锅、炒猪头肉、炒腊肉、香菇炖鸡火锅、合菜、香肠盖折儿根（鱼腥草）、卤鸭子、酥肉、油炸小黄鱼、卤鸡脚、卤鸭脖子、油炸虾、炒土豆片、炒藕片、烧糊辣子、凉拌豆腐皮，共16个菜。因为吃团年饭的人比较多，有的菜还装了两盘，方便不同方位的人夹菜，所以桌上年菜数量远不止16个。饮料是美滋滋果粒型果汁饮料，酒是葡萄酒和土家人自酿的包谷酒。米饭是用柴火锅煮的，当天煮了很多，没有吃完。

---

① 访谈者：覃金福、藤召银；受访者：彭家齐；访谈时间：2012年7月10日；访谈地点：湖南永顺县双凤村彭家齐家。

② 访谈者：林继富、覃金福；受访者：彭南京；访谈时间：2012年4月20日；访谈地点：湖南龙山县坡脚石堤村彭南京家。

图 3－9　2010 年黑塘村李才佑家年菜（摄影：覃金福）

图 3－10　2011 年黑塘村李才佑家年菜（摄影：覃金福）

2011 年腊月二十五，笔者在湖南保靖县陇木洞村调查，当天是该村集体过大年，村书记彭运江自家准备的年菜相对简单一点，分别是：

炒腊肥肉、炒腊瘦肉、炒新鲜瘦肉、煮猪血、炒猪肝、鱼、炒白菜、炒渣辣子、辣椒炒皮蛋和蛋汤，共10个菜，外加一碗小菜霉豆腐。酒是爽口山葡萄酒和包谷酒，米饭也是用甑子蒸的。2011年腊月二十八，笔者继续在宣恩县黑塘村李才佑家调查，当天的年菜是：猪脚炖海带火锅、香菇炖鸡火锅、炒猪头肉、合菜、酥肉、卤鸡翅、卤鸡脚、炸鸡柳、油炸虾、炸羊肉串、豆腐丝、炒白菜、烧糊辣子、酸辣白菜。饮料是鲜橙多，酒是山葡萄酒和高粱白酒。米饭是用柴火锅煮的，当天也没吃完。黑塘村是二十八过大年，三十早上还要过一个年，由于2011年腊月没有三十，只有二十九，所以二十九早上李才佑家继续过年。早上的年菜就比较简单，多是二十八过大年的现菜，分别是：猪脚炖海带火锅、香菇炖鸡火锅、炒猪头肉、合菜、卤鸡脚、油炸虾、烧糊辣子、醋花生、炒豆腐丝、酸辣白菜、炒酸菜丝，共11个菜，酒是山葡萄酒和高粱白酒。2011腊月二十九中午，笔者到达湖北来凤县老寨坪村百家庄覃友生家，当天覃友生家过年的年菜分别是：猪脚海带火锅、萝卜炖牛肉、鱼、鸡、炒猪头肉、皮蛋香肠、油炸虾、卤鸡脚、芋头、炒白菜，共10个菜，饮料是果粒橙，酒是包谷酒，米饭是用电饭锅煮的。

筹办这些年菜要花费一定时间，往往几天前就开始准备。例如2010年我们在宣恩县黑塘村李才佑家过年，看到他们家老妈妈办年菜的情形：

> 由于二十八这一天办的年菜太多，有些准备活动在过年前几天就进行，腊月二十七这一天李才佑家已经开始准备办年菜了。
>
> 吃过午饭以后，李才佑就准备年菜，因为办年菜要烧很

多柴，有的菜还必须要大火，所以准备年柴是一项重要的工作。其实早在冬月份就已经把很多柴从山上砍回来，放在家里等柴放干。李才佑把几根已经放干的树干先用锯子锯成一截一截的，锯完以后再用斧头一截一截劈开。李才佑妻子马玉珍从火塘上面取下腊猪头和猪蹄来烧，杀猪时猪头的毛就刮不干净，再加上在火塘上熏了一段时间，猪皮也比较干硬了，烧猪头和猪蹄一来是把猪毛烧干净，二来是把猪皮烧软一点，后面煮时才能煮熟。烧时既要把猪毛烧干净，又不能把猪皮烧焦。烧完猪头和猪蹄后，马玉珍就开始洗猪头和猪蹄，洗猪头和猪蹄是个细活，因为本身猪头就不好洗，再加上烟熏以后就更脏。边洗边用刀来刮，把猪皮表层留下的黑油刮掉，直到最后洗干净为止。

图 3 – 11　2011 年老寨坪覃友生家年菜（摄影：覃金福）

主厨马玉珍在烧洗猪头和猪蹄的时候，我们调查组成员覃金福、张远满、李艳芳等承担了洗菜的任务，洗菜是在黑塘村下面的小溪里洗，这条小溪最终注入酉水河。洗的菜很多，有海带、胡萝卜、白菜、香菇、葱、大蒜、姜等。因为本地不产海带，过年吃的海带都是从外面运进来的，买来时都是干货，所以洗之前要先放进水里浸泡，在泡海带的同时，我们就开始洗其他菜。冬天小溪里的水还是有点刺骨，我们轮流洗完其他菜后就开始用刷子洗海带。洗海带之所以难，主要是因为里面有很多的沙粒，洗的时候一定要把所有的沙粒都洗干净，不然吃的时候就会有沙子。

图3－12　2011年陇木洞村彭景塘家年菜（摄影：覃金福）

我们洗完菜回来见主厨马玉珍已把猪头和猪蹄烧完洗干净，而李才佑也已劈了一大堆柴火，主厨马玉珍就张罗做晚饭。

吃过晚饭以后，我们在堂屋里对一个会巫术的土家老人进行访谈时，马玉珍在厨房里忙开了，她先是用小斧头把猪脚砍成块，这样第二天炖猪脚时就快一点。砍完猪脚后要炖洗干净的猪头，因为二十八敬菩萨要用煮熟的猪头和猪尾巴，且敬完菩萨后才能切猪头，所以煮猪头时只能在大锅里整煮。李才佑负责烧火，一直到晚上10点多菜煮好，煮好猪头后把猪头捞起来放在盆子里。

腊月二十八这天，马玉珍早早起来就给我们做好了面条，简单吃过早饭后，李才佑和他的儿子李洪坤开始祭祀各种菩萨，马玉珍则忙碌办年菜，上午9点多她的女儿李琼和媳妇王佳慧也从县城赶回来帮忙，她们还带回了一些卤菜。

首先做的是海带炖猪脚，海带炖猪脚主要原料和作料有海带、猪脚、柑橘皮、葱、姜、蒜、盐、花椒、味精等，这道菜几乎是黑塘村家家户户年饭的必备菜，也是年食里最不容易做的一道菜。做这道菜要把洗好的海带切成小块。在黑塘村，过年吃海带，海带是不能打结的，否则被看做不吉利。马玉珍告诉我们这是祖上就传下来，海带不能打结，打上结以后就一年四季都扯不撑（顺利）。把前一晚砍好的猪脚再用清水洗一次，然后稍微把水沥干，再在锅里过一遍，然后就用砂锅在煤炉子上炖猪脚了。砂锅炖肉有大学问，一是比较容易入味，二是炖肉易熟不易烂，炖出来的肉有嚼劲。猪脚要先炖一段时间之后再加入海带。此时，盐、花椒、柑橘皮等佐料都可以加进去。

炖猪脚的同时也要准备炸酥肉，酥肉也是很多地区土家族在过年时必须准备的一道菜。炸酥肉的材料主要是：面粉、腊肉、鸭蛋、辣椒、发酵粉、葱、花椒粉 。酥肉的做法说起来简单，但实际做起来却又另外一回事了。用马玉珍的话讲是“这个里面是要大学问滴，不比你们读书简单”。首先这个肉就有讲究，要选上好的五花肉，这样做出来的酥肉才好吃。把肉洗净后沥水，切成条，装在盆子里用盐、花椒粉、辣椒等佐料腌上一段时间静置入味，再用面粉、发酵粉、鸭蛋、葱花和成糊搅拌均匀，把腌好的肉条倒进去用筷子裹上糊，等锅里面的清油（或茶油）烧沸后，就用筷子把裹好的猪肉条团夹到沸油里炸，一个个酥肉从锅底漂浮到油上面，炸透、炸酥成金黄色后就用筷子夹到漏瓢里，沥干油后倒进干净的筛子让它冷却。二十八当天由李艳芳协助马玉珍来炸酥肉，刚炸出来的酥肉特别好吃，马玉珍让我们大家都来尝，但又告诫我们不要吃太多，不然一会儿吃年饭就没空间了。

酥肉炸好后，马玉珍的女儿和媳妇也加入了帮忙的队伍，她们打开从县城里买来的冰冻小黄鱼和虾。用热水泡一会儿后，就开始炸小黄鱼和虾。马玉珍在中间那口锅中做香菇炖鸡这道菜，这天的鸡是马玉珍的儿子从县城里买回来的，马玉珍用斧头把鸡砍好后洗净，鸡肉要先在锅里炒一下，然后加调料炖。鸡肉先炖一会儿后再放香菇进去。香菇是我们前一天下午洗好的，撕成小块后放进鸡肉锅里炖。香菇炖鸡做好后，中间那口锅就用来烧水煮米饭。在蒸饭的时候，马玉珍把洗好的几截香肠放在饭上蒸，蒸熟后直接切成片成一道菜。

图 3－13　炸酥肉（摄影：张莉）

图 3－14　贺菜（摄影：张莉）

炸完小黄鱼和虾后，马玉珍的媳妇开始做她拿手的烧糊辣子。要做糊辣子，先要挑一把晒干的红辣椒，在火里面烤得微糊，当地人叫“刨辣子”。把烤好的辣椒用干净抹布抹去灰尘，然后把辣椒切成很细很细的颗粒。把切好的辣椒盛进碗里，加入准备好的盐、花椒、酱油、醋、木浆子、味精等佐料拌匀，再舀一勺热汤或加一点开水搅拌，一碗糊辣子就做好了。马玉珍的女儿则把各种买来的卤鸡脚、卤鸭子、卤鸭脖子、凉拌豆腐皮用盘子装好，然后开始做凉拌折儿根。折儿根学名叫做“鱼腥草”，不仅味美而且有清火祛暑的功效，是土家人特别爱吃的一道凉菜，几乎是天天餐桌上离不开折儿根。先把折儿根连同嫩芽掐成长约一寸的小段，洗干净后用盐腌一下，再把盐用清水冲掉，然后把调好的糊辣椒倒进去搅拌均匀，腌制一段时间即可食用。拌好的折儿根爽口味鲜、脆嫩、富有特殊的芳香。腌折儿根的时候，如果放上一点白糖，这样腌出来的折儿根更脆。

在媳妇做糊辣子和女儿做折儿根的同时，马玉珍就开始炒腊肉，腊肉是和胡萝卜片、酸辣子及蒜苗一起炒的。炒完腊肉后，李才佑和李洪坤也把各种菩萨敬完了，他们就把整个猪头和猪尾巴放回厨房，敬完菩萨后就可以动猪头了。马玉珍开始切猪头肉，她的媳妇和女儿炒土豆片和藕片，年菜肉比较多，炒几个素菜也能中和一下油腻。土豆片和藕片炒好后，马玉珍来炒猪头肉，她的媳妇和女儿则准备最后一道合菜的原料。猪头肉是和木耳、胡萝卜片、酸辣子一起炒的，做完这些就剩最后一道合菜了。

合菜又叫“贺菜”，是土家人过年里家家户户必吃的一道菜。吃贺菜与土家先人打仗有关，合菜与“和”谐音表示要家事和睦，又与“贺”谐音，有庆贺新年的意思。贺菜的做法很简单，只需要把白菜、粉条、胡萝卜丝混在一起炒熟即可，里面可以加入少许的姜丝、大蒜苗等佐料。胡萝卜是做贺菜必不可少的一道材料，黑塘村流传一句话："没有胡萝卜就凑不起贺菜。"这主要是因为胡萝卜的"胡"谐"福"音（在湖北方言里 h 和 f 的发音不区分），寓意"福气"、"祝福"之意。

到中午一点，整个年菜办好，饭也煮熟，等着放鞭炮团年了。①

三、贴对子

对子也叫"对联"，过年这一天贴春联土家族叫贴对子或贴对联。春联在我国有着悠久的历史，早在秦朝以前，我国民间出现每逢过年在大门的左右悬挂桃符的习俗。桃符就是用桃木做的两块木板，上面分别书写上传说中的能够降鬼的大神"神荼"和"郁垒"的名字，以此来驱鬼镇邪。到了五代，人们才开始在桃木板上题写联语以代替降鬼大神的名字。据历史记载，后蜀之主孟昶于公元 964 年除夕在其卧室门上题写的"新年纳余庆，佳节号长春"是我国最早的一副春联。

宋代以后，民间过年悬挂春联已经很普遍了，王安石在《元日》诗中所写的"千门万户曈曈日，总把新桃换旧符"就是对当时悬挂春联的盛况的一种真实写照。由于春联的出现与原先所挂的桃符有着密切的关系，所以，古人将春联又称为"桃符"。明代朱元璋定都金陵

① 林继富、覃金福、张远满、李艳芳等：《2010 年宣恩黑塘村土家年调查报告》（未刊稿），2011。

后，命令大臣、官员和一般老百姓家除夕前都必须书写一副对联贴在门上，以供他穿着便装出巡时观赏取乐。文人雅士为此在当时将题写春联当成一件文雅之事，写春联便成为了当时的一种社会风尚。到了清代，乾隆、嘉庆、道光三朝，对联犹如盛唐的律诗一样兴盛，出现了不少脍炙人口的名联佳对。

春联有的地方将它叫做门对、春贴、对联、对子等，土家族人则将贴对联叫做贴对子，它以工整、对偶、简洁、精巧的文字描绘时代背景，抒发土家族人的美好愿望，是土家族地区一种特有的文化形式。在清道光四年（1824 年）刻本《凤凰厅志》卷二十、清同治五年（1866 年）刻本《长阳县志》卷七、清同治六年（1867 年）刻本《鹤峰州志续修》卷十四、清同治八年（1869 年）刻本《续修永定县志》卷十二、清同治十一年（1872 年）刻本《桑植县志》卷八、清光绪元年（1875 年）刻本的《彭水县志》卷四、清光绪六年（1880 年）刻本《巴东县志》卷十六、清光绪二十年（1894 年）刻本《黔江县志》卷五中，都有过年更桃符、贴春联的记载。

每逢过年，土家人生活的乡村、乡镇和城市，家家户户都要精选一副大红对联贴于门上，为节日增加喜庆气氛。对联的种类比较多，依其使用场所，可分为门心、框对、横批、春条、斗方等。“门心”贴于门板上端中心部位；“框对”贴于左右两个门框上；“横批”贴于门楣的横木上；“春条”根据不同的内容，贴于相应的地方；“斗方”也叫“门叶”，为正方菱形，多贴在家具、影壁中。

当前的对联以宽、大、装饰描绘多为美，由于家家户户都将房子建得很宽大，所以对联也倾向于宽、大、鲜亮。2010 年，宣恩县黑塘村李才佑家过年贴的对联右联为：事业辉煌年年好；左联为：前程似锦步步高；横批为：前程似锦。对联由李才佑的儿子李洪坤在二十八日团年前贴上的。对联一贴上，年的气息立刻变得浓烈、团年也即将开始。2011 年，宣恩县黑塘村李才佑家过年贴的对联右联为：合家欢乐迎富贵；左联为：佳节平安纳吉祥；横批为：恭喜发财。对联还是由李才佑的儿子李洪坤来贴的。2011 年，保靖县陇木洞村彭运江家过年贴的对联右联为：福星高照全家福；左联为：春光辉煌满堂春；横批为：富贵平安。2011 年，来凤县老寨坪村百家庄覃友生家的对联右联为：四季平安好运来；左联为：一帆风顺福星到；横批为：前程似锦。

过去土家族都是自家写对子或让别人帮忙写对联，现在过年大多是从乡场买印刷好的对联，也有去买现写的对联，很少自己家里人撰写，腊月在街上有很多写家先和对联的摊位，生意还比较好。对联内容主要是吉祥、祝福、祈愿的语言，一般人家会根据自家情况挑选与之相匹配的内容，有些人家则不管对联内容，只要是对联，以增加节日气氛就可以了。

四、放团年炮火

土家人在吃团年饭之前要放一饼炮火，一来是过年热闹气氛，二来是向别人宣告自己家年饭做好了，开始团年了。谁家的炮火放得早，往往对其他正在办年菜的家庭是一个不小的刺激，总感觉自己家落后了。如宣恩县黑塘村村民马玉珍说“别人家那炮火一放啊，我心里那就像猫抓一样啊”。

2010 年腊月二十八宣恩县黑塘村李才佑家过年，中午 1 点左右，女主人马玉珍告诉大家，年菜做好了，可以团年了。他的儿子李洪坤就将早已准备好的一饼炮火拿出来，在大门外的院坝里摊开，然后点燃。顿时，“劈里啪啦”地响声震彻了河谷两岸，浓浓的鞭炮味儿中酝酿着浓浓的年味儿。

图 3－15　2010 年李才佑家放团年炮火（摄影：宋静思）

2011 年腊月二十八笔者继续在宣恩县黑塘村李才佑家调查，这一天年菜办得稍微晚一点，下午 3 点的时候才把年菜办好，这时李洪坤把团年炮火拿出来摊开在院坝里点燃放响。黑塘村腊月三十早上还要团一次年，边吃年饭边等天亮，由于 2011 年腊月没有三十，所以腊月二十九早上黑塘村又要团一次年，早上六七点笔者还在床上睡觉，就被村里陆陆续续的团年炮火声吵醒，感叹那些家庭得起多早来办年菜啊。当天早上女主人马玉珍早早就起床办年菜，因为前一天过年办的菜很多，所以二十九早上相对简单一些，早上 8 点半年菜就办好了，马玉珍让他的儿子李洪坤去放团年炮火。李洪坤还是把团年炮火摊在门外院坝点响，这一天的团年炮火很明显要比腊月二十八的炮火小一些，从这也可以看出黑塘村腊月二十八的年要隆重一些。

从外面嫁到黑塘村的媳妇，对于这种早上天还没亮就过年刚开始还是不太适应，黑塘村的马玉珍娘家是龙山县人，以前在自家不这样过年，嫁到黑塘村才适应并遵循这种过年方式。

覃金福：那以前二十八是什么时候过年了？

马玉珍：二十八是下半天过，三十夜天没亮就过，像明天二十八过了，后天三十夜早上天没亮就又要过年。

覃金福：你以前在娘屋这样过不？

马玉珍：以前在娘屋没这样过，那嫁到这里来以后才这样搞了。

覃金福：二十八过了，二十九还要吃一天，那三十早上过年都没得菜了啰。

马玉珍：那硬是准备得充足呢，二十八那天连那些都搞好了。三十早上只管热就行了。三十那餐饭就要煮得多，以前都是用甑子蒸，反正要有剩的，今年要吃到明年。①

马玉珍的媳妇王佳慧是从李家河乡街上嫁过来的，刚开始很不适应这种早上继续过年的方式，后来也慢慢适应了。

覃金福：你们娘屋那里三十早上不过吧？

王佳慧：我们那里三十早上不过年。

---

① 访谈者：覃金福；受访者：马玉珍；访谈时间：2012年2月20日；访谈地点：湖北宣恩县李家河乡黑塘村李才佑家。

覃金福：刚开始这样过适不适应啊？

王佳慧：那个时候你睡得正香，三十早上就喊起来团年，冷兮兮的爬起来就要吃，闭起眼睛吃了以后勒上铺睡又睡不暖和，那硬是才烦躁啰。①

节日里的炮火总有种特殊的寓意，土家人认为炮火燃放的响亮程度、连续程度将会影响来年的运程，所以人们都很期待炮火可以很顺畅地、响亮地燃放完。

五、吃团年饭

土家人逢年过节吃饭之前都要举行“摆饭”仪式，即摆上饭菜，倒上酒请去世的亡人先吃饭。其意一来是土家人崇拜自己的祖先神，二来是土家人认为如果吃好吃的不先让祖先们吃，他们会怪罪自己，给自己带来疾病之类不好的事物。过年也一样，吃团年饭之前要摆饭，等年菜都摆上桌后，摆几副杯、碗、筷，将筷子横放在碗上②，然后象征性地给碗中添一点饭，杯中斟一点酒，由家中男性长者呼唤去世的先人都来吃饭，过一会儿后将酒洒在地上，摆饭结束后大家才能入座吃饭。给祖先摆的饭是不能给12岁以下的小孩吃，传说吃了会记忆力不好，多忘事。

土家族多用八仙桌，方形的，必须讲究桌子木板的纹路，纹路不能对着堂屋神龛的方向。即使现在有的家庭用圆桌，也还是要适当讲

① 访谈者：覃金福；受访者：王佳慧；访谈时间：2012年2月20日；访谈地点：湖北宣恩县李家河乡黑塘村李才佑家。

② 土家人平时吃饭时不允许将筷子横在碗上。

究方向。以家神这方为上席，土家人要让长辈坐在上席，待长辈坐好后小辈才陆陆续续坐下，儿子儿媳辈的坐两侧或下席，孙子辈的可以挨着长辈坐上席两边。

团年的饭菜也很有讲究，团年的菜一般要做十三道，前十二道菜代表十二个月，最后一道菜鱼，讨“年年有余”的吉祥。其他的菜除鱼肉外，必须有芹菜、青菜、白菜，长辈给儿女夹这些菜时要封赠：“吃了芹菜，勤勤快快；吃了青菜，亲亲热热；吃了白菜，清清白白。”宣恩、来凤、龙山等地的土家人在过年这一天要吃猪头肉和猪尾巴，意为这一年有头有尾；还要吃芋头，叫“遇在要有一头”，意思是总会碰上一次好运。很多地区土家人在三十晚上还会吃青菜稀饭，寓意也是吃了一年到头“清清静静”的，不会有争吵，这反映出土家族人淳朴的品德和勤劳、团结、清白做人的世界观。饭必须多蒸，要有吃有剩，今年吃到明年，因此有些人家团年做的饭，吃到正月十五还有。

敬完菩萨以后就准备办团年饭，这时才能切猪头肉自己吃，团年菜必须要有一盘猪头肉，里面还必须有猪尾巴肉，预示这一年有头有尾。要有一盘芋头菜，意为一年总要遇到一头（一些好运）。要有一盘青菜，意为一年家里清清静静的，没有吵架。要有一条鱼，意为年年有余。还有酥肉、合菜、鸡肉、猪脚炖海带、糯米圆子、香肠、豆腐。饭要多煮，要一餐吃不完，意为今年吃到明年。把所有菜都摆上桌以后，要摆上碗筷和酒，把筷子放在饭碗上，让祖先先吃，家人站在桌边，不能入座，要喊死去的祖先都来吃饭喝酒。然后家人才能入座吃饭，老年人坐上座，吃饭时要慢慢吃，不能吃快。吃完后就给家里的狗准备一碗饭、一碗肉和一碗豆腐，看狗先吃哪一样，如果先吃哪一样就意味着来年这一样东西的价格很贵。①

吃年饭的时间一般都要求比平时长，要慢慢吃，吃年饭时不能泡汤，否则来年会垮田坎，更严重认为孕妇吃年饭泡汤后会流产。

覃金福：二十九那天吃团年饭一般要吃好久啊？

彭南京：吃得越慢越好啊，一年都辛苦了，过年这一天吃饭就慢慢吃饱，要是小孩吃太快大人都要骂。

覃金福：吃年饭的时候是不是不能泡汤啊？

彭南京：是的，泡汤有的地方说是来年要垮田坎，我们这里还有一种说法就是垮人坎，就是孕妇流产。

覃金福：那天是不是要多煮一些饭，那一天是不是饭要吃不完？

彭南京：这个煮饭的都晓得，饭要多煮一些，越剩越好，要吃几天，今年吃到明年。②

2010 年腊月二十八笔者在宣恩县黑塘村调查时，李才佑家的年菜是中午 1 点办好，等放完团年炮火，给祖先摆饭后，大家入席吃团年饭约 1 点半，一直吃到 3 点半结束。当天是李才佑的孙女李瑶和外孙田浩坐在正上席，李才佑坐在左上席，女主人马玉珍坐在右上席，李

① 访谈者：覃金福；受访者：覃友生；访谈时间：2011 年 1 月 25 日；访谈地点：湖北来凤县老寨坪村百家庄覃友生家。

② 访谈者：林继富、覃金福；受访者：彭南京；访谈时间：2012 年 4 月 20 日；访谈地点：湖南龙山县坡脚石堤村彭南京家。

才佑的儿子和媳妇坐在左席，女婿和女儿坐在右席，我们调查人员坐在下席。2011 年腊月二十八日，宣恩县黑塘村李才佑家过年吃团年饭时间是下午 3 点，一直吃到 5 点结束。2011 年腊月二十九李才佑家早上继续过年，吃年饭的时间是早上 8：45，一直吃到 10 点结束。2011 年腊月二十九来凤县老寨坪村覃友生家过年吃团年饭的时间是下午 2 点开始，到下午 4 点才结束。

图 3－16　2010 年李才佑家吃团年饭（摄影：张莉）

如果某种年菜吃完了不能说“吃完了”，要说“吃满了”，饭后不能立即抹桌、洗碗。

> 传说土家族经常和外界打仗，你杀过来，我杀过去，不得安宁。有一年腊月二十九，双方又用石头隔条小河打了一整天，天黑时，土家首领说：“今晚我叫你们睡不好瞌睡。”敌方首领说：“明天我叫你们过不好年。”土家首领以为都是

讲的气话，没在意，哪知敌方却认真了。腊月三十这天，土家户户都忙着过年，敌军却派一个小孩到土家寨堡来“探水”（侦探）。土家人都没把小孩放在眼里，由他来，也由他去，他摸清了寨子里的底细。不久，敌人打来了。当时寨堡上刚刚吃过年饭，没来得及抹桌子、洗碗，就匆匆忙忙逃进山里去了。知道敌人退走，大家才回家洗碗、抹桌子。后人为了吸取教训，便一直保持这种风俗，而且过年一般不让外人来，因为怕他们又是“探水”的。①

这些传说在解释土家年中的一些习俗，这些解释成为老百姓遵循规矩的“法律”文本，成为他们寻求文化逻辑的合法性证明。

六、喂饭

土家人吃完团年饭后，要给果树喂年饭，由两个小孩来完成。一个小孩端着饭菜，另一个小孩拿一把砍刀，来到房前屋后的果树旁，拿刀的小孩就用砍刀在果树干上砍一道口子，端饭菜的小孩就往树干口子里塞一点饭菜。然后两个小孩一个站在树前，一个站在树后开始问答。站在树前的小孩就问：“你结不结?”树后的小孩就答：“肯结（结得多）。”树前的小孩又问：“你落不落?”树后的小孩就答：“不落。”树前的小孩又问：“你甜不甜?”树后的小孩就答：“清甜。”

给果树喂饭既是过年时土家小孩的一种娱乐活动，同时也寄托了

① 向三妹口述：《为么子团年后不马上洗碗》，见《摆手舞与普舍树——民族民间故事传说》第二辑，10 页，内部资料，1986。

土家人美好的愿望，希望来年果树丰收，年成殷实。有的小孩在回答的时候形成定向思维，问结不结，答“结”；问落不落，答“落”，土家人也不会因此责怪小孩，而会当做一个玩笑。

覃金福：过年给果树喂饭有没有？

彭秀菊：果树喂饭嘛，兴嘛。

覃金福：以前兴？

彭秀菊：几时都兴。

覃金福：它是吃年饭后了喂？

彭秀菊：是嘛，吃年饭之后了喂。我们昨天都喂了哩。老人家传下来的。那个时候我屋景塘喂，喊运娣答应，他那个时候小小的，教他“结不结？”“结”；“落不落？”“不落”。后头喂饭的时候啊，变成了“结不结？”“结”；“落不落？”“落”，害我硬好笑，搞成顺口溜了。昨天到那里喂，喊我嘉惠答应，我说那你莫学你大伯啊答错。①

有的地方土家人在过年时还要给果树下定钱，“给果树下定钱是由各家大人（两个）把用黄纸剪成的钱贴在所有的果树上。贴的人用斧头敲树干，问：‘你今年结不结果？’躲在树背后的人答道：‘结果。’‘结的果子大不大？’‘大得很。’‘落不落果？’‘不落果。’问答后，主人把黄纸钱贴在树干上离去。”②

① 访谈者：覃金福、张远满、彭丹；受访者：彭秀菊；访谈时间：2012年1月18日；访谈地点：湖南保靖县陇木洞村彭运江家。

② 湖北恩施土家族苗族自治州地方志编纂委员会：《恩施州志》，1067页，武汉，湖北人民出版社，1998。

图 3－17　2011 年彭景塘家给核桃树喂的年饭（摄影：覃金福）

七、坐三十夜

土家人提前过年这一晚上不坐夜，因为土家人是套用汉族的农历纪年法，年虽然提前过了，但实际的历法是当晚没到新的一年，所以提前过年的晚上土家人不坐夜，即不守岁。等到了三十的时候，土家人也还要过年，只是一切从简，当天晚上要坐通宵，叫“坐三十夜”。

三十夜，土家人全家围着火塘烤火聊天，俗话说“三十夜的火，十五的灯”，三十晚上每家都要烧一个大树蔸，土家人叫“烧年蔸蔸”，年蔸在平时准备柴火的时候就要找好，挑一个又大又长的树蔸放干，三十晚上吃过团年饭后就把年蔸放在火塘里烧，当晚不能烧完年蔸蔸，第二天早上要用水浇灭，然后将其压在猪圈上，正月十五的时候再取下来烧完。

那也要敬啊，三十夜的火啊十五的灯，三十夜那天要烧大年蔸蔸啊，屋里要把火烧旺。年蔸蔸那也不能烧完，没烧完的要压在猪圈上，十五的时候再烧完。①

三十夜那天就是敬家先、屋檐童子、阿麻婆婆，晚上就是接灶神和敬四官神，那一夜神龛上就是不许熄火，火坑里通夜都要烤火，烤旺火嘛，那一夜年蔸蔸没烧完的要压在猪圈上，十五那天晚上再烧完来扫尾。②

二十九不坐夜，三十晚上要坐通宵，晚上要烧旺火，搞个大树蔸蔸烧起，三十晚上哈不能烧完啦，没烧完的蔸蔸要压到猪圈上，到十五的时候取出烧完。③

现在农村土家人还保存三十晚上坐夜烧年蔸蔸的习俗，比较发达的地区土家人三十晚上开始烧机制炭或烤电火，娱乐方式也有所改变，过去土家人三十晚上多是围着火塘聊天，讲各种传说故事，现在多以看春节晚会为主，还有很多打麻将、玩扑克来娱乐。

在坐三十夜的过程中，土家人要全家依次洗澡，换上新衣服准备迎新年，据《恩施州志》载："在守岁的过程中，全家老少都要依次洗澡、换衣，以示准备迎新。即使不洗澡，也要把膝盖洗一下，这叫做洗客膝佬。洗客膝佬预示来年的'口福'好。守岁，一直要守到东

① 访谈者：林继富、覃金福；受访者：彭南京；访谈时间：2012 年 4 月 20 日；访谈地点：湖南龙山县坡脚石堤村彭南京家。

② 访谈者：覃金福、藤召银；受访者：彭家齐；访谈时间：2012 年 7 月 10 日；访谈地点：湖南永顺县双凤村彭家齐家。

③ 访谈者：覃金福、藤召银；受访者：田仁信；访谈时间：2012 年 7 月 8 日；访谈地点：湖南永顺县双凤村田仁信家。

方发亮为止。”① 今天的土家人即便三十晚上打麻将、玩扑克再忙，也不会忘记要洗一个澡，清清爽爽地迎接新年。

八、抢年

抢年是土家族过年习俗活动之一。三十夜要坐通宵，熬夜迎接新一年的到来。待夜里的公鸡一叫，各家即刻点燃炮火，名为“抢年”，土家人认为哪一家抢到最先放炮火，这一家就抢到年了，这一家来年就会风调雨顺、五谷丰登。土家人坐到快天亮时，就准备炮火，一听到公鸡叫，就放炮火，紧接着整个村寨家家户户都跟着放炮火。“‘抢年’，不是午夜零点钟，而是闻鸡鸣。鸡鸣了第一声，立即放鞭炮。谁家鞭炮先响，谁家就先将‘年’抢得了，全家人欢呼雀跃，‘丰收年来我家了！’鞭炮还在劈啪作响时，一人跑到碓屋，将碓舂三下；将磨推三下；猪栏边，唤三声猪；牛栏旁，唤三声牛；仓门边，敲三下门。意为将年抢到了屋里，引年屋里转一转，使年送五谷丰瑞，六畜兴旺。”②

> 抢年是鸡头叫的时候就抢年，哪家先放炮火哪家就好啊。那时候还有土炮啊，那还要到水井里去挑水啊，你这边炮一放就赶紧挑水桶去水井挑水，去抢第一挑水啊。一个寨子有很多人嘛，都要去抢第一挑水。抢第一挑水是家里那吃了清净嘛。

---

① 湖北恩施土家族苗族自治州地方志编纂委员会：《恩施州志》，1067 页，武汉，湖北人民出版社，1998。

② 杨昌鑫：《土家族风俗志》，144 页，北京，中央民族学院出版社，1989。

挑回来就倒在水缸里吃嘛，初一洗脸开茶都是用那个水。①

过去土家人是等公鸡叫第一声的时候抢年，现在是三十晚上12点的时候抢年，快到12点的时候各家就把炮火准备好，有的家庭等不及，还没到12点就点炮火了，只要哪一家一点炮火，整个寨子其他家就陆陆续续点炮火了，非常热闹。有的家庭还会给小孩买上一些烟花，放炮火的同时点燃烟花，年的氛围就异常浓烈了。

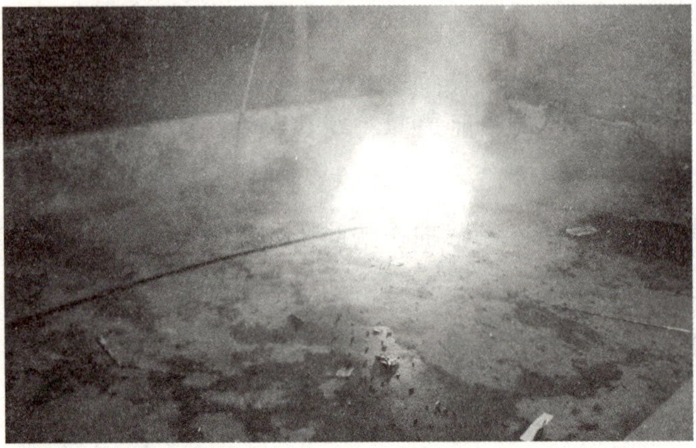

图3－18　2011年老寨坪村覃友生家放抢年炮火（摄影：覃金福）

覃金福：过年时什么时候抢年啊？

彭秀菊：就是三十晚上到12点钟的时候抢年那闹热，全寨就开始放炮火。

覃金福：那现在这里是三十夜隆重些还是二十九隆重些？

① 访谈者：覃金福、藤召银；受访者：彭家齐；访谈时间：2012年7月10日；访谈地点：湖南永顺县双凤村彭家齐家。

彭秀菊：那是三十夜隆重些，二十九就是你家放一下，他家放一下，三十夜就是有时间啦，都要抢年，那都是集中到那时候放炮火，那热闹些，哪家抢的第一个放那就好些勒。①

三十晚上抢年后每家男性都会挑上水桶去水井里抢第一挑水，又叫“挑秧水”，谁家抢到第一挑水也被认为这一家来年最吉利。

以前我们这里都兴挑秧水，过年12点交节炮火放了以后哦，全队每家男的都挑起水桶往下头大水井去了，每一家都挑一挑秧水回来倒到屋里水缸里，这就喊挑秧水啰。②

关于挑秧水，鄂西土家族地区流传了一个传说：

很早以前，鄂西没有水田和熟田，低处是渣水坑坑，芦苇凼凼，高山、半高山的树叶烂起一层黑泥巴，树上绞满了碗口粗细的藤子。土家人都是刀耕火种，杂粮倒是吃不完，可就很难见到大米。这一年，有位老人叫大家到山上开田，后生子都不分昼夜打起灯笼火把干，所以卯洞有个地方就叫火把田。开田一直开到腊月二十九，老人叫儿孙们歇歇气，年轻人都太累了，这一歇气就睡到正月初一还没醒。老人心疼后辈们，一直不喊醒他们。他就一个人轻脚轻手挑了一通

① 访谈者：覃金福、张远满、彭丹；受访者：彭秀菊，访谈时间：2012年1月18日；访谈地点：湖南保靖县陇木洞村彭运江家。

② 访谈者：覃金福；受访者：覃友生；访谈时间：2011年8月18日；访谈地点：湖北来凤县老寨坪村百家庄覃友生家。

夜水，灌满了一丘新开出来的田。因为抓住了农时，第二年谷子丰收了，大家都吃上了大米。为了纪念这位老人，至今腊月三十夜晚都要轻脚轻手挑一担水，依然尽量不要惊动睡觉的人，这一担水就叫秧水。①

传说在解释“挑秧水”习俗来历中，包含了老百姓对来年农耕生产的重视，包含了老百姓在年关时节对来年农耕生产的祝愿。他们在“年关”时，既在欢庆上一年的丰收、享受家庭团圆的美好，又在祝愿未来，为来年获取更大的丰收做准备。

第三节　“闹”年

一、出天行

土家人在三十晚上子时和寅时之间要由家里的当家人把大门轻轻打开，边开边说：“财门大大开，元宝滚进来；滚进不滚出，滚满一堂屋。”这个习俗叫“出天行”，也叫“出天方”，出天行寄托了土家人开门大吉，招财进宝的美好愿望。

出天行习俗在地方方志中也多有记载，据清同治五年（1866 年）

---

① 王玉禄、田士常口述：《挑“秧水”》，见《摆手舞与普舍树——民族民间故事传说》第二辑，10～11 页，内部资料，1986。

《长阳县志》卷七载："肃衣冠，拜天地君亲师牌位毕，开门，庭燎一对，茶果饼酒一盘，主人手持香烛，子弟分持庭燎、茶果等，每门一揖，至大门外，面太岁、喜神方设香案、纸烛四拜，谓之'出天行'。"① 清同治六年（1867 年）《鹤峰州志续修》卷十四载："始出门向外行礼，曰'出天方'。"② 清同治八年（1869 年）《续修永定县志》卷十二载："择吉时燃爆竹，出门外向吉方三揖，随拜土地祠，谓之'出行'。"③ 清同治八年（1869 年）《保靖志稿辑要》卷四载："响爆竹启户，谓之'开财门'，出门向吉方长揖，谓之'出行'。"④ 清同治九年（1870 年）《长乐县志》卷十六载："初一日晨，开门祝圣，曰'出天方'。"⑤ 清光绪四年（1878 年）《龙山县志》卷十六载："放爆竹，启门出，先择方相吉者，出距门数十步向拜而返，曰'出行'。"⑥ 清光绪六年（1880 年）《巴东县志》卷十六载："出门向喜神方行礼，谓之'出天方'，亦曰'出天行'。"⑦ 清光绪十四年（1888 年）《施南府志》卷三十二载："依喜神方位出行。"⑧ 清光绪二十年（1894 年）《黔江县志》卷五载："择吉时、吉方出行。"⑨ 民国二十六年（1937 年）《恩施县志》卷十二载："依方位出行，举爆竹

---

① 丁世良、赵放：《中国地方志民俗资料汇编·中南卷》（上），426 页，北京，书目文献出版社，1990。

② 同①，441 页。

③ 同①，626 页。

④ 同①，642 页。

⑤ 同①，421 页。

⑥ 同①，646 页。

⑦ 同①，439 页。

⑧ 同①，435 页。

⑨ 丁世良、赵放：《中国地方志民俗资料汇编·西南卷》（上），251 页，北京，北京图书馆出版社，1991。

以开门，谓之‘开财门’。”① 民国二十三年（1934 年）《沿河县志》卷十八载：“开门，拜天地、家龛，男女以次叩贺尊长。向吉方行，拜喜神，谓之‘出行’。”②

从方志中的记载可以看出，土家人出天行都是向吉方或财方作揖，以求新的一年财源滚滚。有的地区土家族在正月初一这一天有去给别人送柴（财）的习俗，以求主人给一点打发。

> 土家人过去过年兴送柴（财）。腊月三十晚上，有的贫寒人家就把柴锯成几截长的截截，用红纸捆成小把把，正月初一，挨家挨户去送，到大门前，喊道：“发财主人家，拜个年啰，柴（财）来了！”主人出来接住，放在神龛上，同时拿出四个或八个或十二个粑粑打发送柴的，并且说：“发财去，多走几家。”
>
> 传说送柴有个来历。从前有个孤儿，在街上讨了些吃的，以后就到柴行里给别人“做中”。这个时候有个卖柴的挑来一挑柴，喊叫一吊。买柴的嫌贵了。孤儿说：“我看八百钱满卖得了。”
>
> 第二个人来买柴，他降价了，喊八百。买柴的又说贵了。孤儿又说：“我看六百钱卖得了。”
>
> 卖柴的见孤儿穿得破烂，瞧不起他，说：“只要你有一文钱，我都卖给你了。”恰好孤儿看到旁边地下有个四眼钱，泥巴糊糊的，便悄悄捡起，把泥巴一擦，捏在手上不做声。

---

① 丁世良、赵放：《中国地方志民俗资料汇编·中南卷》（上），436 页，北京，书目文献出版社，1990。

② 丁世良、赵放：《中国地方志民俗资料汇编·西南卷》（下），461 页，北京，北京图书馆出版社，1991。

第三个人来买柴，卖柴的还喊六百钱，买柴的还是嫌贵。孤儿在旁边又说："我看这挑柴四百钱卖得了。"卖柴的不耐烦了，对孤儿说："只要你拿出一文钱，我真卖给你了。"孤儿用捡的这文钱买了一挑柴。他转身用半担柴换了几挂鞭炮，又将另半担柴砍成短截截，分开，用红布巾巾捆好，挨家挨户去送，同时放起鞭炮，喊道："发财啊，财来了！"

这天是正月初一，后人便也在这一天去送柴（财）。①

正月初一"送柴"习俗显然与谐音"送财"有关系，与"出天行"是一脉相承的。当然，"出天行"在敬拜神灵的时候是要以请财神、迎财神为主要内容的。

二、拜年

土家人过年兴拜年，拜年是土家人辞旧迎新、相互表达美好祝愿的一种方式。土家人的拜年分两种：一种是小孩去周围邻居串门的拜年，这种拜年不用带礼物，多为说几句吉利奉承话；另一种是给亲戚家的拜年，这种拜年需要拿礼物。

小孩去拜年多是初一早上，正月初一这天，大人催促小孩早早起来，穿上最漂亮的衣服，打扮得整整齐齐以便去拜年。拜年时一般从家里开始，小孩起床后，要先向长辈拜年，祝福长辈健康长寿、万事如意。长辈接受小孩拜年后，要将事先准备好的"压岁钱"交

---

① 曾召金口述：《送柴》，见《摆手舞与普舍树——民族民间故事传说》第二辑，32～33页，内部资料，1986。

给小孩，尤其是分户后的小孩必须先给爷爷、奶奶、外公、外婆、伯伯、叔叔等长辈拜年。随后小孩们则跑去土家村寨里的其他人家一家家地拜，到了拜年的路上，小孩们便结成三五成群一伙去拜了，即便是平时有怨的人家，到了拜年这天，都会笑脸相迎。小孩去拜年之前，父母要叮嘱小孩，女孩不能先进别人家，要等男孩进门了女孩才能进，有的家长直接就不让小女孩去别人家拜年，因为土家人忌讳初一这一天女性第一个进自己的家门，认为这样一年家里都会不吉利。

　　三十晚上通坐的时候老人家就给小孩教育，明天早上不许吵架，不许骂人，不许讲丑话。初一早上比一般都起来得早，起来就烧火啊，洗脸啊，然后把板栗子、核桃、枣子、瓜子、花生准备好，因为周围有小孩要来拜年啊，你给他们五毛钱啊或者一块钱啊都行，有的小孩直接拿一个口袋来，你就把那些东西给几把。有小孩的大人都会给小孩讲，女孩一般不要去，都是让男孩去拜年，即使要去，那也要让男孩在前面进屋，女孩在后面。①

永顺县的双凤村也有同样的习俗：

　　初一早上起来要搞些糖啊、瓜子嘛，小孩要来拜年嘛，我们那时候还要给拜年的小孩打发那个眼眼钱啊，后面就是

① 访谈者：林继富、覃金福；受访者：彭南京；访谈时间：2012年4月20日；访谈地点：湖南龙山县坡脚石堤村彭南京家。

打发一角一角的钱啊。那拜年都要男孩去，有女娃也是在后面，要男孩先进屋。①

也有的地方土家人在自己家过完年后就开始相互拜年了。“自己家里过完年了就可以给附近的人拜年了。给别人家拜年最希望男的先到他屋去拜年，女的就不要先去，有的家里怕出现女的先进去的情况，就先安排一个男的来拜年，男的来过以后女的就可以来拜年了。给周围的人拜年一般主人家给点糖馓，烧个粑粑这些，要是买的有水果糖的就给点水果糖。”②

大人们外出相遇时，也要笑容满面地恭贺新年，互相说着“恭喜发财”、“四季如意”、“顺心顺意”之类祝福的吉祥拜年话，走进任何一家里，都会说一些“给你们拜个年”、“年办得热闹啊”的吉祥话，主人家也会回一句“年到你们那里哦”之类的客气话，然后拿出家中准备好的东西送给拜年的人吃。

土家人去亲戚家的拜年时间也不一样，有的地方是“初一不出门，初二拜家门，初三初四拜丈人，初五初六拜亲友”，有的地方是“初一不出门，初二送财神，初三初四看新灵，初五初六走丈人”，有的地方则初一出去拜年，初二待在家里不出门，认为初二是空日子，如果这一天出门，家里便什么都没有了。

初一第一好，初一初三去，初二不出门，初七不出门，

① 访谈者：覃金福、藤召银；受访者：彭家齐；访谈时间：2012 年 7 月 10 日；访谈地点：湖南永顺县双凤村彭家齐家。

② 访谈者：覃金福、张远满、彭丹；受访者：彭运江；访谈时间：2012 年 1 月 18 日；访谈地点：湖南保靖县陇木洞村彭运江家。

初八不回来。① 初一出门就不看日子，初二是个磁口，出门要讲嘴，初二不出门，初一可以出门。②

拜年是有顺序的，土家人拜年以嘎嘎和舅舅方为大，要先给他们拜年。给嘎嘎方拿的礼物也最隆重，多是猪腿、团馓、粑粑、酒、糖、挂面之类的礼物。到家以后要先喊“嘎嘎、嘎公，给您拜年啊”，例如龙山县坡脚乡石堤村给嘎嘎家拜年习俗如下：

嘎公嘎婆在首先要走他们，他们要是不在的话那舅舅、舅娘最重要。给他们拜年一般拿猪腿、团馓、酒、粑粑、糖，这个是必需的，有的还会带一只鸡，但一般情况下不带鸡。③

永顺县双凤村土家族给嘎嘎家拜年习俗也一样：“给嘎嘎舅舅那边拜年猪腿是少不了的，粑粑啊，团馓啊，糖啊，反正是要背四样，如果你有时候没做团馓，那你就还要背一块肉，反正要有四样。拜年背那个粑粑是小粑粑，一般是 18 个，反正不能离 8，8 个太少了嘛，团馓也是一样啊，那个时候粑粑和团馓都是挑啊。”④

拜年人中如果有小孩，主人家要给小孩打发钱，打发钱也随着经济发展不断上涨，过去是几块钱，现在多是几十或上百。大人的背篓

---

① 访谈者：覃金福、藤召银；受访者：彭家齐；访谈时间：2012 年 7 月 10 日；访谈地点：湖南永顺县双凤村彭家齐家。

② 访谈者：林继富、覃金福；受访者：彭昌松；访谈时间：2011 年 7 月 24 日；访谈地点：湖北来凤县舍米湖村彭昌松家。

③ 访谈者：林继富、覃金福；受访者：彭南京；访谈时间：2012 年 4 月 20 日；访谈地点：湖南龙山县坡脚石堤村彭南京家。

④ 访谈者：覃金福、藤召银；受访者：彭家齐；访谈时间：2012 年 7 月 10 日；访谈地点：湖南永顺县双凤村彭家齐家。

或箩筐也不能为空，主人家要给里面放几个粑粑，或一把挂面。

给嘎嘎家或舅舅家拜完年了以后，就可以给其他亲戚家拜年，比如姨妈、姑姑家，给这些亲戚拜年一般不讲顺序，拿的礼物没有嘎嘎或舅舅家的重，多是把猪腿换成一块腊肉，其他礼物还是一样。

覃金福：正月给其他亲戚拜年和嘎嘎舅舅家拜年的东西有没有区别？

彭南京：那有区别啊，其他的亲戚就拿一块肉，我们这叫欢欢肉，粑粑、团馓，团馓只拿2个，粑粑少不了12个。

覃金福：那给嘎嘎、舅舅家一般拿多少？

彭南京：那团馓要拿3个，现在都是拿一瓶酒，过去都是拿一壶酿那个包谷酒。①

永顺县双凤村土家族给其他亲戚家拜年礼物也有变化：

一般的亲戚就是背一块肉，加上粑粑、团馓、糖啊，反正也是四样嘛，那个时候酒就是用竹筒装的，那个时候没有瓶子装啊，拿酒的很少。糖就是秤（方言，买的意思）冰糖，那个时候冰糖是最好的啊。②

我们调查的宣恩县黑塘村，李才佑夫妻都已过60岁，上面父母已

① 访谈者：林继富、覃金福；受访者：彭南京；访谈时间：2012年4月20日；访谈地点：湖南龙山县坡脚石堤村彭南京家。

② 访谈者：覃金福、藤召银；受访者：彭家齐；访谈时间：2012年7月10日；访谈地点：湖南永顺县双凤村彭家齐家。

经不在，李才佑没有别的兄弟，有3个同母异父的妹妹，对于他3个妹妹家的孩子来说，嘎嘎和嘎公已不在人世，那么舅舅家就是最大的亲戚。李才佑的大妹妹生病去世，儿子已成家，二妹的儿子也成家，三妹的儿子还未成家，每年李才佑的两个妹妹和大妹的儿子及二妹的儿子在正月都要到他家拜年，2011年正月初四，李才佑两个妹妹及大妹和二妹的儿子约在一起来给他拜年，李才佑的三妹、大妹家的儿子和二妹家的儿子给李才佑家拿的礼物一样，分别是腊肉一块、白酒一盒、挂面两把、饼干一包。二妹给李才佑拿的礼物是腊肉一块、粑粑20个、挂面两把、红砂糖一包。他们在李才佑家玩了一天，吃过晚饭后离开，离开的时候李才佑的妻子马玉珍分别给他们背篓里回馈礼物，由于李才佑的三妹、大妹家的儿子和二妹家的儿子家过年都没有打糍粑，马玉珍就给他们每家的背篓里回了两叠粑粑，给二妹家背篓里回了一包红砂糖。当天拜年还有小孩，李才佑大妹的儿子有两个小孩，二妹的儿子也有两个小孩，马玉珍分别给每个小孩20元的打发钱，三妹的儿子没有结婚，还在上大学，马玉珍就给三妹塞了100元，让她给自己的儿子当做打发钱。

平时少有往来的亲戚朋友，过年期间都要相互拜望一下，以示礼性到堂。有的人亲戚朋友多，拜年时坐都来不及坐，说上几句祝福问候的话便走，一家一家地跑，俗谓之“拜跑跑年”。邻里之间也互相串门拜年，路遇亲朋好友，或者只是初识之人也要互致新年问候。现在拜年的方式有所变化，以亲自登门拜访为主，当然，文化程度比较高、家庭条件比较好的人还有贺卡拜年、打电话拜年、网络拜年和集体拜年等。

三、玩摆手

土家人正月爱跳摆手舞，过去土家人多叫玩摆手。摆手舞分为“大摆手”和“小摆手”。据《中国少数民族风俗志》记载：“大摆手盛行于湘西龙山县马蹄寨和鄂西来凤县卯洞土家山寨，至今仍保留有完好的摆手堂。大摆手，除了集体跳摆手舞外，重点是表演军事战争场面。其内容为三大类：一类是冲锋陷阵；二类是缴获敌人军械；三类是比武。小摆手规模较小，舞蹈内容一般是娱乐性的，如单摆、双摆和回旋摆。作为装饰动作，一类是山地生产农事性的，如砍田畲、挖土、摘包谷、撒小米、薅草；一类是农田收割性的，如插秧、踩田、打谷、晒谷、车谷；一类是打猎性的，如围山赶猴、撵野猪、网山羊、套画眉；一类是日常生活性的，如打粑粑、纺棉纱、挽麻团、晒太阳、打蚊子、梳头、照镜子、打草鞋、扯猪草等。”①

清同治八年（1869 年）《保靖志稿辑要》卷四载：“正月初间，男女齐集歌舞，祓除不祥，名曰‘摆手’，又谓之‘调年’。”② 清同治十一年（1872 年）《桑植县志》卷八载：“汉民赛灯，土民赛神，摆手，为秋千之戏，至十六日止。”③ 清光绪四年（1878 年）《龙山县志》卷十六载：“土民赛故土司神，旧有堂，曰‘摆手’，堂供土司某神位，陈牲醴，至期既夕，群男女并入酬毕，披五花，被锦帕首，击鼓鸣钲，跳舞歌唱，竟数夕乃止。其期或正月，或三月，或五月不等。

① 毛公宁：《中国少数民族风俗志》，600～601 页，北京，民族出版社，2006。

② 丁世良、赵放：《中国地方志民俗资料汇编·中南卷》（上），643 页，北京，书目文献出版社，1990。

③ 同②，624 页。

歌时，男女相携，蹁跹进退，故谓之‘摆手’。相传某土司于前明时调征广西某县城，守坚屡攻不下。时某军营城南门外，乃令其士卒半（扮）女妆，连臂喧唱，为靡靡之音，于是守城者竞集观之，并动于歌，流荡无坚志。某则以精兵潜逼他门，跃而入，遂克城。归后，演为舞节，盖亦蹈咏武功之意。然桑濮风行，或至淫泆忘返。”① 清光绪三十三年（1907 年）《古丈坪厅志》卷十六载：“土俗各寨有摆手堂，每岁正月初三至初五、六，夜鸣锣击鼓，男女聚集，摇摆发喊，名曰‘摆手’，以祓（祓）不祥。”②

从地方志的记载来看，土家人爱跳摆手舞，并且流传的范围以酉水流域为主。至于摆手舞的起源，目前学界众说纷纭，概括起来大致有以下三种观点：

一是源于古代巴人的巴渝舞。民族学家潘光旦教授 20 世纪 50 年代在考察了土家人生活的地区以后认为土家族虽然不都是巴人的遗裔，但土家的主源是巴人。而巴渝舞又是由军战舞发展而来的，是巴人的一种军事战斗舞蹈。大摆手是一种表演军功的战舞。土家的主源是巴人，大摆手又和巴渝舞一样都是军战舞，所以说摆手舞和巴渝舞有很大的关系。杨昌鑫在《土家族风俗志》中有类似记载：“据考，大摆手起源于土家族先民巴人，参加武王伐纣，所跳的巴渝舞，从出土的‘巴蜀图语’中绘有双角带剑跳着摆手舞的图像看，不是没有根据的。”③

二是起源于祖先祭祀活动。持这一种观点的学者认为土家族的摆

① 丁世良、赵放：《中国地方志民俗资料汇编·中南卷》（上），648 页，北京，书目文献出版社，1990。

② 同①，630 页。

③ 杨昌鑫：《土家族风俗志》，170 页，北京，中央民族学院出版社，1989。

手舞源于土家人祖先祭祀活动。清光绪四年（1878 年）《龙山县志》卷十六载：“土民赛故土司神，旧有堂，曰‘摆手’，堂供土司某神位，陈牲醴，至期既夕，群男女并入酬毕，披五花，被锦帕首，击鼓鸣钲，跳舞歌唱，竞数夕乃止。其期或正月，或三月，或五月不等。歌时，男女相携，蹁跹进退，故谓之‘摆手’。”① 有的学者将这段资料引出证明土家族摆手舞是一种祭祀中的活动。杨昌鑫认为：“摆手为土家欢庆春节、祭祀土王或先祖八部大王（神）所跳的大型民族舞蹈。”② 这种观点凭借确切的古文字记载也有一定的理由。

三是起源于民间传说。持这一种观点的学者认为土家族摆手舞与普舍树的传说有关。普舍树是神树，相传土家先民在迁徙的途中，找不到安居乐业的地方。这时候普舍树自愿飞进水里，人们便爬到树上随树漂流，来到现在土家居住的地方。神树落地生根，开满鲜花，人们高兴地围着神树又唱又跳，通宵达旦。从此就兴起了摆手舞，至今仍在摆手堂前栽常青树，树上挂满各种灯笼，围树摆手就是纪念普舍树。这个传说在《来凤县民族民间故事传说》第二辑和中国民间文艺出版社出版的《鄂西民间故事集》中均有收录。③ 现在来凤县舍米湖村的老摆手堂堂前场坝中央仍然有一棵常青杉树，举行摆手舞时，树上挂满灯笼，树下设有大锣大鼓，一人鸣锣击鼓，众人环树起舞，这种观点也有一定理由。

关于摆手舞的起源，不管哪种观点都有一定理由，或许摆手舞在不同发展阶段融入了不同的文化元素，这就要求我们在讨论摆手舞起

---

① 丁世良、赵放：《中国地方志民俗资料汇编·中南卷》（上），648 页，北京，书目文献出版社，1990。

② 杨昌鑫：《土家族风俗志》，169 页，北京，中央民族学院出版社，1989。

③ 萧洪恩：《摆手舞的源起及文化内涵初论》，载《湖北民族学院学报（社会科学版）》，2001（1），46 页。

源的时候不能仅仅从某一个文化方面来得出结论了。

现在流传在酉水流域的摆手舞基本上都是小摆手，大摆手已经很少见了。每年举行的小摆手时间也不确定，有的地方是正月举行，有的是三月份举行，有的地方是五月份举行，还有的地方秋收后举行。

《湘西土家概况》记载："在风俗习惯方面，土家族最特殊的就要算摆手舞了。在土家族聚居的各乡都设有摆手堂（平坝空地），一般是在正月初三到十五之夜，男女聚集，鸣锣击鼓，举行摆手仪式，名曰摆手舞。在永顺县五区塔沙溪，过去举行摆手舞时，先在摆手堂挂三笼帐子，帐内敬有猪头、猪肉、香蜡并野兽的头壳、脚蹄，若打着老虎，把虎头连皮带尾巴都敬上。三笼帐子中间放一个打鼓，旁边烧一大堆火，然后由穿红法衣戴法冠的土老司，手持法器，领导摇摆呐喊，男女老幼都参加，先拜神，跳打猎，再跳生产情况（就是把正月到十二月的生产情况都逐月表演跳出）。摆手动作如下：一月：扫地等动作，二月：砍草、接铁匠、打农具、挖土等动作，三月：耕田，四月：撒种，五月：插秧、薅草、打锣鼓 13 下，六月：薅二道草，七月：打谷子，八月：背包谷，九月：重阳打破牛栏，十月：小阳春种麦子，十一月：打猎，十二月：办年货。跳完后，已婚男女及小孩退出，剩下的未婚男女，转圈唱歌跳舞，跳时男在圈外，女在圈内。这时男女青年可以选择配偶，当场得到土老司许可，便可订婚。假若两个男子选中一个女子，两人就比武解决。摆手仪式举行后，便杀牛，大家分食，不用筷子用手抓。"①

《湖南龙山土家族初步调查报告》记载："土家各寨在解放前都设

---

① 汪明瑀：《湘西土家概况》，见彭继宽编：《湖南土家族社会历史调查资料精选》，36～37 页，长沙，岳麓出版社，2002。

有摆手堂，一般都在元月初一到十五之间，鸣鼓击锣，男女聚集摇摆发喊，名曰摆手，用以祓除不祥。……摆手原亦纪念土王用的，故土家各寨皆奉行之，据说是土王兴的。摆手仪式亦逐时代而发展。比较早的一个阶段宗教意味极重。摆的时间是从元月十九日起，摆三天三夜止。参加摆手的人，每人拿一面旗子，穿一土花铺盖或大红缎被单，装成野兽样子，由各寨跑向土王庙去。各队有一人引头带路，手执双刀乱闪乱砍，前面行人如不早早让避便会砍死。如坡脚坪马蹄寨有一汉商不知让路，便被杀伤。领队的后面有锣鼓及队伍，要随着领队飞跑，不能停留，谁停了谁那年就要害病；也不能跌，谁跌了谁就那年要死。他们跑到土王庙前就开始摆动起来。庙前挂了很多的野禽和走兽，达几百种之多。参加摆手者平均约四百人，参观者则在七八千人。最后一天要杀猪和狗各一只，不从顶颈上杀，要由肚皮上穿一洞，伸手进去把肝肺和心扯出拿来敬土王。祭后猪、狗不能在当地吃，每人分得一块，待带回家中除毛食之。……后来摆手便在摆手堂前举行，按 12 个月的生产动作舞蹈着。男女环成圆圈，打起锣鼓，告诉如何生产，在什么时候做什么。男女皆穿花衣跳，生产什么即跳什么，打什么样的锣鼓，有杀猪、纺纱、薅草、打油、插秧、割谷子等各种不同的动作。”①

《龙山县土家族几个情况的调查报告》记载：“龙山大规模跳摆手舞的有洗车（三月举行）、龙车、水坝洞（二月举行）、马蹄寨等处，每年轮流举行。小规模的摆手舞各寨都有，跳舞天数和起止时期并不完全一致。摆手舞原分农事、狩猎、宴会、作战等四种，后代流传的

---

① 严学窘：《湖南龙山土家族初步调查报告》，见彭继宽编：《湖南土家族社会历史调查资料精选》，7 ~ 8 页，长沙，岳麓出版社，2002。

却仅农事一种，由于多年未跳，其中动作也只有极少数的老年人才熟悉。跳的方法又随地区而各有不同。如岩冲乡跳的动作是：犁土、痛冰口（即脚后跟肉皮裂口）、纺棉花、赶老鹰、撒种、抄土、打洞点种包谷、除草、薅秧、收获、欢庆丰收。咱乃、坡脚两乡跳的动作是：单摆手、双摆手、烧荒山、挖土、种包谷、插秧、撒种、纺棉花、绩麻、遮太阳、跳格马（青蛙）、榨油、抖狗蚤、老鹰捉鸡、赶山（驱野兽）、薅草、里枯达（两手高举再向左右放下）、空壳列碰也（一腿向前屈两手向前鼓掌三下，两手又向后拍掌三下）。新村乡跳的则是：砍草、烧草木灰、下种、插秧、薅草、抖狗蚤、打柴、秋收、晒谷子、砍柴、落大雪、杀年猪等12套反映一年12个月的农业生产和生活活动。跳摆手舞时，每户提来一个灯笼，到土王庙敬神后，依次环挂跳舞场周围，中设一套锣鼓，由一人敲打，其余男女按性别列成两纵队（男外女内），以锣鼓为圆心，环绕而跳。”①

土家人的摆手活动主要是正月，一般是正月初三开始，如果初三天气不好，就从正月初五开始，一般要跳七天八夜，有的地方甚至跳半个月。湖南永顺县双凤村的摆手舞历史悠久，该村摆手舞国家级传承人田仁信1956年去北京参加民族汇演跳过摆手舞，当时土家族没有被认定为单一民族，他是和苗族一起去参加的汇演。就摆手舞问题笔者采访了这位摆手舞老人。

覃金福：正月什么时候开始跳摆手舞？

田仁信：天气好的话就初三开始，初三落雪的话就初五

---

① 湖南湘西土家族访问团龙山分团：《龙山县土家族几个情况的调查报告》，见彭继宽编：《湖南土家族社会历史调查资料精选》，276页，长沙，岳麓出版社，2002。

开始，反正单日开始。

覃金福：一般是搞好久？

田仁信：一般八夜，七天八夜。

覃金福：周围附近的人都来吧？

田仁信：都跳，周围的人每夜都来。

覃金福：每夜都来，白天不跳？

田仁信：白天不跳。

覃金福：到摆手堂跳？

田仁信：到摆手堂。

覃金福：那个时候，主要的是跳摆手舞，其他的还跳不跳？

田仁信：茅古斯跳，看到摆手了，就去装茅古斯了。然后那些女的都回来。

覃金福：跳茅古斯的时候，就是讲，不让女的跳？

田仁信：嗯。

覃金福：摆手舞女的可以跳？

田仁信：摆手舞可以。①

来凤县、龙山县、酉阳县的摆手舞也非常出名，正月都要举行摆手活动，现在各地把摆手舞还改编成广场摆手舞，每天傍晚在各个广场上跳摆手舞的人都特别多，尤其是在正月，场面更是宏大。

---

① 访谈者：覃金福、藤召银；受访者：田仁信；访谈时间：2012 年 7 月 8 日；访谈地点：湖南永顺县双凤村田仁信家。

图 3－19　双凤村村民在摆手堂跳摆手舞（摄影：藤召银）

四、玩灯

“三十夜的火，十五的灯”，土家人不止在十五这一天玩灯，在一进入正月土家族就开始玩各种灯，只是在十五这天达到高潮，十五半夜的时候要“烧灯”，送灯神上天，过了“十五”正月玩灯就算结束了。

正月玩灯的习俗在很多地方志中有记载，清道光四年（1824 年）《凤凰厅志》卷二十载：“‘元宵’前数日，城乡敛财扮各样花灯，为龙马、禽兽、鱼虾各状，十岁以下童子扮演采茶、秧歌诸故事。至十五日夜，笙歌鼎沸，灯烛辉煌，谓之‘闹元宵’。是日以米粉作元宵团相馈遗。‘元宵’前，居民彼此款宾，曰‘请年客’。‘灯节’后始各理其业。”① 清同治二年（1863 年）《宣恩县志》卷二十载：“‘元宵’数前日，城乡多剪纸为灯，拣十岁以下童子扮演迎之。‘元宵’迎龙灯，各家以爆竹掷迎者，忍痛不顾，犹以为乐，盖余习焉。”② 清同治六年（1867 年）《鹤峰州志续修》卷十四载：“十五日，以糯米粉为丸夜食，曰‘吃元宵’。灯嬉是夕最盛，以后曰‘完罢灯’。”③ 清同治七年（1868 年）《武陵县志》卷三十二载：“十五日为‘上元节’，亦相贺。团米粉为丸，曰‘元宵’，以自食，亦以饷客。前后数日内或舞狮子、舞龙灯，以相娱乐，至十五日夜则达旦方已。”④ 清同治八年（1869 年）《续修永定县志》卷十二载：“初三日后，城乡即盛鼓吹，扮鱼龙、狮子、花灯诸戏，而初九名‘上九’，十三名‘上元’，十五‘元宵’尤盛。”⑤ 清同治十一年（1872 年）《桑植县志》卷八载：“‘元宵’剪纸为灯花灯，或制龙灯，扮演楼台故事，街衢鼓吹喧闹，彻夜不禁。”⑥ 清光绪元年（1875 年）《彭水县志》卷四载：“自‘上九’至‘元夜’，城乡街市皆张灯彩、鸣金鼓，鱼龙曼延，百戏喧阗，曰‘闹元宵’。过此，则童冠皆入塾肄业，商贾诹吉开市。”⑦ 清光绪六年（1880 年）《巴东县志》卷十六载：“‘元宵’张灯。自十一、十二日起，市人装演杂剧，龙灯、羽鳞各族为戏，金鼓喧阗，爆

---

① 丁世良、赵放：《中国地方志民俗资料汇编·中南卷》（上），633 页，北京，书目文献出版社，1990。

② 同①，444 页。

③ 同①，442 页。

④ 同①，654 页。

⑤ 同①，626 页。

⑥ 同①，624 页。

⑦ 丁世良、赵放：《中国地方志民俗资料汇编·西南卷》（上），253 页，北京，北京图书馆出版社，1991。

竹之声不绝，至是夕始罢。又以糯米粉为丸，名曰‘元宵’。”① 清光绪十四年（1888年）《施南府志》卷三十二载：“‘上九’夜，龙灯、狮灯索室驱疫，灯火花爆相竞，至‘元宵’止。‘元宵’食汤圆。”②清光绪二十年（1894年）《黔江县志》卷五载：“‘上元’，鸣金鼓，作鱼龙、狮子、车灯各戏，曰‘闹元宵’。”③ 民国二十六年（1937年）《恩施县志》卷十二载：“初九日，龙灯、狮灯竟出驱疫，至十五日乃止。‘元夕’，以汤圆为节食，灯火花爆，达旦不休。”④

《湘西土家族访问团古丈分团访问工作报告》记载：“狮子，有客狮子和土狮子两种，二人披被装狮子，一人带猴面具装猴王配合舞蹈，可以跳桌子翻板凳，形象地展示了狮猴欢乐的动作，并且有锣鼓伴奏。土家过年过节或庆祝大会时都很喜欢玩狮子，在业寨湖、体马州、田家洞等处，玩得更好，人手齐，玩狮子还配有很多舞蹈形式，如蛤蟆晒肚、蛤蟆歇凉、观音坐莲、墨鹰展翅、鸭子扑水、倒挂金钩、鸡走路、翻跟斗等姿势，此外还有火棍、火叉、火流星、双刀等武术。龙灯有布龙、篾龙（又名圈圈龙）、草龙三种，前两种多是春节时民间的文艺活动形式，后一种是干旱年景农民求雨用的，其他与汉族相同。”⑤

---

① 丁世良、赵放：《中国地方志民俗资料汇编·中南卷》（上），439页，北京，书目文献出版社，1990。

② 同①，435页。

③ 丁世良、赵放：《中国地方志民俗资料汇编·西南卷》（上），251页，北京，北京图书馆出版社，1991。

④ 同①，436页。

⑤ 湖南湘西土家族访问团古丈分团：《湘西土家族访问团古丈分团访问工作报告》，见彭继宽编：《湖南土家族社会历史调查资料精选》，289页，长沙，岳麓出版社，2002。

图 3－20　地滚灯（摄影：覃金福）

图 3－21　划彩龙船（摄影：覃金福）

土家人正月玩的灯有很多种，例如龙灯、狮子灯、彩龙船、蚌壳灯、地龙灯、挑灯、花灯等，玩花灯还有唱词，如《腊月二十九过大年》、《玩起花灯迎新春》、《拜年》、《花灯调》等。其中《腊月二十九过大年》这样唱道：

腊月廿九过大年，敲锣打鼓闹喧天，
新衣新鞋人人穿，大人细娃都喜欢。
家家团年坨子肉，合菜熬肉样样全。
饭后打起灯笼玩，山歌唱得心儿甜。
车车灯来彩龙船，狮子龙灯到处玩。
从古没过这样年，只有解放才得见。①

另一首《拜年》的歌谣唱道：

别人拜年拿酒菜，花灯拜年空手来，
热子闹子玩花灯，唱个四季鲜花开。②

过去每个寨子在正月都有玩灯，玩灯的不仅在本寨子玩，有时候还要去其他寨子玩灯。玩灯的每到一处备受欢迎，主人要放炮火，给玩灯的打赏香烟，有的家庭为了验证玩灯的是否有真本事，把打赏的烟挂在树上或放在高处，让玩灯的人通过努力去获取打赏。

现在土家族玩灯的队伍正月多去给一些机关单位拜年，玩灯的一到，机关单位首先要放炮火，然后玩灯的就开始表演，机关单位为了表示感谢，多给玩灯的打赏一些烟。2011 年正月，湖南保靖县陇木洞

---

① 彭文：《正月元宵玩花灯》，见白新民编：《土家族风情录》，175 页，成都，四川民族出版社，1993。

② 同①。

村就组织了两条龙灯去县城给机关单位拜年，总共去了40多个人，获得80多条烟，回去每个人分得2条香烟。

覃金福：你们这次到县里面玩灯是哪几天？

彭运江：是初一、初二这两天。初一是我们自己村里组织的到各大单位拜年，初二是县里组织的一个团拜活动，我们村里是出的两条龙嘛。

覃金福：你们到各单位拜年他们要给你们东西吗？

彭运江：要给烟嘛。有的单位大方就给几条，有的给的就少。

覃金福：主要是给的什么烟？

彭运江：主要的是白沙的烟，有的单位给的两块钱一包的烟，有的单位给的十块钱一包的，这个还是少数。

覃金福：你们正月初一这一天给各个单位拜年总共收了好多条烟啊？

彭运江：总共收了80多条烟，最后回去就平分给参加活动的人嘛。

覃金福：你们那天总共一起去了好多人参加活动啊？

彭运江：我们那天总共去了40多个人。

覃金福：你们初一给各单位拜年是出的什么节目？

彭运江：我们是出的两条龙灯，因为很多单位对我们村里发展还是很支持，所以我们初一就下去给他们拜年嘛，专门做了一块三米长的大牌子嘛，上面写的是“碗米坡镇陇木洞村全体村民向关心支持我村新农村建设的领导拜年！祝：各位领导及全县人民龙年吉祥，万事如意。”

覃金福：当时你们制作这些东西大概花了好多钱啊?

彭运江：龙灯是我们2010年过大年的时候买的，两条龙灯花了3200块钱嘛。

覃金福：都用了两年了嘛，按习俗到十五要烧龙灯啊。

彭运江：本来是要烧啊，但是太贵了我们舍不得烧啊。①

现在有的土家族地区正月还由政府部门举行灯会活动，例如湖北来凤县政府每年在正月都会举行一次隆重的灯会活动，各个乡镇都会派出一个节目来参加灯会活动。2011年正月十三来凤县在新政府前面广场举行灯会活动，各个乡镇都派出灯来表演，最后由于现场人数太多，场面得不到控制，来凤县政府不得不取消当晚的晚会活动。

灯会期间不仅仅只有玩灯的，还有一些玩技术的民间活动，例如打三棒鼓。三棒鼓是土家族地区非常流行的一种民间表演艺术，一般是2人或3人表演，一人边打鼓边唱歌，另一人则表演抛刀、抛棒、抛叉等技术活，刀、棒、叉的数量都是3件。如果在表演抛某种器具时不小心掉了1件，表演的人不会停下，而是继续一只手抛另2件，慢慢蹲下，另一只手把掉下的器具捡起来继续加入表演，打三棒鼓富有极强的观赏性，同时也要求玩三棒鼓的人有高超的技艺。

① 访谈者：覃金福、彭丹；受访者：彭运江；访谈时间：2012年3月8日；访谈地点：湖南保靖县雨名轩茶楼。

图3－22　打花鼓唱山歌（摄影：覃金福）

图3－23　打三棒鼓（摄影：覃金福）

五、吃汤圆

土家族地区十五要吃汤圆，汤圆也即是元宵，多是家庭手工做的，先将黏米和糯米混合磨成米浆，用包袱过滤吊着把水分流干，有的地区叫做“吊浆”，然后摊开晒干以便保管。吃的时候将吊浆加水揉和到湿度适宜，搓成小圆球形。汤圆分为有馅儿和无馅儿的，馅儿一般是红糖、白糖。十五晚上一家人围着火塘，煮上一锅酿好的甜酒，将吊浆加水揉成汤圆，丢进甜酒锅里煮。

十五吃汤圆的习俗很早就在土家族地区盛行了，清道光四年（1824年）《凤凰厅志》卷二十载：“是日以米粉作元宵团相馈遗。”① 清同治五年（1866年）《长阳县志》卷七载：“是日，以米粉包糖、肉、豆沙不等，因相馈遗，谓之‘元宵团’，俗称‘毛狗团’，言是以供狐，一云赶毛狗之行粮也。”② 清同治六年（1867年）《鹤峰州志续修》卷十四载：“十五日，以糯米粉为丸夜食，曰“吃元宵”。”③ 清同治七年（1868年）《武陵县志》卷三十二载：“十五日为‘上元节’，亦相贺。团米粉为丸，曰‘元宵’，以自食，亦以饷客。”④ 清同治九年（1870年）《长乐县志》卷十六载：“食粉团，曰‘吃元宵’。”⑤ 清光绪六年（1880年）《巴东县志》卷十六载：“又以糯米粉为丸，名曰‘元宵’。”⑥ 清光绪十四年（1888年）《施南府志》卷三十二载：“‘元宵’食汤圆。”⑦ 民国二十六年（1937年）《恩施县志》卷十二载：“‘元夕’，以汤圆为节食，灯火花爆，达旦不休。”⑧

现在条件好了，土家人很少有人自己做汤圆了，大多是上街买汤圆。

---

① 丁世良、赵放：《中国地方志民俗资料汇编·中南卷》（上），633页，北京，书目文献出版社，1990。

② 同①，426页。

③ 同①，442页。

④ 同①，654页。

⑤ 同①，421页。

⑥ 同①，439页。

⑦ 同①，435页。

⑧ 同①，436页。

十五这天大街上的超市、蛋糕店、点心小作坊等，里面卖有各种馅的汤圆，有芝麻的、桂花的、水果的、白糖的、五仁的，等等，应有尽有。

六、赶仗

土家人进入冬季爱赶仗，赶仗就是围山打猎活动。正月也是赶仗的好季节，赶仗的工具主要是土枪、梭镖、刀等。

彭景塘：我们老辈子就是以前赶肉（赶仗）赶到这里，就到这里住下的。

张远满：您这里以前打猎是用什么打啊？

彭秀菊：那枪啊、刀啊、镖啊都有，主要还是打野猪。

张远满：一般打猎有好多人啊？

彭秀菊：那人多，反正见者有份。①

除了敬神的人以外赶仗队伍分为五组：一是理脚印的，就是观察猎物脚印的，通过观察地上猎物的脚印来判断猎物是什么以及藏在哪儿。二是安壕的，就是根据猎物的脚印在其行走的路线上安壕口，在壕口附近布置猎网。三是打猎的，这些人拿着刀枪隐蔽在壕口附近，猎物一旦入壕就打死猎物。四是喊山的，负责驱赶猎物，把猎物往布置好的地方赶，他们一般都带有猎狗。五是围场的，把猎物赶进壕口以后，围场的在四周围住起哄，来惊吓猎物。

① 访谈者：覃金福、张远满、彭丹；受访者：彭景塘、彭秀菊；访谈时间：2012年1月18日；访谈地点：湖南保靖县陇木洞村彭运江家。

土家人赶仗主要是打野猪，遇见运气好的话，家里挂的野猪肉可能比家猪肉还多。

> 那个时候没转社的时候我们正月天天去赶野猪，有时候赶的野猪肉把炕上都挂满了，比家里的猪肉都还多一些，1952 年那一年打的最多。①

赶仗的猎物采取见者有份的分配方式，猎物的头归打死他的人，把猎物的耳朵往其脖子上比划，耳朵到哪儿猎物的头就从哪儿砍下分给打死它的人，剩下的肉他还要分一份。

> 要是是你打死的，那个野猪脑壳就归你，那个野猪耳朵尖尖的，短短的，耳朵麻起（扯直到）哪里就从哪里割脑壳，野猪脑壳大的有几十斤啦，你肉同样的还要分。②

负责祭祀梅山神的人地位很高，在有的土家族地区，他还要分一条猎物的腿。赶仗活动在过去土家族地区非常盛行，现在由于实施封山育林制度，很多猎物被列为国家保护动物，土家人的土枪也被国家没收，赶仗活动也就没有了。

> 林继富：你赶过仗没有？

---

① 访谈者：覃金福、藤召银；受访者：田仁信；访谈时间：2012 年 7 月 10 日；访谈地点：湖南永顺县双凤村彭家齐家。

② 访谈者：林继富、覃金福；受访者：杜事顺；访谈时间：2011 年 7 月 25 日；访谈地点：湖北来凤舍米湖村彭承亮家。

彭昌松：搞过啊的。

林继富：你赶仗是负责哪一块？

彭昌松：负责打枪的，放狗子的。

林继富：以前赶仗是非常热闹的哦。

彭昌松：那要有几十个人呢。

林继富：赶仗之前是不是要敬神？

彭昌松：嗯，有一个等草呢，专管祭祀的，唱梅山。我们那年子走长年沟过切打啊一个，两三百斤的野猪，我们搞啊半边就拖起走了。原来那个等草的他一个人就下啊个腿子。

覃金福：那他地位还高些哦，还分的个腿子。

彭昌松：那现在都不是这么过，等草的他硬是地位要高一点呢。

林继富：赶仗的分东西是不是也有规矩啊。

彭昌松：那没得规矩，他是有好多肉好重平均分配。脑壳给那个保仗的，就是一炮把它打死的那个，凶手的。

林继富：那现在没有赶仗，不能赶仗了是吧？

彭昌松：那些老家伙都走了。

林继富：现在国家也不准赶仗。

彭昌松：这也没得个武器，都收走啊的，没武器打雀都没得，那现在那些鸦雀戳我的西瓜还不是没得办法。①

如今土家族地区实行了“封山育林”，建立生态保护区，政府禁

① 访谈者：林继富、覃金福；受访者：彭昌松；访谈时间：2011 年 7 月 24 日；访谈地点：湖北来凤县舍米湖村彭昌松家。

止上山狩猎，把每家每户的猎枪都收走了。加上赶仗是一个集体活、力气活，山上荆棘丛生，人们也没有这样的精力来赶仗了。留给土家族老人的是赶仗时日的美好记忆了。

第四章　土家族的年节祭祀

土家族先民生活在封闭的武陵大山中，信息闭塞，生产力水平低下，对众多自然和社会现象无法理解，他们按照自己的思维对众多自然和社会现象给予解释，赋予大自然以生命和灵性，认为万物皆有灵，并以此作为崇拜对象。土家先民曾经历过万物有灵和巫术信仰的历史阶段。进入阶级社会后，土家族从信仰原始宗教演变为多神崇拜。后来，汉人移居土家山寨，汉文化的大量涌入，特别是道教文化的渗透，对土家族自身的文化产生了重大影响，因此土家人的信仰和祭祀中呈现了不少汉族信仰和祭祀的影子。土家人一方面固守自身的信仰传承，另一方面又无法避免地受到汉族及周边苗族等其他民族信仰的影响，土家人的信仰对象主要有祖先神、自然神和灵魂崇拜等。

土家人的信仰在各种节日活动表现得尤为突出，在土家年的特殊时间内，土家族要祭祀各种神灵，既有集体祭祀，又有单个的家庭祭祀。土家族过年祭祀的祖先神分三种：八部大王祖先神，土王神，家祖神。八部大王被认为是土家人的始祖之一，过去在保靖、永顺、龙山一带都有八部大王庙，有的摆手堂里也供奉八部大王，当地土家人在过年和正月要祭祀八部大王。土家人信奉的土王神是彭公爵主、向老官人和田好汉，他们三人供奉在摆手堂中，过年这一天土家山寨或集体或家庭都会去村里的摆手堂祭祀三位土王神。家祖与土家人的关系亲近，他们被土家人视为保护神，所以对家祖的祭祀在年节中多次体现。过年这一天其他菩萨敬完以后，最后要敬家神，吃团年饭之前也要让家神先吃。吃过团年饭以后，还要去家祖坟上祭拜，给他们送亮，让他们也热闹过年。晚上还要给家祖神烧纸钱，给他们充足的钱花。正月初一部分地区土家人还要去看“新灵”，即过去一年哪一家有人去世，这一家族的人在正月初一都会来他家祭拜，这些都是土家人对祖先神的崇拜。

土家族是一个农耕民族，对大自然依赖性较强，对各种自然神也加以崇拜，在过年中会祭祀各种自然神。土地对于农耕民族的重要性是不言而喻的，土家人信奉的土地神有很多种，其中以当坊土地神和青苗土地神居多。土家人年前杀鸡要去土地庙杀，过年这一天也要去土地庙敬土地神，祈求土地神保佑家庭安康、土地肥沃、庄稼丰收。部分地区土家人在过年这一天要去寨子里的水井祭祀水神，正月初一过后去水井挑水的时候还要带上香纸祭祀水神，意为给水神拜年。土家人认为梅山神是猎神，正月赶仗之前要由专门管祭祀的人祭祀梅山，否则被认为打不到猎物，赶到猎物以后还要用猎物的内脏祭祀梅山神。

灶神和土家人关系密切，腊月二十三晚上土家人要祭祀灶神，送灶神上天，据说灶神是上天汇报情况，所以土家人在送灶神之前就要把家里打扫干净，特别是要打扬尘，还要用蜜糖抹灶神的嘴，希望其上天后尽说好话。三十晚上土家人还要祭祀灶神，迎灶神下凡。猪圈菩萨是土家人非常敬奉的一个神，因为猪和土家人的生活联系紧密，每年土家人都要喂大猪，过年杀年猪做腊肉，土家人在杀猪时要敬猪圈菩萨，感谢其保佑土家人喂大猪。在过年这一天也要敬猪圈菩萨，希望猪圈菩萨保佑来年继续喂大猪。烧钱山是祭祀那些非正常死亡的灵魂，过年这一天部分土家族地区要给他们泼稀饭、烧钱山，让他们也能回家过年。阿麻婆婆是保护小孩的神仙，土家人在过年这一天要敬她，感谢她保佑土家小孩健康成长。四官神既被认为是财神，又被认为是管牲畜的神，土家人在三十晚上要敬四官神。来凤、龙山、宣恩等地土家人在过年这一天还要敬观音菩萨，在三县交界的酉水岸边有一处仙佛寺，附近的土家人在过年这一天会去仙佛寺祭祀观音菩萨，太远去不了的会在过年这一天，朝着仙佛寺方向祭拜观音菩萨，有的寨子本村还有观音庙，在过年这一天每家都会去观音庙祭拜。

土家人在年节中有很多禁忌，不管是腊月、正月还是过年当天都有很多禁忌，土家人在长久的历史中仍然恪守着这些年节禁忌。

第一节　祭祀祖先神

一、祭八部大王

龙山、永顺、保靖部分地区土家族信奉八部大王，他们认为八部大王是土家族的祖先。八部大王即八个部落的首领，据湘西保靖县拔茅乡首八峒清代《复修八部大王庙的碑记》云："首八峒，历汉、晋、六朝、唐、五代、宋、元、明，为楚南上游……故讳八部者，盖以威镇八峒，一峒为一部落。"关于八部大王的传说有很多：

> 民间传说八部大王系敖朝河舍、西梯老、西呵老、里都、苏都、那乌米、拢比也所也冲、接也飞也那也飞八人，是一母所生的孪生兄弟，只因出生时长相奇特，被其父弃之郊野，受龙乳哺喂，凤羽温暖长大成人，因而神力无穷，本领高强，后报效朝廷，立下了汗马功劳。皇帝恐八兄弟久居京城，对己不利，于是便封八兄弟为八部大王，遣其回乡各管一峒。①

还有的传说八部大王是苡禾娘娘嚼茶叶怀孕生下的八个本领很大的儿子，他们死后被封为八部大王。

> 苡禾娘娘一次上山采茶口渴了，嚼了把茶叶，回到家里就怀了孕，怀胎三年六个月，生下八兄弟。由于无法抚养，苡禾把他们丢到山里，听天由命去。谁知八兄弟见风就长，靠吃虎奶长大成人。他们又跑回来孝养母亲，而且本领很大，能将天上雷公捉来，蒸熟、盐腌给母亲治心痛病。后来在土王破冲嘎那里为将，作战有功，封地于龙山永顺交界地区，号称八部大王。死后，谥封为八部大神。②

---

① 田荆贵：《中国土家族习俗》，229 页，北京，中国文史出版社，1991。

② 李绍明：《川东酉水土家》，221 页，成都，成都出版社，1993。

保靖沙湾村八部大王庙的对联是："勋猷垂简篇驰封八部，灵爽式斯土血食千秋"。由此可见八部大王的功业和谋略名垂青史，死后为神，享受土家人千秋万代的血食之祭。

图4－1　保靖首八峒八部大王庙遗址（摄影：覃金福）

八部大王庙的对联最后一句是驰封八部，封他为八部大王，也就是皇帝了，在神话传说当中就是说呢，皇帝很害怕他，给他赐了一坛毒酒，这个人很好奇，在常德白马洞那个地方他就把酒喝掉了，人死了不倒嘛，很神奇，手下人禀报了以后，皇帝就觉得这个人了不得，就封他为：你管阴我管阳，你死了以后阴间下面的世间你大，活着的人我来管。这样以后他才倒嘛，这是传说。当时就说这个人个子也是很大，也很野蛮，不野蛮他肯定也称不了大王。①

① 访谈者：覃金福、张远满、彭丹；受访者：魏品富；访谈时间：2012年1月17日；访谈地点：湖南保靖县沙湾村八部大王庙遗址。

还有说八部大王是龙山、永顺一带彭姓土家族的祖先，土家族地区过去多有固定的八部大王庙，以祀奉八部大王，现在在保靖县仍有一处八部大王庙遗址。龙山县一带土家族的摆手堂里供奉八部大神，俗称八部堂。土家族祭祀八部大王的仪式十分隆重，要在八部大王庙前跳大型军功战舞，俗称“大摆手”，祭祀有一整套仪式，其中有反映上古杀人血祭的场面。据湘西文史资料记载当时祭祀八部大王的情况：“凡来此祈神者，多为祈福消灾，祈子求嗣，和祈求风调雨顺岁稔年丰的，解放前香火极旺，每逢旧历正月，龙山坡脚坪和附近的几十寨土家人均前来朝山、烧香磕头。香客背糍粑、团馓、腊肉、香肠诸物，挑柴送米者络绎不绝，来此共度调年大节。活动内容为敬八部大王神，玩龙耍狮。庙内戏楼唱傩愿戏还愿。摆手堂前鼓乐一旦大作，男女老少即共舞摆手。若久旱不雨，则无分春秋，乡人敬献三牲，求大神降雨，且烧香后，多有灵验。”①

那时候四川的酉阳、湖北来凤、湖南龙山去常德下洞庭都走水道，那个时候这个地方交通运输基本上还是个主道吧，这也是湘鄂川边区了，但是他们上面的船到这里来了以后呢，过去这个地方有一个滩坝，现在是被水淹掉了，过去很凶猛，这个地方翻船的几率比较多，它那个滩嘛比较险是不是。那个时候民用物资，什么鸡蛋啊七七八八的，国家外调的那些都是往这里经过，经过以后呢到这里就要靠船，就要在这里拜一下。因为这个八部大王牵扯得很远，到湖北恩施的来凤、

① 陈家驹：《首八峒在土家族历史上的地位与作用》，见《酉水考略》湘西文史资料总第32辑，18页，内部版，1994。

四川的酉阳，包括这边的龙山、永顺、古丈、保靖等，八个部落的话它是第一大吧。①

信奉八部大王的土家人过年这一天和正月要祭祀八部大王，八部大王庙附近的土家人会去八部大王庙祭八部大王，八部堂附近的土家人则去八部堂祭八部大王，祭祀八部大王有单个的家庭祭祀也有多村寨的联合的集体祭祀。家庭祭祀比较简单，多是过年这一天单个家庭带上肉、酒、粑粑、豆腐等来八部大王庙祭祀。例如，保靖县沙湾村和首八峒等地的土家人在过年这一天就要去八部大王庙祭祀八部大王。

覃金福：你们这儿过年是什么时候开始过呢？

魏品富：我们比汉人提前一天，月小就过二十八，月大就过二十九。

张远满：嗯，今年月小就是二十八，那你们这儿比如二十八的时候也要拿一些东西到刚才那个八部大王庙祭拜吗？

魏品富：嗯，要带嘛，用托盘放着，有些地方喊茶盘。

覃金福：主要是带些么东西过去呢？

魏品富：豆腐、酒、肉、饭、粑粑。②

每年的正月初九到十一，要在八部大王庙前举行集体祭祀，举行大摆手活动。一般是一年一小祭，三年一大祭，以猪、牛、羊为祭品。

① 访谈者：覃金福、张远满、彭丹；受访者：魏品富；访谈时间：2012 年 1 月 17 日；访谈地点：湖南保靖县沙湾村八部大王庙遗址。

② 访谈者：覃金福、张远满、彭丹；受访者：魏品富；访谈时间：2012 年 1 月 17 日；访谈地点：湖南保靖县沙湾村魏品富家。

保靖县沙湾村和首八峒等地的土家人在六月六这天一过小年，过去在这一天要集体祭拜八部大王，杀牛、杀猪、宰羊祭祀八部大王，还要凑钱请唱戏的来庙前唱戏，场面非常壮观。

魏品富：六月六是大拜嘛，过小年的时候是土家族最大的祭拜的日子，一般情况下土家族的那些老财主都要到这里，几个人斗钱嘛，你斗多少担粮食，他斗多少吊小钱啊什么的，在这个地方搞一下活动什么的，有些年轻的跳跳舞。这个地区过去就是玩那个花鼓灯、摆手舞、龙灯等等，基本上就是这些东西，女人有些就吹一下那个巴雷咚，竹子做的那个，就是咚咚奎，这个地方搞了很久。

覃金福：主要是六月六祭八部大王？

魏品富：嗯，六月六是土家族小年。

覃金福：过小年你们还过吗？

魏品富：我们过，六月六还吃新，像我们这个地方中秋、七月半什么的还不是很隆重的，中秋对城市比较隆重，我们土家族也过。像过六月六的话，必须几个人约起来杀一只羊，仅次于过大年一点点吧。我们土家族过年就是杀猪炕腊肉嘛，六月六就是杀羊，如果人少、经济不是很方便的，就我们几个亲戚或者朋友斗在一起杀只羊，聚会一下，杀了以后羊头拿到这里祭拜一下，然后拿回去几个人打平合就是这种搞法。

彭丹：现在他们个人还在这里拜的有吗？

魏品富：个人拜的多嘛，你看这里烧的香什么的，都是他们自己来的，他什么时候来的你都搞不清楚，这都是个体搞的。像我们集体搞活动一般宰三个牲口，猪、牛、羊三牲祭祖，人很多，场面非常壮观的。再就是初三、十五，也是比较正常的。但六月六是不能等的，那本地土家人都要来的，就是空脚空手拿点纸都要到这里来参加哈。解放以后我们搞了一次最大的祭典，可能有一万多人。

张远满：几几年？

魏品富：1998 年，湖北、四川、湖南龙山的好多船只都到这里来吃饭，那场面很壮观。①

现今的八部大王庙已经剩下的是残迹了。“庙遗址上矗立着一对类似石狮，长长的鼻子和舌头，夸张式地张开嘴巴透露了狰狞和霸气。现存湘西土家族苗族自治州博物馆的八部大王庙门的两侧的石刻对联，上联：勋猷垂简篇驰封八部；下联：灵爽式斯土血食千秋。八部大王庙门楣上的一块青石碑正中有‘八部大王’等等，说明八部大王庙非同一般。在八部大王庙遗址抚摸流逝的岁月，烽烟的历史已成过去，当地土家人则未能很好地继承和传衍。平日这里很冷清，没有人去祭祀，但是我们在遗址的简陋祭台上还能看到香火的遗迹。碗米坡电站蓄水发电后，八部大王庙与首八峒和沙湾村隔断了，这个隔断不仅仅是往来路程的隔断，而是隔断了当地人信仰的情结。在土家族地区的河流上，这个梯级电站的建立，不仅淹没了大量的土家人世居生活地，而且传统民俗的生态环境被破坏了，淹没了，人们的民俗传统自然就会发生变化，移民不是简单的生活地的移居，在相当程度上会带来文化的消失与变迁。”②

① 访谈者：覃金福、张远满、彭丹；受访者：魏品富；访谈时间：2012 年 1 月 17 日；访谈地点：湖南保靖县沙湾村八部大王庙遗址。

② 林继富田野考察日记：2012 年 4 月 21 日。

二、祭土王

土家人过年时要去摆手堂祭拜土王神，祭拜时要背上整个猪头，还有豆腐、粑粑、酒等，把供品摆放在土王神像前，然后烧三炷香，点一对蜡烛，烧一叠钱纸，还要作三个揖、磕三个头放鞭炮。正月举行摆手舞时也要祭土王，跳摆手舞之前先在摆手堂里祭土王神，祭完土王神以后才跳摆手舞。清同治十一年（1872 年）《桑植县志》卷八载："汉民赛灯，土民赛神，摆手，为秋千之戏，至十六日止。"① 清光绪四年（1878 年）《龙山县志》卷十六载："土民赛故土司神，旧有堂，曰'摆手'，堂供土司某神位，陈牲醴，至期既夕，群男女并入酬毕，披五花，被锦帕首，击鼓鸣钲，跳舞歌唱，竟数夕乃止。其期或正月，或三月，或五月不等。"②

土家族地区历史上实行土官制度，由土王管理该地区，即便是清廷施行改土归流政策以后，从中央派来的流官在当地仍然不能进行有效的管理，很多方面还要依仗以前的土司王做主。土司王在世时拥有强大的军事实力，受朝廷册封独霸一方，世代为王，集政治、军事、宗教大权为一身，由于实行世袭制，其统治权始终控制在一家一姓之手。土司王生前声威显赫，被奉之为王，死后仍被奉为神而被百姓祭祀，称土王神。

土司，一方面"受朝廷之节制，完粮赋而不食俸禄，听

① 丁世良、赵放：《中国地方志民俗资料汇编·中南卷》（上），624 页，北京，书目文献出版社，1990。

② 同①，648 页。

> 征调而不用军饷，则世袭官，世袭地”，是独霸一方的统治者——“土皇帝”，他对土家族人民的统治具有“杀人不请旨”的特权。另一方面，又是一地土家族的首领，不但拥有至高无上的经济、政治、军事大权，而且还集族权、神权于一身，加上有的土司确实有德于民，有功于国，得到土家族人的尊敬。所以，土家族人将已故土司王也奉之为神，称为“土王”。这种敬奉既有畏惧而迫不得已的顺从心理，也有崇拜，而心甘情愿的自发成分，久而久之，相沿成习。①

《湖南龙山土家族初步调查报告》记载：“无论生男育女、婚丧喜庆还是生病皆须敬土王。土家人民以为土司王彭士愁死后化为大神，人人皆须祭祀，以求保佑。每年秋收后各处人民皆宰牲祭土王，以报其功。”②《龙山县土家族几个情况的调查报告》中记载：“据隆头镇大喇习彭家族谱记载，‘成化六年，彭胜祖奏总兵官赵，调征广由断藤峡，随调征湖广襄阳府叛贼石和尚、刘千斤等，公奋勇当先，擒斩贼首，钦奉敕谕奖励，以尔有功金潜武略将军，镇守本处地方，堵御外寇，庶尔子孙永享太平之福。此公身故后，威灵丕著，至今庙祀，军民共俸。’因此，每逢年节，家家户户备酒肉、粑粑、香纸、蜡等到土王庙内祭祀。如家里人抱病，亦请土老司向土王‘请愿’，病愈由土老司择日‘还愿’，主人备一牛二猪宰杀奉祀。还愿之日，并请亲朋到家吃饭。”③

---

① 田荆贵：《中国土家族习俗》，233页，北京，中国文史出版社，1991。

② 严学窘：《湖南龙山土家族初步调查报告》，见彭继宽：《湖南土家族社会历史调查资料精选》，6页，长沙，岳麓出版社，2002。

③ 湖南湘西土家族访问团龙山分团：《龙山县土家族几个情况的调查报告》，见彭继宽编：《湖南土家族社会历史调查资料精选》，273页，长沙，岳麓出版社，2002。

过去土家族地区较大的村寨都建有土王庙，或称为神堂，由于各地土司姓氏不同，所以各地供奉的土王也不同，龙山、来凤西南部、永顺、保靖、古丈等地土王庙多供奉彭公爵主（彭士愁）、向老官人（向宗彦）和田好汉（田尔庚）三位土王，秀山一带的土王庙多供奉田氏土王，咸丰、来凤北部土王庙多供奉覃、田、向三位土王，即三抚官或三抚神。酉阳的三抚庙供奉冉、杨、田三位宣慰使。清光绪三十三年（1907年）《古丈坪厅志》卷十六“土俗”中载：“惟人死不用僧道，只用土老师作法，神为旧宣慰社把如彭王、田大汉、尚老官，人云皆彭王之臣云。”①

目前在来凤、龙山、永顺等县的村寨仍有土王庙，叫摆手堂，里面主要敬奉彭、田、向三姓土王，即彭公爵主、向老官人、田好汉。彭公爵主彭士愁立于中间，彭士愁在五代时任溪州刺史，据史籍记载，他从江西率工匠千余人入主湘西，其子孙在此维持了八百余年的世袭统治，在湘西及鄂西影响巨大。死后当地土民将其作为土司王加以供奉。左边是向老官人向宗彦，据说他非常聪明，能说会道，机智勇敢，因在朝廷酒宴上戏弄了皇帝，保护了手下的士兵，深受土家人的爱戴，他却被皇帝用酒毒死，死后被土家人加以供奉。右边是田好汉田尔庚，据说他是反抗清朝，战败被擒，自己一人承担责任被处死，从而保护了部下，被土家人尊为好汉。

来凤县百福司镇舍米湖村保留有现今发现的土家族最古老的摆手堂，距今已有几百年历史，该摆手堂为石木结构，坐北朝南，面阔三间，宽13.8米，进深6米。门前有一木牌坊，上雕“摆手堂”三字，

---

① 丁世良、赵放：《中国地方志民俗资料汇编·中南卷》（上），630页，北京，书目文献出版社，1990。

门口石头上刻有一副对联：

右联：龙飞凤舞升平世
左联：燕语莺歌锦绣春

对联两边各有一块石碑，是修摆手堂捐献的功德碑。堂内现设有神龛，上供彭公爵主、向老官人、田好汉三尊雕像。堂前有一坪坝，宽13.85米，长26.52米，三面围有石墙，系用青石板扣筑，前面和左侧各开一门，两门前都有石阶梯。坪坝中央有杉树一棵，跳摆手舞时，树上挂满灯笼，树下设有大锣大鼓，一人鸣锣击鼓，众人环树起舞。该村土家人在过年这一天要带上祭品来摆手堂祭祀三位土王，祭品是猪头、粑粑、豆腐、酒等，由家里的男性背上祭品带上香、纸、蜡烛、炮火去摆手堂祭土王。

图4－2　舍米湖村摆手堂土王神像（摄影：覃金福）

图4－3　双凤村摆手堂土王神像（摄影：藤召银）

覃金福：二十九那天去不去摆手堂敬土王？

彭昌松：那多数人家都要去敬。

覃金福：带些么子东西啊？

彭昌松：香烛、蜡烛、火炮，背猪脑壳啊，还有粑粑、豆腐那些。

覃金福：敬的时候放在那里，作不作揖？

彭昌松：烧香的时候才作揖撒。

覃金福：讲不讲么子呢？

彭昌松：那不，就作揖。

覃金福：烧香以后要作三个揖，磕不磕头呢？

彭昌松：要磕三个。

覃金福：然后就放炮火哒，还有搞么子事的吗？

彭昌松：刀头一摆，酒一酌，蜡烛点起，你就烧香，然后烧纸，烧纸的时候就磕头，作揖磕头，搞完了就放火炮。

敬完回来就吃饭嘛。三个菩萨原来讲他们是结拜弟兄，一个姓向、一个姓田、一个姓彭，姓彭的就是主持人咯，就有三个座位咯，那按照现在讲田、向、彭都是土家族。①

湖南永顺县双凤村风雨桥旁也有一座摆手堂，这座摆手堂经过了两次搬迁。最初的摆手堂在村口的一块平坝里，后来被搬迁到旁边的一个山坡上，“文化大革命”时被烧，神像被毁。如今那里还存有两块石碑：一块是“摆手堂奠基纪念”，于1986年腊月初十立；另一块是标有“源远流长”字样的彭氏家族辈分的排序及说明，于民国二十九年（1940年）立。如今的摆手堂原本是村里的祠堂，后来改为学校，学校荒废后就把摆手堂迁过来了。摆手堂被修葺一新之后，主黑的色调给人一种厚重之感。“摆手堂”三个大字，横挂在大门上，两边有一副对联：

右联：家伙哈哭嫁歌响遍五洲

左联：茅古斯摆手舞跳欢四海

踏上石阶，迈过摆手堂大门，映入眼帘的是一个较大宽阔的坪坝。坪坝前有一根旗杆，坪坝最里面是土王祠，土王祠的门口两边，同样挂着一副对联：

右联：传承彰教化踏歌摆手德重精勤启后昆

左联：祭祀秉虔诚牛角司刀灵通天地追先祖

① 访谈者：林继富、覃金福；受访者：彭昌松；访谈时间：2011年7月24日；访谈地点：湖北来凤县舍米湖村彭昌松家。

祠堂内，供奉着彭公爵祖、向老官人和田老汉三位土王神，该村的土家族在过年这一天也会带上猪头、粑粑、豆腐、酒等祭品来摆手堂祭祀三位土王，在正月跳摆手舞之前，也要祭祀三位土王。祭祀时，先由村里有声望的四个人在坪坝前旗杆下升龙凤旗，多是由村书记和村长再加上两位德高望重的老人来升旗。然后由村寨里有声望的老人带着村书记和村长共七个人，举着装有猪头、腊肉、豆腐、粑粑、团馓、玉米、花生、柑橘、苹果等祭品的案桌，随着鼓声，从摆手堂大门朝土王祠一步一步行进。沉重的鼓声，静谧的时空，一行七人迈着庄重的步伐，脸上充满了虔诚和敬仰。到达土王祠后，将祭品摆在土王前的案桌上，然后点蜡烛、上香，在土王神像前作三个揖，磕三个头后燃放鞭炮。

三、敬家先

土家人相信家里已故的先人祖灵不灭，他们能时刻保佑家人避祸得福。已故的祖先和自己有血缘关系，他们最值得崇拜敬仰。在过年和过十五的时候土家人要在堂屋祭祀家祖，有的地方土家人在正月初一早上也要祭祀家祖神。

土家族堂屋设有神龛，神龛上摆有香炉，神龛上面贴有家先。在宣恩、来凤、龙山、永顺等县的家先是贴写有毛笔字的红纸，上面一般横写“祖德流芳”四个字，中间竖写“天地国亲师位”或“天地君亲师位”，两侧用小字竖写“九天司命太乙府君”和“某某堂上历代祖先”等字样，家先两侧还贴有一副对联是：“金炉不断千年火，玉盏常明万岁灯”或“银台报喜烛生花，宝鼎呈祥香结彩”等，神龛下面贴有“安神大吉，万事如意”等小字。酉阳后溪土家族神龛上的家先则略有不同，家先是用木制牌位组成，上面一般横写“祭如在”，中间是竖写“天地国亲师位”或“天地君亲师位”的牌位，两边有用小一号字竖写的“九天司命太乙灶王府君位，南海岸上救苦观音大士位”和“酉溪求财有感四官大神位，卢江堂上历代××祖先位”的牌位，最外侧是“金炉不断千年火，玉盏常明万岁灯”字样。

图4－4　永顺双凤村村民堂屋家先（摄影：覃金福）

土家族逢年过节都会敬家祖神，平时做了好吃的也不能先吃，要在堂屋神龛下摆上饭菜和酒，饭碗和酒杯上要摆一双筷子，然后呼唤已经去世的祖先先吃，等他们吃过以后土家人才能入座吃饭。过年这一天吃过早饭以后，土家人就忙着祭祀，土家人先敬其他神，最后敬堂屋的家祖神，也有的地方土家人最先敬堂屋神龛的家祖神，然后再去敬其他神。过年这一天敬家祖神的供品为猪头加猪尾、酒、茶、粑粑、团馓等，香炉中要插三炷香，两边点一对大蜡烛，烧一叠纸钱，然后作三个揖燃放炮火。敬家祖神放的炮火一般要比敬其他神的炮火响数多，这也显示了家祖神地位的显赫。

覃金福：回来敬哪些菩萨？

彭南京：敬家先菩萨。

覃金福：敬菩萨用些什么东西啊？

彭南京：猪脑壳、猪腰子、猪尾巴、猪舌头、粑粑、团馓、豆腐，茶和酒都是倒三杯，还有一杯小米，这个小米敬完以后要放在神龛上去，一年四季都不能动，一年一杯，放满了就倒在香陇钵里面去。①

图4－5　酉阳后溪村村民堂屋家先（摄影：覃金福）

敬家先由家里男性长辈主持，并且敬时女性不能进堂屋。

---

① 访谈者：林继富、覃金福；受访者：彭南京；访谈时间：2012 年 4 月 20 日；访谈地点：湖南龙山县坡脚石堤村彭南京家。

覃金福：堂屋里敬菩萨的时候要注意些什么？

彭家齐：香纸这些桌子上要摆好，还要磕头，这个周围只能进男的，妇女不许来，香不是九根就是三根，反正要是单的，蜡烛要是双的，作揖是做三个嘛。香拿着做三个揖，然后再上香，上完以后下来再磕三个头。纸只烧一堆，等纸快要烧完了，磕头起来就奠酒，桌上有三个杯子，每个杯子奠一下，奠完酒以后就可以了。

覃金福：敬菩萨的时候讲不讲话？

彭家齐：那不讲话。①

图4-6　2011年老寨坪村覃友生家过年敬家先（摄影：覃金福）

① 访谈者：覃金福、藤召银；受访者：彭家齐；访谈时间：2012年7月8日；访谈地点：湖南永顺县双凤村彭家齐家。

过十五的时候，土家人也要敬家先神。

覃金福：过十五，是不是提前一天过？

田仁信：十四也过，十五也过。

覃金福：那十五与十四有什么区别呢？

田仁信：没有什么区别。

覃金福：十四那天，敬不敬菩萨？

田仁信：敬，和过年一样，土地坛都要敬。

覃金福：敬的时候，拿的东西跟过年的时候是不是一样呢？

田仁信：一样，就是刀头肉、粑粑、豆腐那些。

覃金福：过十五那天敬不敬菩萨？

田仁信：敬家先菩萨。

覃金福：早上敬还是下午敬？

田仁信：下午，到现在这个时候（下午4：30）就开始敬了。①

2010年，笔者在宣恩县黑塘村李才佑家调查时，腊月二十八过年当天吃过早饭后李才佑和李洪坤就开始忙祭祀各种神，他们先去了村里的观音庙祭拜，然后去祖坟上祭拜，回来后祭拜了土地神、猪圈菩萨等。最后到中午12：30的时候，李才佑和李洪坤开始敬家先。

---

① 访谈者：覃金福、藤召银；受访者：田仁信；访谈时间：2012年7月8日；访谈地点：湖南永顺县双凤村田仁信家。

> 敬家先还是屋里男的来敬，堂屋里敬家先主要是敬那些在家里正常死亡的祖先，只有他们才找得到路，进得到屋，他们才能上神龛的神位。其他死在外边的祖先们或者是死的太年轻的人都进不到屋。①

敬家先的时候，李洪坤在神龛下摆一张八方桌，桌子上摆放煮熟的猪头和猪尾巴。李才佑倒上三杯酒和茶。李洪坤在两个萝卜墩上插了一对点燃的蜡烛，接着又点了三炷香，然后在桌下点了一堆钱纸。李才佑和李洪坤分别朝神龛作了三个揖，李洪坤在院坝里点响了一饼大炮火。到一点的时候祭祀结束。

四、送亮

三十这一天吃过团年饭后，土家人要去给亲人上坟，来凤、宣恩、龙山、永顺、保靖这一带叫“送亮”，过年吃完团年饭以后，同一家族的人邀好一起去亲人的祖坟祭拜，带上刀头肉、酒、粑粑、豆腐、供果和香、纸、蜡烛、炮火等去每一座祖坟“送亮”，让去世的祖人也在火亮中过一个热闹年，以此表达对他们的崇敬。

清同治二年（1863 年）《宣恩县志》卷二十记载：“每岁‘元宵’、‘小除夕’，家家坟上送灯，远望如星灿。”② 清同治五年（1866

---

① 访谈者：林继富、覃金福；受访者：李才佑；访谈时间：2011 年 1 月 31 日；访谈地点：湖北宣恩县李家河乡黑塘村李才佑家。

② 丁世良、赵放：《中国地方志民俗资料汇编 · 中南卷》（上），445 页，北京，书目文献出版社，1990。

年）《来凤县志》卷三十二载：“送墓灯，与‘元宵’、‘除夕’同。”① 清同治六年（1867 年）《鹤峰州志续修》卷十四载：“家中器具用纸钱贴挂。晚送纸灯于先人坟茔。”② 清同治九年（1870 年）《长乐县志》卷十六载：“‘除夕’夜及正月十五夜，必于祖先墓前挂灯，谓之‘送灯亮’。”③ 清光绪元年（1875 年）《彭水县志》卷四载：“‘除夕’祭扫先茔，换桃符，焚爆竹。”④ 清光绪四年（1878 年）《龙山县志》卷十六载：“每岁‘元宵’、‘小除夕’、‘除夕’，各丘坟上皆燃灯，远望之如星列。”⑤ 民国二十三年（1934 年）《沿河县志》卷十八载：“十五日晨，焚楮烧香，午后上祖坟，谓之‘亮灯’。”⑥ 从方志中的记载可以看出，土家族地区在过小年、大年和十五的时候都要去给亲人的坟上送灯，后来逐渐演变成过年这一天吃过团年饭以后去亲人坟上送亮，祭拜祖坟。

三十吃过年饭后，土家人背上刀头、酒、粑粑、豆腐、糖果、香、纸、蜡烛、炮火等祭品去送亮，送亮也都是由家里的男性来完成，送亮时还要带上一把镰刀，把祖人的坟上杂树枯枝清理干净。然后摆上酒肉等祭品，烧香、点蜡烛、烧钱纸，弄完后在坟前要给祖人作三个揖，作揖的同时说一些让祖先保佑的话。最后是燃放炮火，送亮结束。提前过年当天吃过年饭以后不去送亮，送亮只是三十的时候送。

---

① 丁世良、赵放：《中国地方志民俗资料汇编·中南卷》（上），447 页，北京，书目文献出版社，1990。

② 同①，442 页。

③ 同①，423 页。

④ 丁世良、赵放：《中国地方志民俗资料汇编·西南卷》（上），254 页，北京，北京图书馆出版社，1991。

⑤ 同①，647 页。

⑥ 丁世良、赵放：《中国地方志民俗资料汇编·西南卷》（下），461 页，北京，北京图书馆出版社，1991。

覃金福：过年去不去给上坟？

彭南京：我们二十九这一天不搞，三十那天吃完饭以后要去上坟。三十那天要去敬山，给去世的亲人上坟。

覃金福：这个是三十夜什么时候去敬？

彭南京：这个都是三十夜吃饭以后去敬。①

有的土家人祖先的坟埋得比较远，也可以提前几天去送亮。

吃团年饭以后就给埋在近处的祖人的坟墓送亮（去坟墓祭拜），如果坟墓远的话就在腊月十几去送亮。三十夜送亮时要带香、纸、蜡烛、鞭炮、酒和贡果，给祖先坟墓上香、点蜡烛、烧钱纸、敬酒和上贡果，作三个揖放鞭炮，然后祈求祖先保佑。三十夜给祖先送亮，让他们也过年热闹。②

五、烧包

土家人不仅在过月半的时候给祖人烧纸钱包，三十晚上也要给去世的祖人烧纸钱包，叫烧包。把祭祀的纸钱用薄清明纸包好，上面用毛笔字写祖人的名字，每个祖人要封几包纸钱，三十晚上 10 点左右，每一家的男主人就要在堂屋神龛下烧包，一般是在废旧的瓷脸盆或火盆里烧包。

清同治九年（1870 年）《长乐县志》卷十六载：“夜深人静，祭

---

① 访谈者：林继富、覃金福；受访者：彭南京；访谈时间：2012 年 4 月 20 日；访谈地点：湖南龙山县坡脚石堤村彭南京家。

② 访谈者：覃金福；受访者：覃友生；访谈时间：2011 年 1 月 25 日；访谈地点：湖北来凤县老寨坪村百家庄覃友生家。

祀祖先、灶神，而后掩门，谓之‘烧关门纸’。”① 清光绪六年（1880年）《巴东县志》卷十六载：“二十七日，接祖先。设主备果品、香烛，献酒茶，日三。取楮钱封之，每位各若干封，陈于案旁，谓之‘供包袱’，至正月三日撤主焚之。”② 由方志中的记载可以看出，土家人在过年期间给祖先烧钱纸的习俗在清代已很盛行。

图4－7　2011年老寨坪村覃友生家过年烧包（摄影：覃金福）

覃金福：有些地方三十夜晚上要给去世的亲人烧钱纸，你们这里有没有这个习俗？

彭南京：有的，我们这里都是自己包的，那个喊烧包，

① 丁世良、赵放：《中国地方志民俗资料汇编·中南卷》（上），422页，北京，书目文献出版社，1990。

② 同①，440页。

把钱纸用清明纸包好，包上要写字，写亲人的名字让他们收钱啊。

覃金福：你们这里一般是什么时候烧包？

彭南京：那一般要到十点钟以后烧，在堂屋里用一个火盆或者圆炉来烧。①

现在有的土家人嫌麻烦不封包，就直接给每个祖人烧一叠一叠的钱纸，边烧边叫祖人的名字，让其来领钱，否则被认为他们收不到后人给他们烧的钱。

晚上十点左右就要给祖先烧包，就是把钱纸用清明纸包起，这是给祖先送钱，如果是烧包的话，上面要用毛笔写各祖先的名字，如果不是包，而是散纸钱的话就要边烧边喊谁来领钱，不然的话祖先就领不到钱。②

六、看“新灵”

来凤、龙山、宣恩一带的土家族在正月初一这一天兴看“新灵”。当天被看“新灵”的家庭要在堂屋神龛下设一个灵屋，里面摆放死者的灵位，有的地方土家人把灵屋设在门口阶岩上。主人家这天要专门

① 访谈者：林继富、覃金福；受访者：彭南京；访谈时间：2012 年 4 月 20 日；访谈地点：湖南龙山县坡脚石堤村彭南京家。

② 访谈者：覃金福；受访者：覃友生；访谈时间：2011 年 1 月 25 日；访谈地点 ：湖北来凤县老寨坪村百家庄覃友生家。

请一个人点香纸、蜡烛和放炮火。看新灵的人要带三炷香、一对蜡烛、一叠钱纸和一饼炮火，还有腊肉、糍粑、挂面、砂糖等礼物。

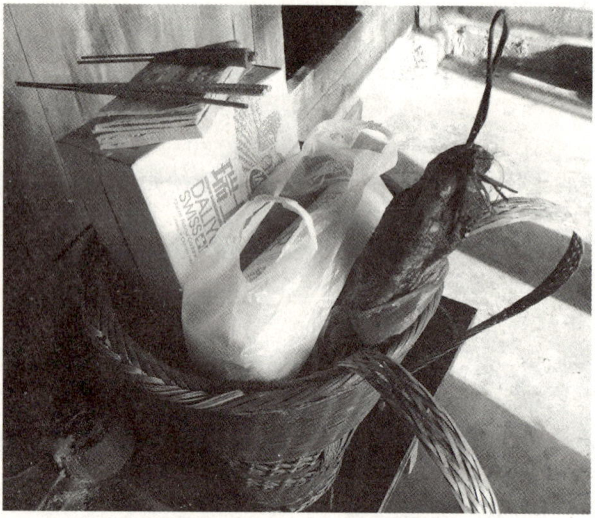

图4－8　看新灵礼物（摄影：覃金福）

到主人家后先放下背篓，到灵屋前作三个揖，专门烧香纸、点蜡烛和放炮火的人把客人带来的香纸蜡烛点了，炮火放了。看“新灵”的人当天要在主人家吃晚饭，吃完饭以后各自回家。看“新灵”的同时也是拜年，因为来看“新灵”的人不仅带有祭祀物品，还带有拜年礼物，初一在哪家看完“新灵”，正月亲戚就不用去他家拜年了。回家时看“新灵”的人的背篓不能为空，这和拜年一样，主人要给客人背篓里回一点他们带来的礼物，或一把挂面，或一包砂糖，或几个糍粑，如果有小孩，主人还要给小孩一些打发钱。

我们这里以前是初一不出门，初二送财神，初三初四看

图4－9　看新灵祭祀（摄影：覃金福）

"新灵"，初五初六走丈人，然后再给其他亲戚拜年。现在初一看"新灵"，就是去年一年内如果哪一家死了老人，在大年初一这天，这家的亲朋好友就会过来看"新灵"，也就是祭拜去年死亡的亲人。当天要在门口阶岩上设一个灵屋，里面摆放一个死者的灵位，要专门请一个人点香纸蜡烛和放鞭炮。来看"新灵"的人都要带三炷香、一对蜡烛、一叠钱纸和一挂炮火。然后带上腊肉、糍粑拜年这些东西。到家后放下背篓，到灵屋前作三个揖，主人家请那个专门烧香纸人把客人带来的香纸蜡烛点了，把炮火放了。下午吃夜饭了看"新灵"的人都要回去。①

① 访谈者：覃金福；受访者：覃友生；访谈时间：2011年1月25日；访谈地点：湖北来凤县老寨坪村百家庄覃友生家。

第二节　祭祀自然神

一、敬土地神

土地在土家人的生活中地位尊显，没有了土地也就没有了生活，于是在土家人的观念中形成了对土地菩萨的崇拜。土地菩萨的种类很多，有当坊土地菩萨、天门土地菩萨、地府土地菩萨、桥梁土地菩萨、城隍土地菩萨、山村土地菩萨、田垄土地菩萨、青苗土地菩萨等。

> 土家族信奉的土地神是一个庞大的家族，分为山木土地、桥梁土地、田园土地、长生土地、青苗土地。相传土地公公肖天子娶了两个妻子，一个姓柳，一个姓李，柳婆婆所生四个儿子都得道成仙，李婆婆生五个儿子均未成仙，只好个个封为土地，专管农事。①

土家人在过年和过十五这一天要到土地庙去敬土地菩萨，过年前杀鸡也是在土地庙前杀，杀完后要扯几根鸡脖子的毛粘在土地庙上。

> 我们这里过年二十九杀鸡也是这样，那不在屋里杀鸡，

① 彭英明：《土家族文化通志新编》，379页，北京，民族出版社，2001。

都是到土地堂去杀鸡，杀了以后就把鸡脖子的毛扯几根沾点鸡血贴在土地堂那里。[①]

新中国成立前在酉水流域土家族地区几乎每家都在屋外搭有土地庙，有的村寨还建有比较大的土地堂，现在的来凤、宣恩、龙山、保靖、永顺等县农村的土地庙仍非常多。这些地方祭的多是当坊土地菩萨或青苗土地菩萨，当坊土地菩萨主要掌管妖魔邪怪，人们很敬畏当坊土地菩萨。青苗土地菩萨主要掌管土地庄稼的丰歉，对于农耕的土家族来说，一年土地的丰歉直接关系到生命的存亡，所以对于青苗土地菩萨也很敬重。在过年和十五时土家族会祭拜各自家外的当坊土地菩萨或青苗土地菩萨，供品多是猪头、酒、粑粑、豆腐等，要烧三炷香，点一对蜡烛，烧一叠纸钱，最后作三个揖放炮火。

图4－10　黑塘村土地庙（摄影：覃金福）

① 访谈者：覃金福、藤召银；受访者：彭家齐；访谈时间：2012年7月10日；访谈地点：湖南永顺县双凤村彭家齐家。

图 4-11　陇木洞村土地庙（摄影：覃金福）

覃金福：二十九敬菩萨是吃饭之前敬还是吃饭之后敬啊？

彭家齐：那是吃饭之前敬，先到土地堂里敬，土地堂里敬了再到神龛上敬。

覃金福：三十还去不去土地堂敬？

彭家齐：三十夜不去土地堂敬了。二十九这些都要敬，三十就不敬土地堂。

覃金福：过十四那天敬不敬菩萨？

彭家齐：那天也就是敬菩萨嘛，敬家先菩萨，到土地堂也要敬。①

龙山县坡脚乡的石堤村在二十九过年这一天也要敬土地庙，当地

① 访谈者：覃金福、藤召银；受访者：彭家齐；访谈时间：2012 年 7 月 10 日；访谈地点：湖南永顺县双凤村彭家齐家。

的土地庙供奉的是青苗土地神。

覃金福：土地庙敬不敬啊？

彭南京：敬啊，土地庙离不开啊，原来那个土地庙里菩萨都还有啊。

覃金福：那土地庙里的菩萨是一个还是两个？

彭南京：是两个，土地公公和土地婆婆。

覃金福：你们这里土地神有没有具体的名称？

彭南京：我们这里的土地神是青苗土地神。①

宣恩县的黑塘村不仅各家有搭建的土地庙，而且在村头小溪边的观音庙旁边还搭有一个土地庙，这个土地庙不是属于哪一家，是一个公共的土地庙。在腊月二十八过年这一天，该村的村民会背上煮熟的猪头加猪尾巴、酒、粑粑、豆腐等祭品，带上香、纸、蜡烛、炮火陆续来观音庙祭祀。祭拜完观音庙以后，还要祭拜旁边的土地菩萨，祈求其保佑全村人畜平安、五谷丰收，都能过上安稳的生活。外面的神祭拜完后，回来还要祭拜自己屋前的土地庙，摆上供品，点上香纸蜡烛，作三个揖后燃放炮火。

二、敬水神

居住在山区的土家族较缺水，对水存有一种崇敬的心理。特别是

① 访谈者：林继富、覃金福；受访者：彭南京；访谈时间：2012 年 4 月 20 日；访谈地点：湖南龙山县坡脚石堤村彭南京家。

某些村寨只有一口水井，人们对于提供饮水的水井心存感激，正月第一次挑水时要带上香、纸祭拜水神。哪家有人生病或身上长疮之类的东西或小孩不好带就会带上酒、肉、香、纸、蜡烛去敬水神，向水神讨一碗水来抹身体并喝下讨来的神水，认为这样生病的人病就会好，身上长疮之类的也会好。

> 在干溪黄场那里有个叫一碗水的地方，就是一个岩头，上面凹进去大概碗大的地方，里面就有一碗水，太阳晒也晒不干，人舀了以后又会满，哪个有病啊或是身上长东西了啊就带上酒啊肉啊，香、纸、蜡烛啊去敬它，敬完以后就讨一碗水抹身上，抹完后把剩下的水喝下，过几天就好了。①

有的土家小孩不好带，父母会带上酒、肉、香、纸、蜡烛去敬水神，时间是大清早，敬完以后要在那里等第一个来挑水的人，请他喝酒吃肉，然后让其给小孩取一个以“水”为姓的名字。

> 大概八几年的时候，冯家坪那个覃志强的孙儿不好引（带），算命说要拜祭水神。他就把他孙儿搞到我们这里那个大水井那里来敬的，后头取那个名字好像是叫水长流。②

保靖县陇木洞村过去吃水困难，村里只有一口老水井，附近村寨流传“养女不嫁陇木洞，一水要当三次用”。洗脸的水用来洗脚，洗

---

① 访谈者：覃金福；受访者：覃友生；访谈时间：2011 年 8 月 17 日；访谈地点：湖北来凤县老寨坪村百家庄覃友生家。

② 同①。

脚以后放在那里沉淀以后又拿来喂猪。外面的人到陇木洞村就感慨说“宁吃他一餐饭，不喝他一杯水”。过年打粑粑的时候半夜就要到水井那里排队守水，一天只能背两次水。

覃金福：他们昨天是不是还到水井里去敬菩萨的？

彭秀菊：那是敬水井菩萨，我们正月间去背水的时候要带三张纸、三根香，插到那里，要给水井菩萨拜年。初一不背水嘛，初一以后背水的时候要敬，到十五插满了就把这些香纸烧了。①

村民对于这口老水井特别崇敬，三十晚上等鸡叫时都要去水井抢头水，正月第一次来水井挑水的时候要在水井旁插三根香，放三张纸，祭祀水神，感谢其给村民提供饮水，到十五的时候再来把插满的香、纸烧掉。

三、敬树神

土家族信奉树神，认为一些参天古树有灵魂，能保佑人，被看做是树神，这些神树是不能砍的，有的会在树上挂上红布条，过年这一天要来祭拜树神。

土人相传，丛阳谭有楠木神，每遇大旱，约百十人划船

① 访谈者：覃金福、张远满、彭丹；受访者：彭秀菊；访谈时间：2012年1月18日；访谈地点：湖南保靖县陇木洞村彭运江家。

> 杀狗，饶江祭祷。辄有红光烛天，雷电交加，风雨骤至，俄而散。①
>
> 上榔高梁坪杨树，茶园乡枫树，塔卧市坟坪枫树，乐洞柯沙湖柳树，其精灵均幻作医生，为人治病，恒愈。②

据湖南永顺县双凤村摆手堂残碑记载，双凤，自李唐建村，历二百余代，一千多年。双凤村地处偏僻，行人罕至。不管是实行封山以前，还是在退耕还林之后，双凤村周围的自然环境，都没有遭受较大的人为破坏。在双凤村内，我们依然能够见到高耸入云的参天古树。双凤村周围，生长着许多笔直而上的树木。这些树木将双凤村紧紧包围。

> 双凤村多有百年古树，村民深知树木与水源的关系。在村寨中央及四周的几个山坡上都禁有大批的林木，封为禁山，禁山里的树木是不能砍伐的，即使是打柴火也不行。村里的头面人物会带着大家杀鸡祭祀，喝鸡血，并发毒誓，说如果砍了那些树就会绝子灭孙、烟消火灭。谁若违禁，就会被村民指责，认为是破坏了风水，触犯了树神，必须杀猪宰羊，请梯玛举行仪式，向树神谢罪。村民认为百年老树具有灵魂，它们能保佑人，甚至还能变成人与人发生交往。③

---

① （光绪）《湖南通志·述异志》，卷末；另见《泸溪县志》。

② （民国）《永顺县志·杂志》，卷26。

③ 马翀炜、陆群：《土家族——湖南永顺县双凤村调查》，408页，昆明，云南大学出版社，2004。

图 4－12　双凤村系上红布的榉木树苗（摄影：藤召银）

在双凤村的风雨桥边，生长着一棵巨大的榉木树，谁也不知道这棵树年轮多少。1992 年，来了一位日本客商，发现这棵名贵树木之后，反复用石头抨击大树，检验树木是否已被蛀空。客商与当地村民委员会签订协议，以 12 万元的高价，买下了这棵树。当这棵树木被砍倒之后，才发现这棵树只剩下一层外壳，里面已经空空如也。客商大哭，懊悔不已。当地村民见其亏损，就让客商砍了另外两棵小一些的榉木树作为补偿。正是因为卖这棵树木，双凤村得以全村通电，告别“无电时代”。

当地村民认为砍掉了这棵古老榉木树会得罪树神，于是就在那棵砍倒的树木遗址旁栽下了几棵榉木树苗，并在枝丫上系上红布条。每逢过年，村民都在这里烧纸钱、上香祭祀树神。

四、敬梅山神

酉水流域土家族信奉梅山神，梅山是一个狩猎神，又叫“梅嫦娘娘”，传说她是一名能干的猎手，在一次猎虎活动中，与虎同归于尽，死后被土家人敬奉为狩猎神。梅山神没有专门的庙宇，一般就在较偏僻的山麓边用几块石板给她砌一个小屋。

《湖南龙山土家族初步调查报告》记载：“平日所奉之神为梅山云霄诸名，这些是猎神。每猎所获，必取以祭祀，并砍取稀奇鸟兽之脚、头于土老司祭神祀鬼时悬挂作崇拜对象。这可反映土家在原始时代为好猎民族。今犹存三块砖头合起来的梅山神位，里面什么没有。梅山为女菩萨，猎者夜半敬之，猎时不得脱衣服和裤子。”①

> 传说古时候有七姊妹，七妹叫梅嫦娘娘，她酷爱打猎。她的射箭百发百中。有一次与虎搏斗时遇害，倒立而死。土家族敬奉她，尊为猎神（倒立着的）。②

赶仗是一个众人参加的活动，其中有一个专门敬神的人，叫“等草的”。赶仗“开山”要敬梅山神，祈求梅山神保佑赶仗队伍的安全并狩猎丰收。祭祀梅山神时要穿戴整齐，不能袒胸露乳，不能讲污秽语言，否则被认为是戏辱梅山神。赶仗完打到猎物以后还要酬谢梅山神，猎物打死以后“等草的”要烧香、纸酬谢梅山神，猎物修刮好以

---

① 严学窘：《湖南龙山土家族初步调查报告》，见彭继宽编：《湖南土家族社会历史调查资料精选》，6页，长沙，岳麓出版社，2002。

② 彭官章：《土家族文化》，207页，长春，吉林教育出版社，1991。

后负责祭祀的人要用打来猎物的内脏来祭祀梅山神。

平常我们到坡上赶仗，你等草（赶仗负责祭祀的人）那个角色身上要装点香纸，到坡上把那个野猪打了，我就把香纸扯出来烧了，扯几根猪毛，然后抬回去修（刮猪毛），然后就按人头分，那肚里的东西要归等草那个人，我拿起要敬神的，吃生吃熟，含毛吃血，入口传肚啊，下脏（内脏）归等草的。[①]

过年的时候，有的土家猎户或经常打猎的土家人祭祀完家祖后，要在屋角祭祀梅山神，祈求梅山神保佑自己来年狩猎平安与丰收。

第三节　祭祀灵魂

一、敬灶神

灶神，又称“灶王”、“灶君”、“灶王爷”、“灶公灶母”、“東厨司命”等，是旧俗中与百姓生活最密切的神之一。土家族也信奉灶

① 访谈者：林继富、覃金福；受访者：杜事顺；访谈时间：2011 年 7 月 25 日；访谈地点：湖北来凤舍米湖村彭承亮家。

神，腊月二十四是汉族的过小年，土家族也过小年，大部分地区土家族过小年的时间也提前一天，腊月二十三过。土家族过小年晚上要祭灶神，送灶神上天。三十晚上要举行仪式接灶神下凡间，送、接灶神时在每口锅中都要用清油点一盏锅灯。俗话说“灶神去时食素，归时食荤”，送灶神上天时用素食祭品，大多是粑粑、团馓、豆腐等，接灶神时则要用酒、肉等带荤的祭品，清同治五年（1866 年）《来凤县志》卷三十二载：“十二月二十三，入夜祀灶神，曰‘谢灶’，戒妄言。”① 清同治六年（1867 年）《鹤峰州志续修》卷十四载：“十二月二十三日夜，具饧果‘祀灶’，窝（锅）中点灯，曰送灶神上天。”② 清同治九年（1870 年）《长乐县志》卷十六载：“十二月二十四日，谓‘过小年’。土著则于二十三日夜‘祀灶神’，客户则在二十四日夜，谓送司命上天。”③ 清光绪元年（1875 年）《彭水县志》卷四载：“十二月二十三、二十四诸日，曰‘小年’，午夜，以茶果祀灶，曰‘送灶’。”④ 清光绪二十年（1894 年）《黔江县志》卷五载：“十二月二十三日夜，以茶果‘送灶’。”⑤ 民国二十三年（1934 年）《沿河县志》卷十八载：“二十四日为‘小除夕’，俗谓灶神上天。陈糖果、焚楮香以祀，为‘送灶’，亦有二十三日行之者。”⑥ 民国二十六年

---

① 丁世良、赵放：《中国地方志民俗资料汇编·中南卷》（上），447 页，北京，书目文献出版社，1990。

② 同①，442 页。

③ 同①，422 页。

④ 丁世良、赵放：《中国地方志民俗资料汇编·西南卷》（上），254 页，北京，北京图书馆出版社，1991。

⑤ 同④，252 页。

⑥ 丁世良、赵放：《中国地方志民俗资料汇编·西南卷》（下），461 页，北京，北京图书馆出版社，1991。

(1937 年)《恩施县志》卷十二载:“十二月二十三日，以饧‘祀灶’。”①

也有腊月二十四祭灶神的，清道光四年（1824 年）《凤凰厅志》卷二十载:“十二月二十四日‘小年’，设斋供祀灶神，曰‘谢灶’。”② 清道光十四年（1834 年）《施南府志》卷三十载:“‘小除日’，以饧做饼‘祀灶’，谓之‘灶饼’；亲友馈岁。”③ 清同治二年(1863 年)《宣恩县志》卷二十载:“十二月二十四日曰小年，亦曰小除日。祀灶神戒妄言，谓之谢灶。”④ 清同治五年（1866 年）《长阳县志》卷七载:“十二月二十四日，用饴糖成个，曰‘灶糖’，盛以盘；杂粮、茶叶另一盘，为‘马料’。将锅灶打扫洁净，排列各盘锅中，以杯盛油，彻夜长燃，烧香纸，鞭爆‘祭灶神’，谓之‘过小年’。”⑤ 清同治七年（1868 年）《武陵县志》卷三十二载:“十二月二十四日，云‘小年节’。家‘祀灶神’，谓送司命上天。又，各备米滋、油馓、年糕相问遗，谓之‘馈岁’。”⑥ 清同治十一年（1872 年）《桑植县志》卷八载:“腊月二十四日为‘小年’，扫舍宇，‘祀灶’。”⑦ 清光绪四年（1878 年）《龙山县志》卷十六载:“二十四日曰‘小年’，亦曰‘小除日’。‘祀灶神’，扫除庭宇，杀猪鸡祀先祖，曰‘祭小年’。”⑧ 清光绪六年（1880 年）《巴东县志》卷十六载:“十二月二

---

① 丁世良、赵放:《中国地方志民俗资料汇编·中南卷》(上)，436 页，北京，书目文献出版社，1990。

② 同①，634 页。

③ 同①，435 页。

④ 同①，445 页。

⑤ 同①，429 页。

⑥ 同①，655 页。

⑦ 同①，625 页。

⑧ 同①，647 页。

十四日，具香烛、酒饵‘祀灶’，剪草和豆盛于旁，谓之‘灶神马料’。”①

农历腊月二十三过小年这一天，土家族要把灶神送上天。据宣恩县李家河乡黑塘村村民马玉珍讲述：

腊月二十三吃过晚饭以后，就用粑粑、茶、豆腐当供品摆在灶台上，烧上三炷香，点一对蜡烛，还要给灶神烧一叠纸钱，作三个揖，然后放鞭炮送灶神上天。灶神菩萨是女的，腊月二十三这一天要把她送上天，送回娘家，让她在娘家过年，过年这一天天快黑时再用同样的方式把她接下来。②

来凤县舍米湖村村民信奉的灶神有两个，据该村村民彭昌松老人讲：

灶神是张公子和李氏夫人两个，张公子和李氏夫人本来是一对夫妇，但因为张公子嫌弃李氏夫人出身于打鱼家庭，其衣服上有鱼腥味而休了李氏夫人。后来张公子家庭败落沦为乞丐，有一天讨米讨到李氏夫人家中，此时张公子已不认识李氏夫人了，而李氏夫人却还认识张公子。李氏夫人就收留了张公子，让他每天在灶边烧火，有一天李氏夫人就在灶后问张公子还记得她么？张公子抬头仔细一看认出李氏夫人

---

① 丁世良、赵放：《中国地方志民俗资料汇编·中南卷》（上），440页，北京，书目文献出版社，1990。

② 访谈者：林继富、覃金福；受访者：马玉珍；访谈时间：2011年1月30日；访谈地点：湖北宣恩县黑塘村李才佑家。

就是自己以前休掉的妻子，觉得很羞愧，就爬进灶里烧死了，灶后的李氏夫人见状也就气死了。于是就有“灶前烧死张公子，灶后气死李氏夫人”这样的说法，他们两个死了就成了灶神菩萨。灶神二十三上天啊的，走啊的，他到天上告状切咯。你们年轻人不晓得，在灶上洗啊东西哒，比如洗啊锅子哒莫那么磕，把他经条打哒，扬尘掉下来哒，他就要上天告状切，灶上的扬尘就是一条一条的状，二十三之前不打扬尘，二十九里他就要去告状。①

酉水流域土家族认为灶神上天是去向玉皇大帝汇报下面家庭的情况，据湖南永顺县双凤村彭家齐老人讲：

灶神菩萨上天，标杆笔直，它就成了烟雾。灶神这个人很直爽，它就向玉帝汇报，哪些人坏，哪些人是好人。坏的你要把他折寿、短命。所以我们乡里人吵架骂人，你不要得罪灶神菩萨的啊，它讲话是很直爽的，你在人间做了坏事啊，它到天上告诉玉帝那些，它就直接反映的来，你是坏的它就讲的，它是这么个标杆笔直，就讲直话嘛，坏就是坏，好就是好。你坏，他就去汇报。就是讲，你不要得罪灶神菩萨。你把他得罪了，你就要倒霉。②

① 访谈者：覃金福；受访者：彭昌松；访谈时间：2011 年 1 月 27 日；访谈地点：湖北来凤县舍米湖村彭昌松家。

② 访谈者：林继富、覃金福；受访者：彭家齐；访谈时间：2011 年 7 月 21 日；访谈地点：湖南永顺县双凤村彭振奎家。

每年腊月二十三是灶神上天的日子，在这天，要准备好粑粑、团馓、豆腐、糕点、茶等送灶神上天，祭灶神时要烧香烛纸钱，燃放鞭炮，如果有什么心愿，也可在灶前诉说，希望借由灶神转述给玉皇大帝，从而实现心愿。有的地方还将糖涂在灶王爷嘴的四周，这是用糖塞住灶王爷的嘴，让他只说人间的好话而不讲人间罪恶的一面。人们用糖涂完灶王爷的嘴后，便将神像揭下焚化。

三十的晚上，灶王要与诸神来人间过年，因此那天还需要“接灶”。接灶是三十晚上鸡叫第一声的时候举行，用刀头、酒、鸡头、鸡脚等接灶神下凡间。

清同治六年（1867 年）《鹤峰州志续修》卷十四载：“夜深复祀灶神，谓灶神是夕下界。”① 清同治九年（1870 年）《长乐县志》卷十六载：“夜深人静，祭祀祖先、灶神，而后掩门，谓之‘烧关门纸’。”② 清光绪元年（1875 年）《彭水县志》卷四载：“夜以茶果迎灶，如送灶仪。”③ 清光绪二十年（1894 年）《黔江县志》卷五载：“以酒馔接灶，俗谓‘灶神去时食素，归时食荤’。”④ 民国二十三年（1934 年）《沿河县志》卷十八载：“二十四日为‘小除夕’，俗谓灶神上天。陈糖果、焚楮香以祀，为‘送灶’，亦有二十三日行之者。‘除夕’复燃，为‘迎灶’。”⑤

① 丁世良、赵放：《中国地方志民俗资料汇编·中南卷》（上），442 页，北京，书目文献出版社，1990。

② 同①，422 页。

③ 丁世良、赵放：《中国地方志民俗资料汇编·西南卷》（上），254 页，北京，北京图书馆出版社，1991。

④ 同③，252 页。

⑤ 丁世良、赵放：《中国地方志民俗资料汇编·西南卷》（下），461 页，北京，北京图书馆出版社，1991。

覃金福：二十三过小年是不是要送灶神菩萨啊？

彭家齐：是的，那天要敬灶神菩萨，二十三过小年，要到灶锅里点锅灯。

覃金福：那天什么时候点啊？

彭家齐：吃夜饭以前嘛，用粑粑、团馓、豆腐、香纸敬菩萨，香纸要都烧了，就点锅灯，锅灯点了以后还要在堂屋里敬菩萨，这一天是先敬灶神菩萨。

覃金福：二十三是不是送灶神菩萨上天啊？

彭家齐：嗯，是的，是吃饭之前搞嘛，点锅灯要点到半夜，每口锅子都要点锅灯，你要是锅灯不点勒，那灶神菩萨上天就要讲你屋里的坏话嘛。

覃金福：是说三十夜接它下来？

彭家齐：是的，三十夜接灶神菩萨回来。

覃金福：三十夜什么时候接？

彭家齐：以前没有表嘛，就是三十夜鸡第一次叫的时候接灶神菩萨下来，也要点锅灯敬菩萨嘛，三十夜烤旺火，神龛上的灯也要点到半夜以后。

覃金福：接灶神用什么东西接？

彭家齐：要用刀头肉，还要用鸡脚、鸡头啊，光用刀头肉不行啊。①

过去土家族地区医疗不发达，如果哪一个人眼睛进东西不舒服，

① 访谈者：覃金福、藤召银；受访者：彭家齐；访谈时间：2012 年 7 月 10 日；访谈地点：湖南永顺县双凤村彭家齐家。

就要给灶神菩萨点个清油灯，点在锅中间，也叫“点锅灯”，认为给灶神点了锅灯，眼睛就会好。

二、敬猪圈菩萨

土家族每家都养有猪，过年要杀年猪，即便再穷，过年都会把养了一年的猪至少杀一头来做成腊肉，熏好以后保存起来，这样一年四季都有肉吃。猪在土家人的生活中发挥重要的作用，现在每年种的包谷、红苕和洋芋基本上用来喂猪，这些猪食是猪长大增肥的主要因素，但还有很多未知疾病会导致猪长不大或死亡，于是土家人就寄希望于猪圈菩萨保佑猪喂大。

图 4－13　杀年猪压钱纸留血财（摄影：覃金福）

土家族非常敬仰猪圈菩萨，猪杀死以后还要用纸钱在杀猪刀上擦拭猪血，然后把带猪血的纸钱放在猪圈门上，意为“留血财”，要把血财留住，来年又能喂大猪。主人家还要在猪圈边烧三炷香，烧一叠纸钱，作三个揖来酬谢猪圈菩萨，感谢猪圈菩萨保佑土家人能杀大猪。杀猪时，把猪赶出来，要往猪圈放个背篓，不要让猪圈里空着，保证猪圈里一直有东西。

猪杀死之后要敬菩萨，要到猪圈那里敬，烧三根香，烧一叠纸敬菩萨。①

以前杀猪是在堂屋门口杀，杀完后用蓑衣盖住，然后用梭镖、牛角叉围着整个屋赶一圈。杀猪时忌讳猪不叫，如果杀猪时猪不叫，认为这样不吉利，屠夫杀猪时也必须一刀杀死，否则也认为是不吉利。

图4－14　2011年老寨坪村覃友生家过年敬猪圈菩萨（摄影：覃金福）

① 访谈者：覃金福、藤召银；受访者：彭家齐；访谈时间：2012年7月10日；访谈地点：湖南永顺县双凤村彭家齐家。

据说我们土家族的祖先偷的别人的猪，怕别人发现，所以要把猪盖住，然后用梭镖、牛角叉把人赶走，再才修猪。①

过年这一天要敬猪圈菩萨，多是用猪头、粑粑、豆腐做祭品，烧三炷香，点一对蜡烛，烧一叠纸钱，作三个揖来酬谢猪圈菩萨，希望猪圈菩萨保佑来年还能喂大猪。保靖县陇木洞村的土家人过年这天敬猪圈菩萨时还会在猪圈门上贴一张写有“六畜兴旺”的红纸。

三十晚上没有烧完的“年蔸蔸”要用水浇灭，然后压在猪圈上，据说这样也是为了来年继续喂大猪，压在猪圈上的树蔸到正月十五要取下来再烧。

三、敬四官神

龙山县、保靖县的土家人认为四官神是保佑六畜兴旺的神，来凤、永顺、酉阳等地说四官神是财神。酉阳县土家人神龛上就有一个“酉溪求财有感四官大神位”，可见也是把四官神当做财神来供奉。来凤县的土家人堂屋神龛上没有专门的四官神牌位，但他们认为四官神是在堂屋东边的角落里。土家人过年要敬四官神，是三十晚上子时在堂屋敬四官神。《龙山县土家族几个情况的调查报告》中记载：“传说四官神是财神，敬他能使自己易于招财进宝，保家富裕，因此每户堂屋左边的大门背后，均立有四官神位，每当年节，焚香祷敬。”②《湘西

① 访谈者：覃金福；受访者：覃友生；访谈时间：2011年8月15日；访谈地点：湖北来凤县老寨坪村百家庄覃友生家。

② 湖南湘西土家族访问团龙山分团：《龙山县土家族几个情况的调查报告》，见彭继宽编：《湖南土家族社会历史调查资料精选》，273页，长沙，岳麓出版社，2002。

土家族访问团古丈分团访问工作报告》记载："敬仕官神，在大门框下或屋角里，每逢四大节日（清明、端午、中秋、除夕）必须敬奉，敬奉时有一套歌诀：仕官大神，把门将军。诚心敬奉，保佑我们，行东利东，行西利西。四方招财，五谷丰登，六畜兴旺，水草常青。养个鸡婆像草墩，养个鸡公八九斤，养个肥猪三百斤，种的谷子像牛尾，种起小麦像铁锤。"①

> 腊月三十夜子时，将做好的六个纸人（代表六畜）摆在长凳上，点燃蜡烛后关门祭祀。祭祀时要念口诀："四官大神，把门将军。诚心敬奉，保佑我们。行东利东，行西利西。四方招财，五谷丰登，六畜兴旺，水草常青。养个鸡婆像草墩，养个鸡公八九斤，养个肥猪三百斤，种的谷子像牛尾，种的小麦像铁锤。"敬完后把六个纸人点火烧掉。如果纸人架未倒就意味着来年六畜兴旺，大吉大利，财源滚滚。②

湖北来凤县舍米湖村土家族过去在年三十晚上敬四官神时，要在桌上摆一排官洋，拿来引四官财神的魂。

> 敬四官神是在小半夜休息的时候敬，四官神摆到桌子上，还要刀头、酒、猪脚、猪脑壳，就把官洋放桌子上，放一长

① 湖南湘西土家族访问团古丈分团：《湘西土家族访问团古丈分团访问工作报告》，见彭继宽编：《湖南土家族社会历史调查资料精选》，292页，长沙，岳麓出版社，2002。

② 彭官章：《土家族文化》，210页，长春，吉林教育出版社，1991。

路，官洋是引魂的，“求财要问四官神”，他是财神啊。①

湖南永顺县双凤村土家族三十晚上敬四官神时祭品丰富，刀头肉，鸡、鱼都有，还要煎两个鸡蛋。

覃金福：敬四官神是不是三十晚上敬啊？

彭家齐：是的，三十晚上敬，一个是接灶神菩萨，一个是敬四官神。

覃金福：那接灶神和敬四官神哪个先搞？

彭家齐：敬四官神先搞，灶神要鸡叫的时候接，四官神子时的时候敬。

覃金福：敬四官神的时候用些什么东西敬啊？

彭家齐：刀头不能少，还要煎两个鸡蛋，还有鸡肉啊，鸡头啊，鸡脚啊，还有鱼，这边装鱼，这边装鸡，中间是刀头。②

求财要问四官神，敬了四官神，土家人认为家里就能喂大猪，其他牲畜也能兴旺，要是哪家的牲畜丢失了，也会敬四官神，用纸钱卷三根香扎一个“码子”压在屋外的石头下，距离不能超过房屋的高度，请求四官神来帮忙找丢失的牲畜。

---

① 访谈者：林继富、覃金福；受访者：彭昌松；访谈时间：2011 年 7 月 24 日；访谈地点：湖北来凤县舍米湖村彭昌松家。

② 访谈者：覃金福、藤召银；受访者：彭家齐；访谈时间：2012 年 7 月 10 日；访谈地点：湖南永顺县双凤村彭家齐家。

四、敬阿麻婆婆

阿麻婆婆又被称为巴山婆婆、阿密麻妈、阿密妈妈、春巴麻妈或沙巴妮，她是土家族信仰的儿童保护神。阿麻婆婆的神像是用一张红纸剪成一个手执红伞的纸人，一般贴在火塘边碗柜角头的墙壁上，摆个香笼。生育妇女在吃饭前要敬阿麻婆婆，逢年过节的时候也要敬阿麻婆婆，过年这一天土家人敬神时也要到阿麻婆婆的神像前敬一下她，敬阿麻婆婆一般是老婆婆来敬。

《湘西土家概况》记载："据说阿密妈妈能保佑小孩无灾无难、无病无痛，放白虎来招魂。生了小孩的人家一定要供奉，剪一纸人，打一把伞，贴在碗柜上，妇女在逢年逢节或初一、十五敬之。"① 《龙山县土家族几个情况的调查报告》中记载："从婴儿出生的那天起，用纸剪成娃娃形（土家称阿密妈妈或巴山婆婆）贴在碗柜头上（也有用竹片夹着附小纸伞插在碗柜上的），每日早晚和餐前供奉一次。120 天以后，则逢年节或月之初一和十五敬祀一次。"②

> 一说是有一个土家姑娘因吞食一朵红花无夫怀孕，在受到父母的指责后躲到婆婆洞而成神，专门为人看守小孩；另一说她为龙王天子的原配，因被龙王遗弃而专替百姓抚养幼儿。③

---

① 汪明瑀：《湘西土家概况》，见彭继宽编：《湖南土家族社会历史调查资料精选》，40 页，长沙，岳麓出版社，2002。

② 湖南湘西土家族访问团龙山分团：《龙山县土家族几个情况的调查报告》，见彭继宽编：《湖南土家族社会历史调查资料精选》，268 页，长沙，岳麓出版社，2002。

③ 彭英明：《土家族文化通志新编》，386 页，北京，民族出版社，2001。

土家人敬阿麻婆婆很简单，就在火塘边摆一下敬阿麻婆婆，在香笼里插三根香，希望她保佑土家小孩健康成长，不受惊吓。

> 过年还要到火坑边敬一下阿麻婆婆嘛，那天就要到火坑边敬一下阿麻婆婆。①

平时小孩要是受惊吓，突然呕吐或发烧之类的，土家人就要立马去敬一下阿麻婆婆，希望她保佑小孩立马好起来。土家人从婴儿出生当天到小孩年满12岁这个期间敬阿麻婆婆，小孩过12岁后，将阿麻婆婆烧掉不敬了。

> 彭翠香：小孩要是不好带啊，呕吐啊，那就要敬一下阿麻婆婆。
>
> 覃金福：阿麻婆婆是放到哪里的？
>
> 彭秀菊：阿麻婆婆是放到火坑旁边的，那是保护小孩的。
>
> 覃金福：阿麻婆婆有没有神像？
>
> 彭翠香：没的，就是用红纸剪得一个小孩的样子，贴到墙上，摆个香笼，敬的时候要老婆婆敬啊，小孩一发烧就要敬阿麻婆婆。②

---

① 访谈者：覃金福、藤召银；受访者：彭家齐；访谈时间：2012年7月10日；访谈地点：湖南永顺县双凤村彭家齐家。

② 访谈者：覃金福、张远满、彭丹；受访者：彭翠香、彭秀菊；访谈时间：2012年1月18日；访谈地点：湖南保靖县陇木洞村彭运江家。

五、敬观音菩萨

来凤、宣恩、龙山等县土家族信奉观音菩萨，在来凤、宣恩、龙山三县交界的酉水河畔有一座仙佛寺，相传始凿于东晋咸康年间(335—342年)，大佛坐于莲台之上，高约五米半，中间的大佛旁有小佛四尊，两侧的大佛旁各有小佛两尊，小佛高约两米。南有石窟群，刻有一米高的小佛十九尊，整座石窟全长三十五米。佛像在“文化大革命”的时候被毁，石崖上的佛雕仍存。

每年农历二月、六月、九月的十九日是观音菩萨的生日，到仙佛寺烧香拜佛、求神的人特别多。过年的时候，仙佛寺周围的人也会去仙佛寺祭拜观音菩萨，如太远去不了的，则会在过年当天摆上祭品朝着仙佛寺的方向祭拜观音。因仙佛寺地理位置特殊，位于来凤和宣恩交界处，且酉水对面又是龙山县，所以到仙佛寺祭拜的人很多，信仰人群以来凤、宣恩、龙山为中心向四周辐射，波及相邻多县。

敬观音菩萨的人一般要带一匹红布，带一斤清油，带一些供果，如各种杂糖、饼干，香、纸、蜡烛和炮火是不能少的。到仙佛寺敬观音菩萨首先要到酉水河里洗手，把手洗干净以后才能去敬观音菩萨。仙佛寺除了观音还有很多佛像，祭拜者需去每尊佛前求圣水，并将求来的圣水汇总起来抹脸擦身，最后再把圣水喝下，祈求众神的保佑。如土家人遇见一些不顺心的事，或家里有人生病等也会去仙佛寺敬观音菩萨。

我的孙子出生了就不怎么好引（带），请别人帮我算勒，说我孙子犯了将军箭，生他的第二年我就到这里来讨了一个名字，那个佛爷菩萨不是姓佛嘛，那个将军的箭射岩头射不动撒，帮他讨了个名字就叫“佛岩生”，今天我就是来谢他老人家嘛。帮我讨了一个好名字，现在我那个孙子好引嘛。来这里主要还是求平安、求财或求子的。①

我要不是菩萨保佑，我都没得人了。我这个胃溃疡得三十几年了，胆囊炎四十几年了，又有一个心肌炎，我一直都没离那个药，住院啊。有时候做梦菩萨帮我喂药吃，有时候这个拿个碗碗，那个拿个碗碗，他们都帮我喂药吃，我对菩萨也要诚心啦。我 12 岁到屋里做女，我妈就喊我来敬菩萨，到现在已经敬了六十几年了。②

图 4－15　来凤仙佛寺敬观音菩萨（摄影：覃金福）

① 访谈者：覃金福；受访者：彭莲珍；访谈时间：2012 年 3 月 11 日；访谈地点：湖北来凤县仙佛寺。

② 访谈者：覃金福；受访者：宋青云；访谈时间：2012 年 3 月 11 日；访谈地点：湖北来凤县仙佛寺。

以仙佛寺为中心辐射开的区域还有很多观音庙，它们是和仙佛寺连成一体的，例如在仙佛寺附近的宣恩县李家河乡黑塘村有一座观音庙，每年观音的三个生日和过年全村人都会来此观音庙敬观音菩萨。过年这一天的祭拜特别隆重，该村是腊月二十八过年，这一天每一户人家都会背上煮熟的猪头加猪尾，带上酒、粑粑、豆腐、香、纸、蜡烛和炮火来此观音庙祭拜。

据黑塘村李才军介绍，庙堂大概在清朝的时候就已经修建，谁建的不得而知。但是中途破坏过，他主持重修。据说以前庙堂安放很多木雕菩萨，例如观音菩萨、佛爷菩萨，等等，在“文化大革命”的时候庙和木雕神像皆被毁。现在庙堂里只摆有陶瓷的观音神像，村里人都默认它现在是一座观音庙。

原来是一个灰山庙，我估计是清朝时修的。毁了以后还剩一点。那是1982年，我母亲在时，她要重新把这个庙恢复起来，于是我重新把这个庙恢复起来，当时修这个庙我自己出的钱，基本上是我牵头嘛。他们做的人就出工嘛，我出材料。我帮我母亲完成她的心愿。因为我母亲原来会给别个打扮看病，就是说诊这些疑难杂症，附近湖南湖北她诊好很多人，很多人都来崇敬她拜访她。她就要恢复这个庙，把神位给她找一个地方，原来就是在这个地方，把它恢复起来。①

① 访谈者：林继富、覃金福；受访者：李才军；访谈时间：2011年1月29日；访谈地点：湖北宣恩县黑塘村李才军家。

图 4－16　黑塘村观音庙（摄影：张莉）

图 4－17　黑塘村村民过年敬观音（摄影：张莉）

李才军带领黑塘村人在 1982 年的时候修建了现在村里的庙堂，在重新修建的过程中，他们在庙的地基里挖出一条绯红的小蛇，他们认为这条蛇特殊，没敢伤它性命。

修这个庙挖角的时候，我亲眼看见一条蛇，就有吃饭的筷子那么大一根。大概有这么长（用手比划），绯红的，我们也没伤它命。它就到那个庙的中间，原来的庙毁了以后就形成了一个土堆，土堆高头（上面）长草了。我们要把它清理出来，在清扫的时候，它就在那个正中间，一根红色的蛇。我们想到可能是龙哦，就没伤它！就用土给他依然把它蒙（盖）在下面的。就这样，一直到现在没动它。这都是我亲眼所见的。①

土家人向来对大自然充满敬畏之情，小红蛇的出现无疑让他们坚信这是某种旨意或暗示，因此他们坚信这个庙堂的无限神力，对庙堂充满了无比的崇敬之情。黑塘村人对村里观音庙的神力坚信不疑，村民李洪坤说：

它还是有神力啊，能够保佑大家，保佑整个村落的平安。我记得我们几岁的时候，当时我从我外婆屋里，就是仙佛寺佛堂的那个对门啊回来。到那里玩几天就是得了肝炎，得肝炎病得比较重的时候，那天晚上我梦见一个人，她来给我讲，说要几尺白布还是黑布我都记不清楚了，她讲要去敬一下菩萨。因为我妈她比较信那些，第二天我给我妈一说，她讲那是观音菩萨托梦，所以她就去庙上敬，确实后面几服药就医

---

① 访谈者：林继富、覃金福；受访者：李才军；访谈时间：2011 年 1 月 29 日；访谈地点：湖北宣恩县黑塘村李才军家。

好了。我那时肝炎到那种程度了，反正浑身都没得力了。①

黑塘村人在腊月二十八过年这一天最先来庙上敬观音菩萨，早上吃过早饭后，各家的男性就背上祭品来敬，祭品是煮熟的猪头加猪尾、酒、粑粑、豆腐，还有香、纸、蜡烛、炮火。祭拜时祭祀者把盆装的猪头摆在庙里的桌子上，倒上三小杯白酒，依次点上纸、三炷香和一对蜡烛，将其插在庙堂里的香炉中。庙里敬完后还要在庙门外三棵大松树下点三炷香，烧几张钱纸。然后去观音庙旁的公共土地庙敬土地神，敬完土地神后回庙里恭恭敬敬地磕三个头、作三个揖，最后在庙前大松树下燃放炮火。

六、烧钱山、泼水饭

有些地区土家族在过年这一天还要给那些在外面非正常死亡的鬼魂烧钱山、泼水饭。土家人认为这些在外面非正常死亡的人过年回不了家，过年吃团年饭之前给他们烧点钱，泼点水饭。烧钱山要在槽门外的三岔路口烧，因为这些鬼魂进不了槽门，还要给他们端菜，菜的碗数必须是单数。烧完钱山就给他们泼水饭，水饭是新煮的米饭，要没有吃过的，用碗舀一点，往里面兑一点干净的水。泼完水饭后把碗倒铺在地上就往回走，不能回头看，不能说话。

二十九过年那天，假如屋里有在外面死的人的话，就是

① 访谈者：林继富、覃金福；受访者：李洪坤；访谈时间：2011年1月29日；访谈地点：湖北宣恩县黑塘村李才军家。

不是好死的，吊死的啊等等到屋里进不来屋，那要在屋外三岔路口烧钱山，每个人搞一个架子，用火把灰围着，烧的时候还要给他讲，那都是打土话讲的，喊你起来，这个是你的，把灰还要弄一个眼，不然的话他进不去。他们回不来过年嘛，都是吃饭之前敬的，要给他们煮点稀饭，就在三岔路口把钱山烧了，稀饭洒了不能回头看，人不能打转身。①

土家人平时突然生病或身体不舒服时被认为得罪了某些鬼魂，要给鬼魂泼水饭治病。

打比方某人从外面回来突然头痛啊，要吐啊，或者哪里身体不舒服啊，就要去泼水饭，你在哪个地方哪个方位着的，就要去哪里朝着哪个方位泼，泼完后把碗倒铺在地上就走，不能回头，过两天就好了的。②

用泼水饭的方式打发它们，让它们别再骚扰身体不舒服的人。病得比较严重的还会请当地会给人“打扮”③ 的巫医去泼水饭，他们在当地有一定的地位，会各种打扮方法给人治病。泼水饭时间必须是农历的单日，且是晚上去泼。

① 访谈者：覃金福、藤召银；受访者：彭家齐；访谈时间：2012 年 7 月 10 日；访谈地点：湖南永顺县双凤村彭家齐家。

② 访谈者：覃金福；受访者：李金兰；访谈时间：2011 年 8 月 17 日，访谈地点：湖北来凤县老寨坪村百家庄覃友生家。

③ 用巫术治病。

第四节　年节禁忌

禁忌是关于社会信仰行为的某些限制观念和做法的总称，人们禁止做某些事、说某些话或接触某些圣洁的东西，否则将受到超自然力量的惩罚。土家先民由于对众多自然现象无法解释，在长期的生活实践中也形成了诸多禁忌，在年节中有诸多体现。

俗话说“正月忌头，腊月忌尾”，正月的头三天土家人有许多禁忌需要遵循。如正月前三日，土家人禁止扫地、挑水以及泼水，这在清代方志中多有记载。清同治二年（1863 年）《宣恩县志》卷二十载：“禁扫除三日，谓之‘不出财’。”① 清同治五年（1866 年）《来凤县志》卷三十二载：“正月元日，禁扫除、汲水。”② 清同治五年（1866 年）《长阳县志》卷七载：“‘除日’，合门欢喜，不说苦愁。”③ 清同治六年（1867 年）《鹤峰州志续修》卷十四载：“客至家中，主人有卧者，家人应，曰‘挖窖’。市无列肆，室不扫除，禁水泄地者三日。”④ 清同治七年（1868 年）《武陵县志》卷三十二载：“越三日家不扫除，数日市不列肆。”⑤ 清同治九年（1870 年）《长乐县志》卷十

① 丁世良、赵放：《中国地方志民俗资料汇编·中南卷》（上），444 页，北京，书目文献出版社，1990。

② 同①，446 页。

③ 同①，429 页。

④ 同①，442 页。

⑤ 同①，654 页。

六载："初三日以前，既不向溪井汲水，亦不泼水地下。"① 清光绪四年（1878 年）《龙山县志》卷十六载："'元旦'，亲友往来相贺，皆作吉祥语，禁扫除三日。"② 清光绪六年（1880 年）《巴东县志》卷十六载："正月三日市无列肆，室不扫除。"③ 清光绪二十年（1894 年）《黔江县志》卷五载："'元旦'是日不洒水，不扫地，不出财。"④

腊月的最后几天特别是过年当天也需要遵循多种禁忌，在打粑粑、推豆腐、蒸甜酒的时候都有许多禁忌。过年当天也有许多禁忌，如过年的时候不能说苦愁，不能说不吉利的话等。

一、腊月禁忌

从腊月中旬开始，土家人一见面，嘴里就要说着吉祥的话语相互恭贺。过年之前，要是与人发生争执，会被认为是极不吉利的事情，它将预示着在新年里办事不顺。

腊月的牛日为红煞日，不能出门，否则会遭血光之灾，亦有"男儿出红煞，败家就是他；女儿出红煞，一辈加几家"的说法。"七不出门，八不归"，腊月的初七、十七、二十七不能出门，初八、十八、二十八出远门的人不能回家。

土家族进入冬至以后就开始杀年猪，杀年猪时屠夫必须一刀杀死，不能补刀宰杀，否则主人家或屠夫会有凶兆。杀猪时猪要叫，如果猪

---

① 丁世良、赵放：《中国地方志民俗资料汇编·中南卷》（上），421 页，北京，书目文献出版社，1990。

② 同①，646 页。

③ 同①，439 页。

④ 丁世良、赵放：《中国地方志民俗资料汇编·西南卷》（上），251 页，北京，北京图书馆出版社，1991。

不叫的话主人家不吉利，来年喂不了大猪。猪赶出猪圈后，要往猪圈里放一个背篓之类的东西，不能让猪圈为空，否则被认为来年家里喂不好猪。三十晚上年蔸蔸不能烧完，要将没烧完的年蔸蔸熄灭，压在猪圈上，十五的晚上取下来烧完，这样家里才能喂大猪。冬月的鸡日和腊月的牛日为红煞日，杀猪最好，或逢马的日子也宜杀猪，这样来年能喂大猪。

逢火日不能打扬尘，否则家里会遭火灾，逢水日打扬尘最好，水把扬尘冲走。

腊月二十四日这天家里的石磨、石碓等要停止使用，据说这天是老鼠嫁女，要是这天在家里推磨就会犯忌。据说你闹它一天，它就闹你一年，如果犯了禁忌，则家里会招来鼠祸。

土家人打粑粑和蒸甜酒时，所蒸的米必须要一次成功，如果中途遇到波折就会被认为不吉利，来年不死人也会有其他灾害发生。

推豆腐时不能见四眼人，即怀孕者，否则以后会有灾祸发生。也不让小孩子靠近，担心他们说出一些类似于“你在推合渣”之类的话，这样最后出的豆腐就特别少。

过年当天不能老动火塘的三脚，否则认为来年家业不稳定，不能用脚踩三脚和灶。过年当天不能推磨舂碓，不能挑水。如果挑水惊动龙王，来年要遭受水旱之灾。

过年当天妇女不能做针线，不能洗衣服，避免生活中与人发生口角。过年当天禁止向外人借东西。

吃年饭时不准泡汤，怕来年垮田坎、土坎，如果孕妇吃年饭时泡汤了，就会流产。过年这天不准吃粑粑，否则身上要长疮。吃团年饭时小孩不许吃猪尾巴，怕长大后事事都落后，或留下常常摇头的毛病。未婚男人不能吃猪蹄叉，吃了会认为找不到对象，即使有对象的也要被叉走。小孩不能吃猪鼻子，否则以后打鼾声音大。小孩不能吃鸡爪，吃了写字手会发抖。

吃年饭以后要把地扫干净，这样来年田里种庄稼就不长草。

腊月三十不准推磨，妇女不能梳头，怕来年下雨冲走土里的泥巴。

敬菩萨时忌听见猫叫声，堂屋敬菩萨女人不能参加，敬菩萨时女人也不能进堂屋。敬菩萨的饭菜小孩不能吃，否则小孩的记忆力差。过年当天不宰生，杀鸡杀鸭都要年前杀。泼水饭以后不能回头看，不能说话。

腊月的戊日不倒粪、不挖土、不挑水，否则来年天旱。

二、正月禁忌

大年初一，鸡叫第一遍的时候，家里的男主人要提着木桶到水井里提水进屋，意为一股银水往屋流，还要在外面抱一捆干柴进屋，意为进财。

初一早上忌睡懒觉，即使有人在睡觉，也不能说“睡觉”，要说“挖金窖银窖”。

初一忌说“死”、“病”、“穷”、“杀”、“没有”、“不要”、“背时”、“砍脑壳”等字眼以及与此相似相近的字音，忌吵架、骂人、哭泣。

初一早上起来生火时，火熄灭了，不能用嘴去吹。只能用干松树枝或树叶、稻草之类的引燃。用嘴吹火，寓意来年风大，要吹倒庄稼。

初一忌女人第一个去别人家串门，也忌小女孩第一个去别人家拜年。

初一早上出门，男人忌最先碰见妇女。

初一不仅不能称秤，还不能看到秤，一般大人在头天晚上就把秤收藏起来了，否则当年出门易遇见蛇。

初一到初三禁止扫地，特别是初一早晨禁忌扫地，否则被认为会扫走财喜，导致来年多生跳蚤。也有人说初一扫地，来年风很大，会吹倒庄稼。

初一禁忌女孩子梳头，否则头上会生虱子。

初一女人不能做针线活，否则男人耕田时会被刺手凿脚。正月的戊日妇女不做针线活，否则家里种的包谷要抽心，即包谷没果粒。

正月前三天禁忌向外泼水，如洗脸水、漱口水等，甚至在门内连口水也不能向外吐。如果乱倒乱倾，会导致财水外流。

过年后头一次去挑水，下河洗衣或下种时，要用三根香和纸钱插在水井边或田土角上。

正月男人们外出回家，不能“空手回门”，应该是“空手出门，抱柴（财）归家”，回家时要捡一些干枝丫拿回。

正月夫妻到丈人家拜年，忌女人走在前面，否则男人会走霉运。

正月初一至十五，大人小孩不能剃头，否则秧苗会长成“癞子头”。

正月的蛇日为红煞日，不能出门，有“出门遇红煞，一去不归家”的说法。“七不出门，八不归”，正月的初七、十七、二十七不能出门，初八、十八、二十八出远门的人不能回家。

正月初一至十五，凡属牛、蛇、龙的人不能挑水，否则当年天旱。

正月的戊日不倒粪、不挖土、不挑水，否则来年天旱。

正月的头一个戊日，禁止用牛耕田、挑水、播种和去菜园摘菜。

第五章 非物质文化遗产保护语境下土家年的传承

2002 年我国实施非物质文化遗产保护工作，已经取得了巨大的成就，2005 年 3 月 31 日国务院办公厅发出《关于加强我国非物质文化遗产保护工作的意见》，明确规定了我国非物质文化遗产保护的工作指导方针：“保护为主，抢救第一，合理利用，传承发展”。自 2006 年起，我国就开始建立非物质文化遗产名录，七年来已经初步建立了国家级、省市级、地市级和区县级四级名录构成的名录体系。

2010 年文化部公示的第三批国家级非物质文化遗产名录推荐项目名单“民俗”类中，“土家年”由湘西土家族苗族自治州永顺县申报，并获得批准。“土家年”正式成为了国家级的非物质文化遗产，如何有效地保护这种传统的民族节日，值得各级部门深入思考和研究。

2011年6月1日，《中华人民共和国非物质文化遗产法》颁布施行，将我国的非物质文化遗产的保护工作推向了一个新时期，以法律形式确定“非遗”的保护，是我国“非遗”保护工作的一个重要里程碑。

“土家年”作为土家族的一个重大传统节日，在传承民族传统文化，传承土家族的历史记忆和核心价值观，维持村落公共秩序方面都发挥着重要作用。文化部门也在积极保护这一非物质文化遗产，他们制订了长远的保护规划，也采取了一些具体的措施，对于土家年的保护起到了重要作用。土家年自身也在不断地变迁，从年节的时间、年节的准备活动、年节的祭祀活动、拜年和年节的娱乐活动都发生着变化。

第一节　土家年与非物质文化遗产保护

土家年是土家人的生活时间和生活方式，千百年来，土家人因为有“年”存在，才能年复一年地往前走；因为有“年”在，才能有条不紊地踏着节律生活；因为有“年”在，才能够有收获和期待；因为有“年”在，才能够有去旧迎新的生活。然而，当时间的指钟转到21世纪的时候，世界各国，尤其是那些具有久远历史和丰富传统的国家和民族突然意识到现代化和工业化导致了人们生活的巨大变化，传统的精神逐渐淡化，快节奏的时尚生活慢慢挤压传统生活，于是，许多国家有识之士呼吁保护传统，守护精神家园，保护非物质文化遗产运动就应运而生了。土家年与其他民族传统经历了同样的命运，然而，土家年是土家人每年必须过的节日，在今天真的需要保护吗？

一、土家年需要保护

土家年需要保护吗？在我们看来需要保护，理由如下：

土家年是土家族最为核心的文化传统，属于所有土家人的节日，在历史上，凡是土家人都要过这样一个大节，然而，随着汉族文化、现代文化的进入，许多地区的土家人已经不过土家年了，转而过汉族的春节，比如清江流域的土家人就很少过土家年了。也就是说，他们不过土家年我们以为不仅仅是过一个节日的问题，而是土家族原有的时间适度和生活节律发生了一些改变，进而改变了对传统的态度和遵守。如果今天我们再让这些地区的土家人重新过土家年，显然已经不可能了，因为，“土家年”是一个谱系性的文化，年节的恢复等于要恢复与之相关的所有生活。

就是至今还过土家年的酉水流域，土家年与汉族春节时间仅相差一天，过了土家年就是春节，因此，这些地区的土家人往往要过两个年，即土家年和春节。在这个过程中，土家年是最大的，所有的年节食品以土家年为中心，祭祀神灵、祖先的活动也是在土家年期间完成的，只不过过了土家年之后，还得等一天，等到大年三十晚“出天行”，迎接财神的归来；等待新年第一天的来临，开始拜年，这个时间点与春节又是吻合的，因此，土家年和春节的活动在这个期间实现了高度的合一。然而，对于传统较为浓厚的土家年来说，春节文化对它产生的冲击不言而喻。

在土家年盛行的地区，因为姓氏不同、村寨不同而土家年的时间也不统一，这个与土家族历史传统和生态小生境有密切关系。虽然能够体现土家族文化的多样性，但是，这在一定程度上削弱了土家年应有的影响力和凝聚力，在未来的发展中或多或少地影响土家年的生存与发展。

基于上面的分析，我们以为土家年在当代社会发展中需要保护、需要珍视。

二、作为“文化空间”的土家年

非物质文化遗产保护视角下，“文化空间”不仅仅是几何或物理的空间，而是有人在场、有文化关系的空间。土家年作为土家族民俗及其文化空间，包含了土家族的各种年节符号，沉淀了土家族的集体记忆和历史记忆，彰显了土家人的核心价值观念。

土家年并非一种独立的节日活动，而是一种典型的文化空间。土家年是土家族在长期的社会历史生活中逐渐形成的一个传统节日。在土家年的活动中，包含了土家人的物质生活、社会生活和精神生活，在这个空间内，包含了土家族的村寨和家庭、土家人的文化建造、土家土人的各种礼仪活动和生活行为。从这个意义上说，土家年生存的空间交织的各种文化关系就结构而成为文化空间了。

土家年诸多的符号是文化空间的直接表现形式，例如在忙年中的杀年猪、打粑粑、赶乡场等，它们是土家年在当代的直接体现，正是这些符号不断地传递出来丰富的文化信息，土家年的文化空间才显得丰富、鲜活，才得以不断地延续。

文化空间是主体集体记忆和历史记忆的产物，集体记忆和历史记忆是一个民族或文化空间得以维持的纽带。土家年承载了土家人的集体记忆和历史记忆，在关于土家年起源的问题上，大部分土家人的记忆中是土家先人为了国家安宁远赴沿海抗倭而导致时间的提前。在土家年的祭祀性仪式中，八部大王等成为民族迁徙、民族始祖式记忆的关键性事件。

土家年在忙年、团年、年节祭祀以及各类娱乐活动中，土家人的勤劳、务实、敬老爱幼、团结协作的价值观无处不在，这种价值观成为土家族得以进步和发展的强大精神力量。

因此，我们在实施土家年的保护过程中，不能把土家年中各个文化要素割裂，要对土家年生存的文化背景及其文化活动实施整体性保护，充分考虑在保护的过程中提高土家人的生活质量和幸福指数。

三、土家年的空间保护

作为文化空间的土家年是一个整体系统性的空间，一个活态的、充满生机的空间，一个传统与创新的空间，对于土家年的保护，我们以为主要有以下几种方式：

一是整体性保护。过去的非物质文化遗产保护往往把一个文化整体割裂成若干文化个体，注重对单项非物质文化遗产的保护，而忽略多个单项遗产共存的大的文化空间的保护。对土家年的保护必须着眼于整体性，要保护土家年中的各个民俗活动，对土家年的生存环境、文化内涵实施保护。湖南永顺县文化局向先林认为土家年的保护要注重文化的整体布局：

> 现在申报有个考虑全国布局的问题，像土家年啊、梯玛这些带有民族标识性的东西应该是联合申报，你不能单独搞，

假比我和龙山相比，你搞么子项目，我就搞另外一个项目，实际上我们两个都有的，都是相同的，实际上应该还是联合申报，包括保护的时候都应联合，就不应该划分省会县会，实际上是整个民族区域的问题。如果你搞了一个国家级的项目，我们这边也有都不能申报，这样对整个土家族民族文化发展就不利嘛，还有可能造成民族不团结嘛。①

二是以生产的观念实现文化空间的保护。文化空间不能固守于传统的保护，其保护问题首当其冲应是空间的生产问题，即文化的生产问题。文化生产有两层含义：一是文化产品的生产，二是观念、意义和意识的生产。文化再生产也有两层含义：第一，使特定的观念、价值被传递下去，使文化及其所代表的规范得以继续存在；第二，是因为特定的价值得以传递，社会仍然按照既定的规范延续，最终文化空间得以按部就班地维持。② 土家年中的民族价值，民族精神观念不断得到延续。

土家年不像土家语可能存在消亡的情况，土家年是不会消亡。那为什么不会消亡了？因为整个社会的大环境就是这样过，全国的环境是一样的，而且我们土家年的自身的一些特点不会消失，这是和我们土家族的风俗习惯、民族风俗、

① 访谈者：覃金福；受访者：向先林；访谈时间：2012年3月7日；访谈地点：湖南永顺县文化局。

② 高丙中：《对节日民俗复兴的文化自觉与社会再生产》，载《江西社会科学》，2006(2)。

> 行为方式啊，也就是民族精神相结合的，这是永远不会消失的。①

但是，我们在保护土家年的过程中，应该加强对土家年传统元素的扶持，尤其是那些有益于当代文化发展、有益于土家人身心健康的文化活动应该进行与时俱进的改变，从而在保护传承中不断创新。

在保护土家年的过程中，要通过多种方式使土家年的文化、价值不断传递，让更多的土家族年轻一代了解土家年的来龙去脉，了解土家先人的辉煌历史。然而，现实情况是年轻一代土家人不知道土家年的历史，甚至连基本的敬神祭祖仪式都不了解。对此土家年俗传承人彭家齐忧心忡忡地说：

> 现在年轻人好多都不晓得过年的习俗，年轻人敬菩萨都懒得搞了，好多人上香都不会上了。我那大孙我教他都不搞，那老二他要搞。一个是这些习俗，还有一个就是土语，土语再不搞就水了，我们这里讲的全面的没得几个了。②

三是基于当地民众需求的保护。土家年的保护应关注土家族的经济发展与社会进步的问题，不能一味地追求传统而忽视土家族的生活质量问题，要把民众的需求纳入保护中去，保护土家年不仅是为了保护土家族的传统节日，更要以提高土家人的生活质量为目标。

---

① 访谈者：覃金福；受访者：向先林；访谈时间：2012 年 3 月 7 日；访谈地点：湖南永顺县文化局。

② 访谈者：覃金福、藤召银；受访者：彭家齐；访谈时间：2012 年 7 月 10 日；访谈地点：湖南永顺县双凤村彭家齐家。

作为地方文化单位，对非物质文化遗产的保护应考虑实际情况，积极、合理引导民众参与非物质文化遗产的保护，同时文化单位自身要制定相应的保护对策来保护非物质文化遗产。自土家年申报之初，永顺县文化局为保护土家年，制定了相应的保护对策，实施了具体的保护措施。

覃金福：2010年土家年成为国家级非物质文化遗产后，你们又具体做了哪些工作来保护传承这一国家级非物质文化遗产？

向先林：具有代表性的就是我们每年要到双凤村举行一次集体过年的活动。

覃金福：关于土家年这个项目，你们今后还有没有制订一些保护规划？

向先林：那有嘛。

覃金福：主要是一些什么保护规划？

向先林：保护规划我们就是按照上级文化部门的要求，严格落实。

覃金福：当时你们申报也提到了土家年是一个濒危保护，那土家年的濒危性又体现在哪里？

向先林：我说它为什么不会消失又存在濒危性了？就是说它在过年这样一个大的形制当中，它逐渐会丧失自己的民族文化特征，这个是它濒危的一种概念。我们过年任何一家都会过年，土家年的濒危性并不是说我们土家年不过了，而是说丧失它自身的民族特征，这是濒危体现的关键。

覃金福：针对土家年的这种濒危性，你觉得应该如何来保护它？

向先林：保护它就是保护它自身的民族特性嘛，这是一个大的方向，具体的措施和非物质文化遗产保护的措施一样。

覃金福：在整个保护中，你认为政府或者文化单位应该发挥哪些作用？

向先林：引导的作用，引导保护，把土家年当中不利于自身或者和自己民族文化相冲突的地方去伪存真。政府的功能毕竟还是有限的，像土家年这个项目，老百姓始终还是要过年的，政府具体保护也不好搞啊，主要还是传承人、项目带、传习所，还有一些宣传。①

土家年的保护有别于其他类别的非物质文化遗产保护，毕竟这个年节依托于特殊的土家族文化生态和文化发展。笔者以为土家年的流行区域经过了不断的变化，今天之所以提出保护土家年，主要是土家年的流行范围较历史上的范围缩小了许多，也就是说，随着现代化的快速发展，传统的土家年习俗会逐渐发生改变，在一定程度上影响土家年传承。

第二节　非物质文化遗产保护下土家年的传承现状

双凤村是湖南永顺县土家年国家级非物质文化遗产申报的选点，

① 访谈者：覃金福；受访者：向先林；访谈时间：2012年3月7日；访谈地点：湖南永顺县文化局。

陇木洞村是湖南保靖县申报土家年传承基地的选点。这两个村落的土家族传统文化都保存较好，也都有提前过年的习俗。在非物质文化遗产保护下，这两个村落又都会全村集体过一次土家年，在村民强大的集体意识和民族意识推动下传承土家族过年的习俗。

一、双凤的土家年

双凤村，隶属于湖南湘西土家族苗族自治州永顺县大坝乡，位于永顺县城西南方向约 15 公里处。据史料记载，双凤，自李唐建村，历 200 余代，1000 多年。《永顺县志》记载，自古以来土家村寨散处溪谷、所居必择高峻。双凤村的地理位置恰恰符合这一特点。双凤村海拔 700 余米，深处大山之中。“双凤村”的名字，据说是以前太阳落山的时候，有两只凤凰栖息于此，象征着吉祥安康。当地村民就以“双凤村”给村子命名，希望凤凰能够给他们带来好运，祈求风调雨顺、年年丰收。

双凤村以彭、田两姓为主，一家姓陈，一家姓谭。据 2010 年第六次人口普查，全村有 96 户，共计 283 人。村里的常住人口并不多，至今不到 100 人。一部分人外出打工，一部分人要照顾在县城上学的子女。双凤村民收入的主要来源是茶叶。双凤村由于地势高，且是红壤，特别适合种植茶叶。目前村里已经建成 3 个茶叶加工场。其中一个是村里的，由县农业局投资开发，另外两个属于村民私人的。

双凤村地处偏僻，不管是实行封山以前，还是在退耕还林之后，双凤村周围的自然环境，都没有遭受人为破坏。双凤村内，我们依然能够见到高耸入云的参天古树。双凤村周围，生长着许多笔直硕大的树木。这些树木将双凤村紧紧包围。

双凤村的房屋构造多为木质结构的吊脚楼，双凤村的寨门是木质结构、吊脚楼型的寨门，气势恢弘。“中国土家第一村”字样的匾额高挂于上。两只金色的凤凰，在阳光照耀下展翅飞翔，栩栩如生，象征着双凤村将会在美好的明天蒸蒸日上。寨门上有一副对联：

右联：凌霄双凤舞老宅访古天下土家第一村

左联：摆手踏歌频神殿祈福民族文化逾千载

寨门的背后，也有一副对联：

横额：高山仰止

右联：画境尊三远自然奇观巍巍然耸秀九蓉庵

左联：土家第一村民族文化郁郁乎深藏双凤屺

在寨门后面的一根柱子上，挂着一块木签，上面有一副对联：

横额：海内知己

右联：画境尊三远自然奇观巍巍岸耸秀九龙山

左联：土家第一村民族文化悠悠乎（久）深藏双凤溪

木签上对联是对寨门后面对联的更改，村民认为这样更加符合双凤村的情况，我们在与双凤村书记聊天的时候得知这些对联都是全面征集得来，每一副对联是 300 元钱。

沿着寨门一直走进去，转过一个弯，我们就能看到吊脚楼结构的村务楼了。目前村务楼的框架已经搭建完成。据了解，村务楼分上下两层：上层为双凤村村委行政办公区域；下层是土家文化传习所，用于传授土家语、摆手舞、茅古斯等土家文化。

图5－1　双凤村寨门（摄影：藤召银）

村务楼旁边是木质结构的风雨桥，两边的护栏可供行人休憩，夏天在此乘凉的村民特别多。通过风雨桥就是摆手堂，这座摆手堂经过了两次搬迁。如今的摆手堂原本是村里的祠堂，后来改为学校。由于双凤村的人口较少，学校没能继续开下去。双凤村的孩子都到山下的富坪村小学寄宿学习，学校荒废后就把摆手堂迁过来了。摆手堂修葺一新之后，主黑的色调给人一种厚重之感。“摆手堂”三个大字，横挂在大门上，两边有一副对联：

右联：家伙哈哭嫁歌响遍五洲

左联：茅古斯摆手舞跳欢四海

踏上石阶，迈过摆手堂大门，映入眼帘的是一个较大宽阔的坪坝。坪坝前有一根旗杆，坪坝最里面是土王祠，土王祠的门口两边，同样挂着一副对联：

右联：传承彰教化踏歌摆手德重精勤启后昆

左联：祭祀秉虔诚牛角司刀灵通天地追先祖

图5－2　双凤村摆手堂（摄影：藤召银）

祠堂内，供奉着彭公爵主、向老官人和田老汉三位土家先人，双凤村民逢年过节要来摆手堂祭祀三位土王。双凤村节日庆典活动异常丰富。按照农历的时间简单地进行一下排序分别为正月：过年；二月份：二月二，菩萨生日，二月清明；三月份：三月三，清明节；五月份：小端午，大端午；六月份：六月六；七月份：七月半；八月份：

中秋节；九月份：重阳节（双凤村九月十九过）；冬月份：冬至日开始，杀年猪，准备年货。

双凤村的土家文化资源保存较好，该村土家老人还会说土家语，现在村里也在办学习班积极传承土家语，村民爱跳摆手舞和茅古斯，该村有国家级摆手舞传承人田仁信和国家级茅古斯传承人彭英威，可惜彭英威老人已于2010年去世。除了摆手舞和茅古斯，村民还会打溜子、哭嫁、唱山歌、吹木叶、吹咚咚奎等。

2010年湖南永顺县成功将土家年申报为国家级非物质文化遗产，在申报的选点上，双凤村是重要的代表。土家年成为国家级非物质文化遗产之前，县文化局每年腊月间就和村委会一起组织村民集体过一次土家年。据永顺县文化局原副局长向先林介绍，考虑到土家年平时不好展示，所以每到年关的时候，县文化局就到土家族文化比较浓厚的双凤集体过一次年。集体过年活动是从2007年开始的，2008年办得很隆重，当时是双凤村委会组织，县文化局协办，州里的领导都来参加了。此后每年腊月间都会由文化局牵头在双凤村组织一次集体过年，2010年土家年成功申报成国家级非物质文化遗产后，集体过年的活动越来越隆重。

双凤村集体过年的资金主要由县文化局解决，文化局负责过年所需原料的采购，村民负责操办。2011年的集体过年是腊月二十三，当时打粑粑、炸团馓等的原料都是由文化局采购，年猪由村民购买，文化局补贴相应的价钱。据向先林局长介绍，过一个集体土家年文化局大概要花七八千块钱。虽然只有一天的时间却把过年的所有活动都展示了一遍，并且严格按照土家年的流程来办。

覃金福：从哪一年开始集体过土家年的？

向先林：从 2007 年开始搞的嘛。

覃金福：这个活动是谁提出来的？

向先林：这是我们局里自己的想法。

覃金福：每次活动搞几天？

向先林：每次活动都只搞一天。

覃金福：去年主要搞了哪些活动？

向先林：就是所有土家族过年的流程全部都要搞，打扬尘、写对子、杀年猪、打粑粑、推豆腐、杀鸡、杀鸭、炒炒米、炒花生、炸团馓、敬菩萨这些全部都搞的。就是严格按照过年的所有流程来做的嘛。①

2011 年双凤集体过年吃团年饭是在村部堂屋进行，吃过团年饭后在村部楼前的坪坝里举行了摆手舞，大家齐跳摆手舞后整个过年活动结束。

集体过年的祭祀主要由土家年的传承人彭家齐和摆手舞的传承人田仁信主持，两位老人都精通土家语，当时潘光旦教授在双凤村做调查时，两位老人还是年轻小伙子，全程参与了接送潘光旦教授的任务。由于集体过年全村的人都参加了，一些年轻人不懂年节期间的祭祀及其禁忌，这让土家年俗传承人彭家齐倍感压力。

他们又不懂，我给他们用汉话讲的，那个烧钱山我说我把那个稀饭一浇我们就往屋里回去啊，不能讲话啊，后头我

① 访谈者：覃金福；受访者：向先林；访谈时间：2012 年 3 月 7 日；访谈地点：湖南永顺县文化局。

一浇，他们站在那里不动，我给他们用汉话都讲了的啊。那要搞就要认真搞了，那年到妹头屋里搞那次，讲到不能乱烧钱山，他们就硬要到他屋天坪（院坝）那里烧钱山，那怎么行了，他们进槽门都进不得，怎么能在屋前天坪里烧钱山？那都是不行的嘛。①

过年烧钱山只能在槽门外的三岔路口烧，因为这些鬼魂进不了槽门，给他们泼完水饭以后就要赶紧走，不能说话，不能回头，这些都是过年的一些禁忌，但是现在很多年轻人已经不知晓了。在堂屋敬神的时候，也是不允许女人参加，吃年饭时要按规矩坐，不能乱坐。

杀年猪、打粑粑、炸团馓、推豆腐、点锅灯都搞了的，他们在村部堂屋里摆了三张桌子，你要按程序坐啊，男的坐左边，女的坐右边，按老小这样往下坐啊。端桶没有，贺菜也没有，后面我就在那里插两根蜡烛，点三根香。你要到公家那个屋里搞，也要搞好，到堂屋里敬菩萨的时候一个都不许来，姑娘那些是不许进来的，不许看，后面这些都没搞好啊。②

虽然前几次集体过年有一些地方没有做好，但是彭家齐老人相信只要通过提前与不懂的村民沟通，训练他们一下，让他们知晓各种习俗禁忌，还是能过一个传统的集体土家年的。

① 访谈者：覃金福、藤召银；受访者：彭家齐；访谈时间：2012 年 7 月 10 日；访谈地点：湖南永顺县双凤村彭家齐家。

② 同①。

覃金福：前几次双凤集体过年搞的怎么样？

彭家齐：前面都还好，就是后面程序没搞好，用土话讲一遍还要用汉话喊一遍，碗必须要十二个，要一个盆子，如果没有这么多菜啊，那有些菜你可以装两样。

覃金福：为什么一定要十二个碗？

彭家齐：十个也搞得，再少就不行，中间那个贺菜要有啊。再一个就是人要安排好，没搞之前首先要训练一下，不然好多人都不懂啊，你要给他们说这些嘛。

覃金福：你是传承人，你就要帮他们教这些啊。

彭家齐：是的，我住在下面的，他们头天都安排好了的。这个还是要提前沟通，我要找那几个会讲土话的老的，坐位置这些都有讲究，年轻人要给他们讲这些。起码要有三个会讲土话的老人，女的那边也要有会讲土话的人，你要是土话都讲不来，你要集体过年那还是不行。这些东西必须齐全，还没搞的时候把空碗摆在那里，都要训练一下才行。酒端起来点几下，这些都要搞，那天主要还是没通知到人。我也不能讲啊，因为我们老了啊。

覃金福：那你要讲啊，因为你是传承人啊。

彭家齐：今年还要搞，那今年一定要搞好，头天要训练好，不要搞菜，用空碗训练一下，人要到齐，人要物色好，认认真真地搞哪有搞不好的哦，我们要训练，不训练好多人都搞不来。①

---

① 访谈者：覃金福、藤召银；受访者：彭家齐；访谈时间：2012 年 7 月 10 日；访谈地点：湖南永顺县双凤村彭家齐家。

双凤村的土家人在地方政府组织下欢度土家年，明显带有保护的意识，尽管有些“速成”，但是这些对于唤醒土家人对土家年传统的重视有一定帮助，对于年轻人了解土家年有一定帮助。过了这个集体性质的土家年，各家各户还有自己的土家年，毕竟这才是他们自己家的节日。

二、陇木洞的土家年

陇木洞村，隶属湘西保靖县碗米坡镇，距保靖县城约10公里，全程水泥硬路直达村部。村里可耕地面积有694亩，稻田有364亩，旱地330亩，林地有5100多亩。陇木洞村处于酉水中段，该村秉承一种敬天爱人的理念，特别注重自然环境的保护，建有多个垃圾屋，各家都有统一配发的垃圾箱，有专门的垃圾运送车。村里有明文规定禁止村民乱砍树木，村里生长有众多古树，空气特别清新。

陇木洞村全村共有110多户人家，总人口有518人，常住户有70多户。85%是彭姓土家族。据村里彭氏谱续石碑记载，彭姓的字派是“祖天明廷国，景运正光昌，绍兴承先德，永锡福寿康，鸿猷恒丕焕，骏业世辉煌，治道宗文武，休嘉胜虞唐，凤麟齐献瑞，河海久兆祥，安富尊荣远，仁恩利泽长。”村里的李姓是两个字派，其中一个字派的人在早期人口普查时改成了土家族；其余的贾姓、王姓、向姓，这几家也是土家族；有几家李姓汉族没有改成土家族。

陇木洞村粮食作物以水稻和玉米为主，其他各类作物兼有种植，粮食多样性保持良好。从2006年开始的“中德生物多样性保护合资项目”在该村进行试点，项目2010年结束。据介绍，项目结束之后他们还在继续从事农作物多样性的保护，对传统粮食的种植从多方渠道争取资金来补贴，坚持把传统物种保存下来。

从20世纪90年代开始，村里陆陆续续种植椪柑，后来发展到300多亩，由于海拔较高，椪柑品种也不太好，从2008年开始，椪柑销售出现问题，村民年年亏损。村支书彭运江说：以前该村是跟着湘西的大气候跑，跟着人家种椪柑，我们走的路子一直都是追逐式的，看到别人种什么赚钱，市场上什么好销，就跟着人家种，但是现在品种换的太快了，我们跟不上节奏，生产的效益也不太好。后经过反思，陇木洞村现在要走自己的路。为此，2005年村里组建了一个索源果业技术协会，意为探索本地的资源，挖掘现有的资源，帮助农民致富。

2007年村里自发搞了一个野生水果试种，三月泡、八月瓜等野生水果试种成功。现在村里已经将椪柑树全部砍掉，种植特色水果，主要种植猕猴桃、杨梅、中秋脆枣、蔷薇莓、三月泡、八月瓜等。这些品种是从外面引进的，例如猕猴桃，它里面的肉是红色的，是2007年被国家认定的品质比较好的品种。利用本地的自然资源，野生水果通过村民自己驯化，选育之后栽种。最近几年该村才主抓水果产业，村书记希望通过发展特色产业促进村民增收。在村口槽门旁边竖立着一块陇木洞悠闲旅游观光的指示牌，上面列了陇木洞村各月的水果采摘表，以此吸引游客进村采摘水果。

陇木洞人积极寻求外面的帮助以改善村里的基础设施建设，提高村民的收入，改善村民的生活。2010年南京爱德基金会资助村里的人饮工程整改，2011年香港嘉利集团郭氏基金会把该村列为扶贫示范村，涉及卫生、教育、产业、水利资源四个方面，并且制订了15年的扶持规划。他们扶持的目标是敬天爱人。敬天就是要遵循自然的规律，保护大自然，实现人和自然的高度和谐；爱人就是人与人之间要实现高度和谐。2011年湘西土家族苗族自治州环保局减振扶贫组援建了村文化活动场，让村民在节日庆典时有了自己的活动场所。

陇木洞村不仅环境保护较好，土家族的传统文化也保存较好，该村还保留了大量的土家传统吊脚楼，村民喜跳摆手舞，爱演茅古斯，还爱好山歌、哭嫁、咚咚奎、吹木叶、打镏子、玩灯等。从 2006 年开始，每年村里要集体举行一次联欢活动。从 2010 年开始，每年村里集体过一次土家年。2011 年陇木洞村的集体土家年隆重热闹，村民在村口槽门上书写了一副对联：宰猪羊鸣鼓号祭祖宗摆手展示土家风情，吹木叶舞龙灯打镏子调年弘扬民族文化。槽门最上面的横批“敬天爱人”四个大字格外醒目。

图 5－3　陇木洞村寨门（摄影：覃金福）

保靖土家族把年节中的一切活动统称为“调年”，清同治八年（1869 年）《保靖志稿辑要》卷四载：“正月初间，男女齐集歌舞，祓除不祥，名曰‘摆手’，又谓之‘调年’。”①

> 调年就是过年那一段时间老百姓举行的一系列娱乐活动，像茅古斯、摆手舞啊、打镏子等等，包括你搞祭拜都应该是属于调年。②

传统节日是公共文化空间的重要组成部分，当下乡村“大集体的政治性社区解体，村庄分解为原子化状态，稀缺的行政性集会又日益与村民的利益需求脱节”③，传统公共文化空间在满足村落公共价值和精神以及在构建村落社区内部公共秩序中起到重要作用。

陇木洞村从2006年开始在过年举行集体联欢活动，因2005年村里成立了索源果业技术协会，所以2006年过年的集体活动叫“索源之光”。2010年集体联欢是三十过年这一天，当天恰好又是“三八”妇女节，活动的主题是庆三八。在吃饭的时候村民提议当天集体过年，于是大家纷纷筹钱过一个热闹年。

> 从20世纪80年代以后，集体组织的活动就很少，每到过年就觉得枯燥无味，于是村民也有同样的愿望，当时也是希望通过这样的活动激发我们村这种积极向上的氛围，我们每一次活动都是和村里的发展思路挂钩的。因为2005年我们村里面组建了一个索源果业技术协会，意思就是探索本地的

---

① 丁世良、赵放：《中国地方志民俗资料汇编·中南卷》（上），643页，北京，书目文献出版社，1990。

② 访谈者：覃金福、彭丹；受访者：彭运江；访谈时间：2012年3月8日；访谈地点：湖南保靖县雨名轩茶楼。

③ 袁玉立：《公共性：走进我们生活的哲学范畴》，载《学术界》，2005（5）。

> 资源，挖掘现有的资源，来帮助农民致富，所以我们2006年那次活动就叫索源之光嘛，也就是呼吁大家形成一个家庭形式的一个支柱型的产业。2008年主题是绿色神韵，2010年集体过年正好是3月8号妇女节嘛，当时我们的主题之一是庆三八嘛，大家一起吃的年饭嘛。当时老百姓提出来今天我们是不是一起过个年啊，大多数老百姓都有这个愿望，有的就说我愿意出500，有的就说我愿意出200，这种情况下大家都有这个愿望嘛，能够一起过个年大家又热闹又开心。①

由于2010年村民都有集体过年的愿望，于是2011年腊月二十四、二十五两天村里又组织大家集体过年，这一次过年由村委会和保靖县非物质文化遗产中心主办，吉首大学、土家族研究会、湘西土家族苗族自治州摄影家协会、中国民俗摄影家协会等共同参与。据保靖县非物质文化遗产保护中心主任彭秀莲介绍，“非遗”保护中心想以陇木洞村为基地向州里申请一个“土家年传承基地”，吉首大学也在陇木洞村挂牌成立“吉首大学土家族民俗研究基地”，“非遗”保护中心提前和吉首大学文学院土家族民俗研究专家田茂军教授为集体过年活动商讨方案，保靖县“非遗”保护中心主任彭秀莲又多次拿着活动方案去拢木洞和村民商量，最终形成了“中国土家族春节习俗活动展演方案”。

2011年腊月二十四是“忙年”活动：杀年猪、打粑粑、炸团馓、炸油粑粑、推豆腐、打扬尘、敬土地菩萨、敬猪圈菩萨、敬水井菩萨、

① 访谈者：覃金福、彭丹；受访者：彭运江；访谈时间：2012年3月8日；访谈地点：湖南保靖县雨名轩茶楼。

敬四官神、吃年饭、给果树喂饭等，村民分工明确，忙得不亦乐乎。二十五日举行集体祭祖、玩龙灯、跳摆手舞、演茅古斯等传统的祭祀性质的舞蹈娱乐活动，最后进行了背媳妇、顶杠、扳手劲三个传统游戏项目。

腊月二十三日，村支书彭运江的父亲彭景塘给自家的门楣上、板壁上贴上了“喜钱”，还贴了门神和对联。二十四日早上8点多，在彭运江家杀年猪，是在门前杀的年猪，杀死以后将其放在堂屋门角落里，用蓑衣盖住，彭运江拖一根梭镖出来，在屋前屋后巡一圈。彭运江的父亲彭景塘开始敬猪圈菩萨，在猪圈前点了一叠纸钱，烧了三炷香，将一张写有六畜兴旺的红纸贴在了猪圈上，祈求来年又能喂大猪。当天杀的猪是从农户家买的，共花了1400元钱，由保靖县“非遗”保护中心资助，猪肉在两天的活动中基本吃完。年猪杀完后9点多开始打粑粑、推豆腐。打粑粑是在村民彭景坤家进行的，当天他家打了60斤糯米的粑粑。打粑粑是村民自家行为，无需补钱资助。推豆腐是在村民彭运德家推的，当天共制作了两豆腐箱豆腐。在村民彭景莲家炸团馓，当天她家炸了30来个团馓，还炸了一些油粑粑。打扬尘是在彭运喜家进行，打完扬尘后把竹扫把扔在了屋外的路上。“忙年”的准备工作有条不紊地进行着。一切准备就绪，就开始了请神祭祖了。

彭景塘端上猪头、酒、粑粑和豆腐去土地庙敬了土地公公和土地婆婆，之后又在水井边敬了水井神，回来后在堂屋敬了四官神。中午约2点在彭运江家的院坝里集体吃饭，共架了6个大锅，菜是大杂烩，主要是猪肉，还有猪杂、豆腐、白菜，米饭是用甑子蒸的。吃过饭后，大约下午3点由彭廷权和彭加贝给果树喂饭，在彭运江家前的核桃树下进行，彭廷权用刀在核桃树上砍了几道口子，彭加贝给树干刀口里抹了一些米饭。然后彭廷权就问明年核桃树结不结，彭加贝回答结，彭廷权再问落不落啊，彭加贝答不落。

图5-4 2011年陇木洞村过大年村民顶杠比赛（摄影：覃金福）

腊月二十五日早上9点，在村里活动场进行了集体祭祀活动，由彭景波、彭景塘、彭运锋、李树生四个年纪较大的老人主持，祭品是猪头和酒，酒共倒了15杯，先敬天地，天地敬了之后再敬祖先。他们敬的祖先并不是哪一家的，而是指土家族的先祖。祭祀完先祖后村民在场坝里玩起了龙灯，村委会花钱置买了两条龙灯，村里玩龙灯的技艺很高，能玩一些高难度的动作。玩完龙灯后村民又跳起了摆手舞，表演了茅古斯。

最后举行背媳妇、顶杠、扳手劲三个游戏项目，大家纷纷报名参加。背媳妇是夫妻一组，从出发点背到终点，再换人背回来。顶杠是两人分别抓住木杠的一端，看谁把谁推出比赛圈外。每个游戏的前三名都获得了村委会的奖励，背媳妇第一名是彭运喜和他的媳妇黄金莲，第二名是彭运江和他的媳妇贺明花，第三名是彭军和他的媳妇向艳。

顶杠的冠军是李锋，亚军是彭强，季军是彭运江。扳手劲第一名是吉首大学的杨瑞仁老师，第二名是向艳，第三名是张景。冠军奖金为100 元，亚军和季军都是 50 元。

村里活动结束后，在彭运江家举行了家庭“吃年饭”活动展示。彭运江堂屋里摆了一张八仙桌，上方是彭运江的父亲彭景塘和母亲彭秀菊，彭景塘坐左边，彭秀菊坐右边。彭运江和妹夫周胜斌依次坐在左席上，彭运江的妻子贺明花和彭运江的妹妹彭运志依次坐在右席上，下席分别是彭运江大哥的孩子彭正周，妹妹的孩子周通和自己的孩子彭正果和彭加贝。

图 5－5　2011 年陇木洞村彭运江家吃年饭（摄影：覃金福）

吃饭前彭景塘先给比自己大 5 岁的妻子彭秀菊敬了三杯茶，然后大家开始吃团年饭。吃年饭的年菜是炒腊肥肉、炒腊瘦肉、炒新鲜瘦肉、煮猪血、炒猪肝、鱼、炒白菜、炒渣辣子、辣椒炒皮蛋和蛋汤共

10个，外加一碗小菜霉豆腐，酒是葡萄酒和包谷酒。村民的集体吃饭还是在彭运江家的院坝里进行，和前一天一样，共架了6个大锅，菜也一样，主要是猪肉，还有猪杂、豆腐、白菜，米饭是用甑子蒸的，吃完饭集体过年活动结束。

据村支书彭运江介绍，两天活动村里吃饭共花费3700多元，加上误工补贴、游戏奖金和其他开支共花费10000多元，这些钱主要由保靖县非物质文化遗产保护中心资助，碗米坡政府也资助了一些。保靖县非物质文化遗产中心彭秀莲透露他们中心给这次集体过年活动置办了40套土家族服饰，每套共300元，合计12000多元，再加上误工补贴和原材料购买钱，共资助陇木洞村20000余元。

值得一提的是，在县政府协办的陇木洞集体过年之后，村民自家还是照旧过提前过的土家年和三十的年。集体过年传递了土家年俗，通过集体过年，许多年轻土家人了解了土家年节的一些传统习俗。也在相当程度上，强化了村民的集体观念和身份意识。当然，土家年的活力在无数的土家族家庭中，在传统保护比较好的环境下的土家人的生活中。因此，保护好土家族传统文化的生存环境，就是土家年可持续传承的重要因素。

第三节　土家年的现代变迁

事物永远处于不断变化发展状态中，土家年虽然承载着土家族深厚的传统文化，却同样经历着变迁。随着时代的冲击，诸多现代元素融入了土家年，在过年的时间、祭祀内容、娱乐方式等方面都有较明显的变化。

一、年节时间的变化

传统意义上的土家年是土家族提前过的年，过去土家族大部分地区都提前过年。随着汉文化的不断渗透，土家族在过年时间上也不断向汉族的春节靠拢，一些地区的土家族已经不过春节前的“土家年”，而过“春节”了。从实地调查情况来看，现在只有酉水流域中上游和贵州印江、沿河一带还有部分土家族过春节前的“土家年”，其他地区的土家族基本不过春节前的“土家年”了。

有的地区的土家族以前过春节前的“土家年”，但后来慢慢不过了。21 世纪初期，土家族年轻人也走出了大山，外出打工的年轻人选择过年的时候回来几天，正月又外出打工。这难得的几天时间，大部分土家年轻人选择了走亲访友和狂欢娱乐，对于土家年的传统内容及其传说逐渐淡忘了。留在家里的老人无力操办土家年，久而久之也就慢慢不过了。

二、年节准备的简化

现在土家人在年节准备上的简化特别明显，一些传统的“忙年”活动基本没有了，如现在很多地方土家人不会蒸甜酒。打粑粑也越来越少了，有的家庭过年已不打粑粑，而是上街买一点粑粑过年的时候吃，有的家庭直接去机器加工厂打粑粑，传统的人工打粑粑越来越少。很多家庭过年懒得炸团馓，而是上街买几个团馓过年吃。推豆腐是一个体力加技术活，如果做得不好，浪费了原料而又不出豆腐，很多土家家庭过年选择买豆腐而不自己制作豆腐。

年菜上的变化也很大，传统的土家族过年要吃坨坨肉，要煮合菜吃，饭要用甑子蒸，现在土家族过年做坨坨肉和合菜的也有，只是越来越少。传统的年菜逐渐在消失，外来的海鲜等一些菜上了土家人的年桌。传统的年菜都是土家人一样一样亲手做出来的，现在一些凉菜、卤菜都是直接买来就上桌，年菜的样式和制作过程都在简化。

三、祭祀仪式的简化

永顺县双凤村土家年俗传承人彭家齐认为过年敬菩萨非常重要，敬菩萨要虔诚，该敬的菩萨必须要敬。现在土家族过年也要敬神，但在祭祀对象和仪式过程上在不断简化。

过去土家族在年节期间要祭各种神灵，现在主要敬家祖神。随着摆手堂的减少，过年敬八部大王和土王已很少见，接送灶神仪式只是在少数地区还存在，过年敬水神、树神、四官神也越来越少，贴喜钱已基本消失。即使过年还存在的一些祭祀活动，在过程上也在不断简化，很多年轻人虽然知道要敬哪些神，但对于具体祭祀方式已全然不知，甚至在祭祀时还犯下一些祭祀的禁忌。有的年轻土家人在过年时甚至连各种神都不祭祀了，简单摆一下神龛的家祖就开始吃年饭。

四、拜年的变化

土家人在拜年上也在不断变化，集中体现在拜年的礼物和方式上。传统的拜年礼物如粑粑和团馓已少见，很多家庭过年不打粑粑和炸团馓，且很多土家人认为拜年背粑粑太沉。现在土家族地区拜年常见的礼物是腊肉、酒、挂面和糖，现在外出打工的年轻人家里已不喂年猪，过年的腊肉也是买，所以他们拜年腊肉也不拿了。有的年轻土家人拜年什么礼物都不带，直接给长辈钱，让他们购买自己喜欢的东西。

除了拜年礼物，在拜年方式上也有所变化。过年当天和初一早上，土家村寨的小孩基本不去别人家拜年，过去去别人家拜年主要是想讨一点瓜子和糖果，现在各个家庭过年都买有充足的糖果，小孩很少去别人家拜年。过去土家人给亲戚家拜年基本是全家动员，现在土家人给亲戚家拜年基本是一个大人带一个小孩，有的亲戚家距离较远干脆不去拜年了，而采取打电话的拜年方式。

五、娱乐方式的变化

过去由于受现代媒介方式的影响小，土家人多是集体娱乐，他们在正月爱跳摆手舞、玩龙灯、耍狮子、划彩龙船、打三棒鼓，现在这些集体活动越来越少。目前基本上多是一些官方组织的灯会活动，民间自发组织的娱乐活动较少见。过去没有电视、电脑等传播媒介，一到晚上土家寨子的人都集中去摆手堂跳摆手舞娱乐，现在正月的集体跳摆手舞活动已基本没有了。目前基本上多是一些城市的广场摆手舞。

集体的娱乐方式现在已经分化成单一的状态，过年期间，很多土家人爱聚在家里和亲戚朋友打麻将、打扑克和玩纸牌，年纪稍大一点的人就待在家里看电视，年轻人则喜欢上网聊天。

结　语

土家人“过年”习俗，反映了土家族人的生活观念、思想情操和宗教观念，寄寓了土家人对邪恶势力的反抗，对美好生活的追求。

“过年”是土家人祭祀神灵、信仰活动最为集中的时期，在这里，信仰的多层次性和神灵形象的多样化成为土家年最为明显的特点。土家人的信仰范围广泛，但是其信仰有明确的特点，哪些属于村落信仰，哪些属于家族信仰，哪些属于家庭信仰，其结构清晰而分工明确。同时，在过年期间，杂糅了多种信仰因子，有本土的、有道教的、有佛教的，这三类信仰在土家人生活中结合得天衣无缝。他们以各种方式，从各个方面昭显着信仰的神力和神灵的灵验。

土家年期间，神灵活跃，信仰频繁。土家人以各种祭祀活动编织着严密的信仰网络和生活空间，建构出层级和职责分明的神灵谱系，成为家、家族、村落和民族结构关系的重要表达。家先神之于家庭内部成员的作用，灶神之于家庭成员的督察，土地神之于村落的职责，八部大王之于民族的根脉。这些神灵在信仰层面上有效地维护着村落的认同与共同利益，维系着民族身份的建构与被建构。

“过年”作为一年中最重要的时间节点，具有新旧交替、周期性和仪式性的特征。在“年”期间，酉水流域土家人通过祭祖、敬神、拜年等多种仪式实现人与祖先、人与神、人与社会、人与人的沟通。土家人在寻求与神、与人的对话，这种对话贯穿了以人为本的理念，具有以人为中心建立社会秩序的特殊功能，贯穿了以自然为中心的文化理念。

“年”是辞旧迎新、祈吉纳福的神圣时刻。在新旧交替的时间和清扫过后的崭新“年”空间内，不同的社会关系和文化关系交感而构成新的气象。酉水流域土家人在经历“年”的时间过程中，尽管不由自主地有些许紧张，但是，更多的则是呈现欢度新年的各类庆贺和表达对未来生活的愿景。

随着现代化进程加快，人口流动的加快，村落中传统的人员结构、居室结构等不断变化，传统因素越来越少了，土家年的“过年”的传统气氛也淡化了许多，但回家过年，与家人团聚的民俗仪式依然在酉水流域土家人生活中保存完好。回家过年已经成为土家人烙在骨子里的信仰仪式，只有在“年”的时刻，一家老小团团圆圆吃年夜饭，家族的安康才得以保障，家族的血亲关系才能够很好地维持和延续。

参考书目

一、中文著作

[1]（道光）鹤峰州志．

[2]（光绪）湖南通志·述异志．

[3]（光绪）古丈坪厅志．

[4]（民国）永顺县志·杂志．

[5]《鄂西土家族简史》编写组．鄂西土家族简史（初稿）．内部资料，1983.

[6] 摆手舞与普舍树编辑组．摆手舞与普舍树——民族民间故事传说：第二辑．内部资料，1986.

[7] 鄂西土家族苗族自治州民族事务委员会．鄂西少数民族史料辑录．内部资料，1986.

[8] 刘孝瑜．土家族．北京：民族出版社，1989.

[9] 王月圣．鄂西民间故事集．北京：中国民间文艺出版社，1989.

[10] 杨昌鑫．土家族风俗志．北京：中央民族学院出版社，1989.

[11] 丁世良，赵放．中国地方志民俗资料汇编·中南卷（上）．北京：书目文献出版社，1990.

[12] 丁世良，赵放．中国地方志民俗资料汇编·西南卷（上、下）．北京：北京图书馆出版社，1991.

[13] 彭官章．土家族文化．长春：吉林教育出版社，1991.

[14] 田荆贵．中国土家族习俗．北京：中国文史出版社，1991.

[15] 彭勃．永顺土家族．永顺县民族事务委员会编印，1992.

[16] 白新民．土家族风情录．成都：四川民族出版社，1993.

[17] 鄂西土家族苗族自治州民族事务委员会．鄂西土家族苗族自治州民族志．成都：四川民族出版社，1993.

[18] 李绍明．川东酉水人家．成都：成都出版社，1993.

[19] 湘西土家族苗族自治州文史资料研究委员会．酉水考略．湘西文史资料总第32辑．内部资料，1994.

[20] 湖北恩施土家族苗族自治州地方志编纂委员会．恩施州志．武汉：湖北人民出版社，1998.

[21] 董珞．巴风土韵——土家文化源流解析．武汉：武汉大学出版社，1999.

[22] 胡炳章．土家族文化精神．北京：民族出版社，1999.

[23] 段超．土家族文化史．北京：民族出版社，2000.

[24] 刘凤芝．中国土家族民俗与稻作文化．北京：人民出版

社，2001.

［25］全国政协暨湖南、湖北、四川、贵州政协文史资料委员会．土家族百年实录（上册）．北京：中国文史出版社，2001.

［26］彭英明．土家族文化通志新编．北京：民族出版社，2001.

［27］彭继宽．湖南土家族社会历史调查资料精选．长沙：岳麓出版社，2002.

［28］石亚洲．土家族军事史研究．北京：民族出版社，2003.

［29］保靖县政协文史学习委员会．续酉水考略．保靖文史资料第11辑．内部资料，2004.

［30］马翀炜，陆群．土家族——湖南永顺县双凤村调查．昆明：云南大学出版社，2004.

［31］刘伦文．母语存留区土家族社会与文化——坡脚社区调查与研究．北京：民族出版社，2006.

［32］毛公宁．中国少数民族风俗志．北京：民族出版社，2006.

［33］王文章．非物质文化遗产概论．北京：文化艺术出版社，2006.

［34］田诗学，肖本正，杨孝慎．来凤民间故事．武汉：湖北人民出版社，2007.

［35］彭英子．土家源．内部资料，2007.

［36］《土家族简史》修订本编写组．土家族简史．北京：民族出版社，2009.

［37］阳盛海．湘西土家族历史文化资料．长沙：湖南人民出版社，2009.

［38］《中国少数民族社会历史调查资料丛刊》修订编辑委员会．土家族社会历史调查．北京：民族出版社，2009.

[39] 邢莉．中国少数民族重大节日调查研究．北京：民族出版社，2011.

[40] 林继富．清江流域土家族始祖信仰现代表述研究．北京：人民出版社，2011.

[41] 林继富．民间叙事传统与村落共同体建构．北京：中国社会出版社，2011.

二、外文译著

[1]［德］恩斯特·卡西尔．人论．甘阳，译．上海：上海译文出版社，1985.

[2]［法］爱弥尔·涂尔干．宗教生活的基本形式．渠东、汲喆，译．上海：上海人民出版社，1999.

[3]［美］去利福德·格尔兹．文化的解释．韩莉，译．上海：上海人民出版社，1999.

[4]［美］保罗·康纳顿．社会如何记忆．纳日碧力戈，译．上海：上海人民出版社，2000.

[5]［美］去利福德·吉尔兹．地方性知识——阐释人类学论文集．王海龙、张佳瑄，译．北京：中央编译出版社，2000.

[6]［法］莫里斯·哈布瓦赫．论集体记忆．毕然、郭金华，译．上海：上海人民出版社，2002.

[7]［英］维去多·特纳．象征之林——恩丹布人仪式散论．赵玉燕、欧阳敏、徐洪峰，译．北京：商务印书馆，2006.

[8]［英］维去多·特纳．仪式过程——结构与反结构．黄剑波、柳博赟，译．北京：中国人民大学出版社，2006.

[9]［美］缪赛尔·亨廷顿．文明的冲突与世界秩序的重建．周

琪，译．北京：新华出版社，2010.

［10］［美］本尼迪去特·安德森．想象的共同体——民族主义起源与散布．吴叡人，译．上海：上海人民出版社，2011.

附 录

一、土家年调查地图①

土家年调查地图

（加粗部分河段为酉水河）

A：宣恩县黑塘村 B：来凤县老寨坪村 C：来凤县舍米湖村 D：龙山县坡脚石堤村

E：龙山县靛房镇 F：保靖县首八峒村 G：保靖县陇木洞村 H：永顺县双凤村

① 地图文件扫描来自袁新芳：《中国交通旅游地图册》，110～111页，济南，山东省地图出版社，2010。此图绘制人：覃金福，桂丽。

二、土家年访谈录

访谈一：土家年传承人彭家齐访谈录

时间：2012 年 7 月 10 日

地点：永顺县双凤村彭家齐家

访谈人：覃金福、藤召银

受访者：彭家齐（79 岁）

覃金福：我把你的基本信息了解一下，你是 1934 年的哦，是 1934 年几月份的啊？

彭家齐：我是 1934 年腊月的，腊月初十的。

覃金福：结婚是哪一年啊？

彭家齐：到现在有 50 年了嘛（1962 年），我老大今年 49 岁嘛，正好是前一年结的婚嘛，老大一家都在外面打工嘛，老二从部队转业的嘛。

覃金福：那你前一次结婚是什么时候？

彭家齐：第二次结婚的前头 6 年嘛（1956 年），那时候我还在泽家那个综合厂当厂长，我回来我们两个搞不好，搞不好那就离婚嘛，前一次有两个女子，总共是两个女子三个儿嘛。

覃金福：是党员哦？

彭家齐：是老党员，我是1955年12月30号转的正，和彭英威、田仁信我们三个一起嘛。

覃金福：今年种了好多谷子啊？

彭家齐：今年没种好多，只种了五六分地的谷子，只有半亩田的，去年种了一亩多，自种自吃。请人打谷子划不来，我们每年都是吃的新鲜米啊，你们到城里买的都是陈米啊。

覃金福：主要种的谷子、包谷，还有些什么啊？

彭家齐：包谷搞得到1000多斤哦，我喂猪啊，喂鸡啊，都是搞的包谷。南瓜种了100多棚（株）。那脐橙我换了的，那个不利，我就全部改成栽洋火（洋姜）。

覃金福：那洋火价格高哦。

彭家齐：那是的嘛，我算了的嘛，我今年出手的时候是八块嘛，再比我早的就是十块，那要是以后那高速路一通，你背到那车路就行了，又快，那有什么搞不得勒。上次我去检查，他说你血压正常，什么都正常，那你少做一点工夫啰。我说我不做那不行。

覃金福：你这个屋是哪一年修的啊？

彭家齐：1981年到户，我这是1982年冬天修的，上面村里那屋是1979年修的，那是3柱4的啊。

覃金福：当时怎么想到把这个屋修下来呢？

彭家齐：主要是我的田都在下面，这一坝都是我的田，我田到下面那就搬下来了。

覃金福：那你一家人住在这儿还是有点单嘛。

彭家齐：那不要紧的，我住了这么久那没得哪个来偷我东西，我当干部的时候就没得罪人，我从 1955 年的冬天搞初级社，一直搞到 1986 年。一转人民公社我就到综合厂当厂长，还到长沙学习了一年半，我和他们都没得意见。我到大坝综合厂待了两年，又和泽家湖整个合并成大公社了。

覃金福：您小的时候读过书没？

彭家齐：我没进过学校，我小的时候屋里以前就还是有（富裕），后头父亲死了，家务就败了，11 岁就搬到双凤，1949 年解放就搞儿童团，后头才搞民兵。

覃金福：搞儿童团的时候是好多岁？

彭家齐：16 岁，那时候还没到 18 岁，那个时候没到 18 岁是不许当民兵撒。那个时候汉话讲不好，讲到汉话的又讲土话了。

覃金福：儿童团搞了好久？

彭家齐：儿童团只搞了一年，儿童团搞完了就搞民兵，18 岁就搞民兵，一直搞到初级社，就是 1955 年冬天的时候嘛，那个时候是 22 岁嘛。1955 年 12 月 30 号入党嘛，那个时候就只有我和那个茅古斯传承人彭英威嘛，原来的老党员就只有彭英雄嘛。1955 年 12 月 30 号入的正式党员嘛，那个时候还有一年的预备党员嘛，你表现好勒就给你转正式党员嘛。1955 年转初级社，1956 年就正式搞生产了，22 岁就搞生成嘛。我又没得文化，那就只搞得来生产啊。

覃金福：那你初级社当的什么？

彭家齐：初级社当的社主任，那个时候只有三个党员，彭英雄就当小组组长，彭英威和我就是主任，彭英明当兵回来就当会计，彭振业就搞保管员，我们几个就是这样搞起来的。

覃金福：初级社搞了几年？

彭家齐：1955 年初级社，1957 年高级社，1958 年就进入人民公社了，1958 年冬天一转人民公社，我们到县里开扩大会，那个时候就开始大炼钢铁，就把我分到泽山那边当连长，去挖煤，我带 30 个人到那边去挖煤，挖了一个月零五天，我都还记得。上面就说那你这煤别挖了，换了，你去烧大炭去。我又带了 200 个人去烧炭，10 个人一组，划成 20 个组，10 个人一个班，30 个人一个排，我就当连长。刚做了两个窑，上面又说你们这 200 人赶紧去搞运输去，我们都是半夜就开始从两岔那里挑土煤，二十几里路啊，也累人啊。那是 1958 年大炼钢铁啊。

覃金福：1958 年你到高级社里面当的么子啊？

彭家齐：也是当的社主任，1959 年在村里我又是生产队长，又是民兵连长，又是大队副书记，那个时候我是三个职务。1959 年当我把烟栽好以后又让我到大坝综合厂去，让我带 30 个人，我那个时候只带年轻的，年纪大的一个都不要。1959 年 7 月份派我们到长沙去学习了一年，就是学机械嘛，车工哦、刨工哦、电工哦什么都有，我学的是钳工。

覃金福：那是公家派去学的哦。

彭家齐：那是公家派去的嘛，我是带队啊，钱是汇过去的啊，是 5 万多啊，五万七啊，一个月是 50 块钱工资，30 斤米，其他的就没得了。厂里有个伙食团，它一个月要好多钱我们就给它交好多钱，一个人一个月要交 40 块伙食钱。

覃金福：那一个月 50 块工资交了伙食钱就没有结余的了？

彭家齐：那不是的，工资是工资，伙食费是从公家那个钱里出。

覃金福：那你 1960 年回来以后分到哪里搞了？

彭家齐：1960 年回来以后那个时候斗那些干部啊，到泽家湖的时候把那 8 个干部斗的都不行了，他们喊我也去斗，我说我没得意见。

我还是到综合厂里搞，那个时候我虽然没得文化，但我老实，我讲也讲得来。后来厂拆了我就回来到大队里搞嘛，我就和英威、英雄我们几个又到双凤里搞嘛。

覃金福：那个时候你回村里当的什么？

彭家齐：当的书记，后面就一直搞到责任制到户，一直搞到1986年就没搞了，那我也老了，我这下面也搞屋了。

覃金福：那从你1960年回来一直搞到1986年，那这二十几年你一直到村里搞罗？

彭家齐：那是，一直到村里搞，那个时候还属于和平乡，我搞了16年的党委了，那个时候哪个地方搞不好，上面就派我去，我就傻傻的，上面派我去哪里我就去哪里。我总共搞了31年嘛，1955年到1986年，州组织部和县组织部给我发了证书嘛。现在政策好嘛，国家还给你养老，还给低保金，你种点田还倒给你过种子，我们这么大的年纪碰到这个社会那快活啊。

覃金福：我问一下你就是从1955年到1986年一直在当干部，1986年以后就一直在屋里搞生产是不？

彭家齐：是的，1986年以后一直在屋里。

覃金福：老书记你们当时抬潘光旦是什么时候？

彭家齐：是1956年的十月初八，十一就送走了的。

覃金福：当时是谁喊你们去的？

彭家齐：当时我们这一群都还是年轻轻的啊，那时候我当社主任嘛，那时候我们有电话啊，县长彭武甘通知我们大坝乡政府说潘光旦教授你们去接来，县长说他是瘸子腿，你们要抬啊。当时县长就说那你们要注意，如果出问题了把你们开除还要坐牢，当时潘光旦就住在英雄屋的楼上的嘛，我和英雄就在下面打个铺嘛，还有英威嘛。

覃金福：当时你们是什么时候抬的？

彭家齐：当时是8个人，4个人一班换嘛，他坐在太师椅上，我们从大坝抬上来的，其实我们当时8个人都年轻，哪有人敢来搞事。我们把他抬上来，在我们寨上，41户人家，家家户户都走完了的，那摆手舞和茅古斯我们都给他演了的啊，后头我们又给他送到大坝，县长他们的车把他接走了的嘛。

覃金福：他每天睡觉的时候你们有人守是不？

彭家齐：我和英雄守啊，在英雄的楼上歇，我和英雄就在下面开的铺睡啊，我们这本地我晓得，没有人敢来搞事。他们都晓得嘛，我一家现在坐到这里，这么多年没得人搞我的东西嘛，我没惹别人，别人也不得来搞我嘛。我当干部当了这么久，从来不乱搞，我还是老实啊，嘴巴讲得来，就是没有文化。

覃金福：土家族过年这个传承人是哪一年给你命名的？

彭家齐：到今年有4年了。

覃金福：一开始是县里的，县里的传承人给你们每年好多补助？

彭家齐：前两年都没给钱，就是这两年给钱的，前年冬天给了1000块钱，去年冬天也是给的1000，去年是那个“非遗”办那个录主任发的嘛。

覃金福：那这应该是州里给你们传承人的补助嘛，你们双凤集体过年是哪一年开始的？

彭家齐：那记不清了，有五六年了哦。

覃金福：那都是县里来人组织搞的是不？是二十几过的？

彭家齐：那次还隆重哦，州里都还来人了的，是二十五还是二十六过的嘛，那次人多。

覃金福：你们这里过年是哪一天过啊？

彭家齐：我们这月大二十九过，月小二十八过，我们土家族还是过两个年，二十九是大年，三十是小年。

覃金福：为什么提前二十九要过了？

彭家齐：因为土司那个时候要抗倭，抗敌去，要派土兵，就要土家族把儿啊、孙啊送去当兵，上面命令来了要走，就在二十九提前过年了，所以就这样传下来始终就没改了。二十九过了大年了三十就喊小年，上面要彭翼南抗倭去，就这样年年要送兵，我们从小老人家就这样讲，都是二十九过年啊。

覃金福：你们这以前喊不喊过赶年？

彭家齐：就是喊土家族过年，他们原来说过赶年，我说你那个不对，过什么赶年啊，就是土家族过年。就是土家年，因为土家族对国家忠啊，土家族人民对国家忠啊，要送子弟给国家服务，抗敌抗倭，现在就是过大年啊。我们土家族一直都在一起啊，56个民族都是亲兄弟，我们要团结一致，建设我们的新中华。我这么大年纪了，以前的老把式没听到讲过，自己种田国家还给你过种子钱，老了过60岁了还给你养老金，这样的社会多好啊。国家的政策好，这个就心里快活，国家一发达，人民就富裕啊。

覃金福：那我问一下你们这过年杀年猪是从哪一天开始杀啊？

彭家齐：过冬至以后就可以杀年猪了。

覃金福：杀年猪是不是要看日子？

彭家齐：那是要看日子，杀年猪是冬鸡腊牛，冬月份属鸡的日子就是肥猪日，腊月属牛的日子就是肥猪日。

覃金福：为什么是这样？

彭家齐：那是古传嘛，这样传下来的嘛。

覃金福：杀猪是在堂屋里面杀还是外面杀？

彭家齐：那都是在堂屋里面杀，杀猪以后用三张钱纸、三根香揩一点猪脖子上的血，然后卡在猪圈上，过年三十夜就又把那个香纸烧了。我们这里过年二十九杀鸡也是这样，那不在屋里杀鸡，都是在土地堂去杀鸡，杀了以后就把鸡脖子的毛扯几根沾点鸡血贴在土地堂那里。

覃金福：杀猪的时候敬不敬菩萨啊？

彭家齐：杀死之后要敬嘛，要到猪圈那里敬，烧三根香，烧一叠纸敬菩萨。我们这里是在堂屋里杀。过年的时候猪脑壳要摆在神龛下面的大桌上，二十九过年敬菩萨只能男的参加，女的不能参加。

覃金福：忙年除了杀年猪，还有打粑粑、推豆腐、炸团馓，还有没有什么？

彭家齐：那还要炒炒米，主要就是这几个，那个时候只有这些东西啊。

覃金福：你们这里腊月兴不兴打扬尘？

彭家齐：要打嘛，二十三以后就可以搞了，过小年以后就可以搞了，把屋里的扬尘刷了要送到外面去。

覃金福：二十三那天过小年，那天是不是要送灶神菩萨啊？

彭家齐：是的，那天要敬灶神菩萨，二十三过小年，要到灶锅里锅灯。

覃金福：那天么子时候点啊？

彭家齐：吃夜饭以前嘛，用粑粑、团馓、豆腐、香纸敬菩萨，香纸要都烧了，就点锅灯，锅灯点了以后还要在堂屋里敬菩萨，这一天是先敬灶神菩萨。

覃金福：二十三是不是送灶神菩萨上天啊？

彭家齐：嗯，是的，是吃饭之前搞嘛，点锅灯要点到半夜，每口锅子都要点锅灯，你要是锅灯不点勒，那灶神菩萨上天就要讲你屋里的坏话嘛。

覃金福：是说三十夜接它下来？

彭家齐：是的，三十夜接灶神菩萨回来。

覃金福：三十夜什么时候接？

彭家齐：以前没有表嘛，就是三十夜鸡第一次叫的时候接灶神菩萨下来，也要点锅灯敬菩萨嘛，三十夜烤旺火，神龛上的灯也要点到半夜以后。

覃金福：接灶神用些么子东西接？

彭家齐：要用刀头肉，还要用鸡脚、鸡头啊，光用刀头肉不行啊。

覃金福：那二十三过小年除了送灶神菩萨上天还有些什么事要做？神龛上要敬不？

彭家齐：那除了送灶神，其他也没得什么了，神龛肯定要敬，过小年是敬灶神以后才敬神龛。

覃金福：敬神龛除了刀头还有什么东西？

彭家齐：那还有阔箩粑粑，很大，打一槽就只做两个阔箩粑粑，神龛下面的桌上一边摆一个，是一对撒，猪脑壳要摆在那里。二十九过年那天假如屋里有在外面死的人的话，就是不是好死的，吊死的啊等等到屋里进不来屋。那要在屋外三岔路口烧钱山，每个人搞一个架子，用火把灰围着，烧的时候还要给他讲，那都是用土话讲的，喊他起来，这个是他的，把灰还要弄一个眼，不然的话他进不去。

覃金福：打粑粑一般是什么时候打？有没有讲究？

彭家齐：打粑粑从十八以后开始打？

覃金福：为什么从十八开始打了？

彭家齐：那以前没打嘛，过十八以后才打。

覃金福：打粑粑一般是几家人家合伙打不?

彭家齐：一般是几家人家一起打，那有的屋里打的多了就是自己一家打，那个时候吃粑粑狠啊，每家都泡一大桶粑粑，平时挖土都是带的粑粑，那个时候一般都要吃四五个，狠的要吃五六个，现在的人吃一个都差不多了。

覃金福：那个时候炸团馓一般家里炸好多个?

彭家齐：那个数不限定，来客了就给你泡一碗团馓嘛。

覃金福：那过年推豆腐一般推好多?

彭家齐：那一般都是三桌、四桌的，要炕干豆腐啊，做霉豆腐啊。

覃金福：我现在就问一下你过年那一天搞的事情，二十九过年那一天早上最先干什么事啊?

彭家齐：二十九早上起来就要先扫地，扫地以后就洗脸，洗脸以后就要到神龛上去上香，早上起来要上香，夜晚睡的时候也要上香，从二十九一直要上到十五。上香以后就搞早饭嘛，吃完早饭就要办年菜嘛，要杀鸡又要杀鸭子，那天最忙，那天把所有的菜都要准备好，三十夜是不许办菜的。

覃金福：那二十九那天一般是办哪几个菜?

彭家齐：那个时候兴蒸肉啊，那肉都是四方大片大片的在饭里蒸的啊，肉蒸好了又取出来，那蒸肉又是蒸肉，熬肉又是熬肉。那个时候嘛就是那几个菜啊，鸡啊、肉啊。肉有几个肉，有蒸肉、坨坨肉、熬肉、炒肉，还有豆腐、贺菜，那个时候没有现在的盆子，都是用木打的盆子，贺菜是专门盛在用木做成的盆子里，那个叫端桶，放在桌子的中间。饭就是用大甑子蒸，上面盖的肉蒸嘛，一般到初五才开始空甑子煮新饭。

覃金福：有些人说是逢狗的日子才空甑子煮新饭?

彭家齐：一般是初五煮新饭。

覃金福：二十九敬菩萨是吃饭之前敬还是吃饭之后敬啊？

彭家齐：那是吃饭之前敬，先到土地堂里敬，土地堂里敬了再到神龛上敬。

覃金福：那你们那个五谷庙不敬啊？

彭家齐：那五谷庙那天不敬，五谷庙是在七月份吃新的时候敬，那就是稻子结出稻米，包谷长出包谷球的，高粱和谷子也结出果粒的时候敬，就把这几种新果粒掐一点来敬五谷庙。我们这吃新就是给五谷庙搞的嘛，吃新的时候要杀猪，每一年要杀两头猪，把猪肉砍成大坨大坨的煮，看有好多户人家，就一户一坨肉。每个人要拿一个碗，把煮肉的汤要喝完，喝完以后就把那一坨肉用桐叶子包着拿回去吃。

覃金福：过年到土地堂敬完了以后就回来敬家先菩萨？

彭家齐：是的，家先菩萨敬好以后就要到阶岩上敬一下，敬屋檐童子，屋檐童子敬完以后要到槽门边敬一下嘛，槽门敬了以后到猪圈边要敬一下。

覃金福：那灶神菩萨那天还敬不敬了？

彭家齐：那敬嘛，二十九就不点锅灯，敬还是要敬，三十夜就还要点锅灯，三十夜也还不是这样敬，就是三十夜不去土地堂敬了。二十九这些都要敬，三十就不敬土地堂。

覃金福：二十九敬哪几个我和你核对一下啊，有土地堂、家先菩萨、屋檐童子、槽门、猪圈菩萨、灶神，还有没有什么？

彭家齐：还有一个就是前面讲的烧钱山嘛，他们回不来过年嘛，都是吃饭之前敬的，要给他们煮点稀饭，就在三岔路口把钱山烧了，稀饭洒了不能回头看，人不能打转身。

覃金福：那这和泼水饭差不多嘛？

彭家齐：是的嘛，差不多，那天也要洒水饭嘛，搞完你就把敬菩萨那个盘子端回去了，不能往后头看。

覃金福：那敬菩萨端些什么东西啊？

彭家齐：端刀头啊，另外的菜要端两样啊，搞三个碗啊，反正不许弄双的，要弄单的。

覃金福：那敬完回来就要吃年饭哦，吃年饭之前应该也还要摆一下不？

彭家齐：以前都不是在桌上吃，都是用铺盖铺在火塘边，坐在草凳子上或小木椅上，在火塘边吃，不在桌上吃。

覃金福：那为什么不在桌上吃了？

彭家齐：是以前没有桌子啊在地上吃习惯了，我也不太清楚。

覃金福：二十九那天吃完饭以后有什么活动了？

彭家齐：没什么活动吧，就是吃瓜子啊、板栗、葵花啊。

覃金福：二十九那天晚上不搞摆手舞什么的嘛？

彭家齐：那不搞，摆手舞一般是从正月初三开始搞，也是从单数日子搞，初三天气好就初三搞，初三天气不好就初五搞，初五还是不行就初七搞。

覃金福：那二十九晚上吃完夜饭就是玩了，没得事哦？

彭家齐：是的，但是到别人家去玩的话，女的是不能去的，只能男的去。

覃金福：那二十九过完年三十也还要过，那三十那天敬不敬菩萨了？

彭家齐：同样的要敬嘛，就是土地堂不敬了，就是到屋里敬一下家先，屋檐童子敬一下，槽门和猪圈也没搞，还要到火坑边敬一下。

覃金福：火坑边是敬的哪个啊？

彭家齐：阿麻婆婆嘛，那天就要到火坑边敬一下阿麻婆婆。三十夜就是吃的二十九剩的，下午三四点就吃了，晚上再宵夜嘛，二十九那天夜饭就吃得晚，哪家都是要黑了才吃饭。

覃金福：三十这一天吃完饭了搞一些什么事情啊？

彭家齐：不管是二十九还是三十，一吃完饭就要把屋里全部扫一遍，不管有没有东西都要扫一下，不搞还不行了。

覃金福：敬四官神是不是三十晚上敬啊？

彭家齐：是的，三十晚上敬，一个是接灶神菩萨，一个是敬四官神。

覃金福：那接灶神和敬四官神哪个先搞？

彭家齐：敬四官神先搞，灶神要鸡叫的时候接，四官神子时的时候敬。

覃金福：敬四官神的时候用些什么东西敬啊？

彭家齐：刀头不能少，还要煎两个鸡蛋，还有鸡肉啊、鸡头啊、鸡脚啊，还有鱼，这边装鱼，这边装鸡，中间是刀头，普遍性敬就是这样。

覃金福：后接灶神？

彭家齐：鸡叫的时候接灶神，要用刀头肉，还要用鸡脚、鸡头啊，光用刀头肉不行啊。

覃金福：那你们这里过年这一天不吃猪脑壳肉？

彭家齐：那不吃，摆在神龛下面的桌子上的，我们这里猪脑壳肉都是过清明的时候才吃。

覃金福：那这和我们那边还不一样，我们那里过年这一天猪脑壳和猪尾巴都要吃，叫有头有尾。

彭家齐：三十夜那天就是敬家先、屋檐童子、阿麻婆婆，晚上就是接灶神和敬四官神，那一夜神龛上就是不许熄灯，火坑里通夜都要烤火，烤旺火嘛，那一夜年蔸蔸没烧完的要压在猪圈上，十五那天晚上再烧完来扫尾。

覃金福：三十晚上除了烤火其他还有没有什么活动？

彭家齐：那天吃饭热菜不能用三脚，就是火坑里架那个三脚，那天它是歇气嘛，三十那天三脚就放在堂屋的角落里，那锄头啊、犁头、刀子啊都要贴贴钱。

覃金福：什么时候贴贴钱啊？

彭家齐：过年早上就要贴，门上啊都要贴。

覃金福：那为什么要贴这个东西了？

彭家齐：就是说这一天它们要歇气，就是给它们给奖品一样，给它们过东西，那是钱啊，让它们休息，还给钱嘛，连三脚都要贴。

覃金福：抢年是什么时候抢啊？

彭家齐：抢年是鸡头叫的时候就抢年，哪家先放炮火哪家就好啊，那时候还有土炮啊，那还要到水井里去挑水啊，你这边炮一放就赶紧挑水桶去水井挑水，去抢第一挑水啊，一个寨子有很多人嘛，都要去抢第一挑水。

覃金福：为什么都去抢第一挑水啊？

彭家齐：家里那吃了清净嘛。挑回来就倒在水缸里吃嘛，初一洗脸开茶都是用那个水。

覃金福：初一早上起来要搞些什么事？

彭家齐：糖啊、瓜子这些要准备好嘛，小孩要来拜年嘛，我们那时候还要给拜年的小孩打发那个眼眼钱啊，后面就是打发一角一角的钱啊。那拜年都要男孩去，有女娃也是在后面，要男孩先进屋。

覃金福：初一早上扫不扫屋？

彭家齐：初一早上不扫屋，二十九和三十必须要扫屋，那个时候老人家说过年吃饭以后你把屋里扫干净了明年你种的田里就没有草，还有过年吃饭的时候不许泡汤，泡汤了来年要垮田坎。

覃金福：那给自己的亲戚去拜年是从哪一天开始啊？

彭家齐：那还是初一第一好，初一初三去，初二不出门，初七不出门，初八不回来。

覃金福：给嘎嘎舅舅那边拜年一般拿些什么东西啊？

彭家齐：那猪腿是少不了的，粑粑啊、团馓啊、糖啊，反正是要背四样，如果你有时候没做团馓，那你就还要背一块肉，反正要有四样。

覃金福：那拜年背那个粑粑是大粑粑还是小粑粑？

彭家齐：是那个小粑粑，一般是18个，反正不能离8，8个太少了嘛，团馓也是一样啊，那个时候粑粑和团馓都是挑啊。

覃金福：给其他亲戚拜年拿些么子啊？

彭家齐：一般的亲戚就是背一块肉，外加粑粑、团馓、糖啊，反正也是四样嘛，那个时候酒就是用竹筒筒装的，没有瓶子装啊，拿酒的很少。糖就是秤冰糖，那个时候冰糖是最好的啊。

覃金福：那正月的娱乐活动就是到摆手堂跳摆手舞？

彭家齐：初三开始嘛，初三天气不好就初五开始，反正是单日开始单日扫尾，搞八夜，一个寨子搞一夜，最后还有一个大家统一搞一夜，那个叫众人摆。

覃金福：主要就是摆手舞、茅古斯，还有没有什么活动？

彭家齐：还有唱山歌啊。要解放那几年停了的，没搞，那个时候我们这里全是土匪。

覃金福：那正月跳摆手舞一般是什么时候结束？

彭家齐：初三开始一般是十一结束，初五开始就十三结束，反正一个寨子搞一夜。

覃金福：那每年的顺序变不变啊？

彭家齐：那不变，都是在双凤摆手堂搞嘛，就是每一寨的人那一夜过来跳摆手舞。还有一个就是吃新是统一的，在一起搞，在官厅堡上那个五谷庙那里杀一头大猪，一个人拿一个碗喝肉汤，每一户人回去拿一坨肉。

覃金福：那正月过十五是不是也提前一天是十四过啊？

彭家齐：那也是两个嘛，十四和十五，过十五以后就做工夫，没过十五不做工夫。

覃金福：那为什么过十五也要提前一天十四过了？

彭家齐：那个时候祖传说你们过了两个年了，那也就过两个十五，十四和十五也都过。

覃金福：过十四那天要搞些什么事情啊？

彭家齐：那天也就是敬菩萨嘛，敬家先菩萨，到土地堂也要敬。

覃金福：那十四和十五哪个大一些了？

彭家齐：那十四要大一些。那天有的菜也要搞齐。

覃金福：那个贴钱是十五烧？

彭家齐：是的，那是十五那天烧，十五那天吃了爬坡肉了要用那些行头做工夫啊，它们就休息不成了，就要把贴钱扯了烧嘛。那个时候没转社的时候我们正月天天去赶野猪。

覃金福：过十五那天烧贴钱的时候是什么时候烧？

彭家齐：是吃夜饭以后烧，贴在那里的扯下来就旁边烧了，猪圈卡那个有血的钱纸也要扯下来烧了。那个时候好像就是桶上面没贴，桶是不贴的，可能是桶要用哦。

覃金福：去年文化局组织你们集体过年时二十几过的啊？

彭家齐：是二十三嘛，那天没怎么搞好，吃饭的点没安排，那天主要还是没安排好，他们又不懂，我给他们用汉话讲的，那个烧钱山我说我把那个稀饭一浇我们就往屋里回去啊，不能讲话啊，后头我一浇，他们站在那里不动，我给他们用汉话都讲了的啊。那要搞就要认真搞了，那年到妹头屋里搞那次，讲到不能乱烧钱山，他们就硬要到他屋天坪（院坝）那里烧钱山，那怎么行了，他们进槽门都进不得，怎么能在屋前天坪里烧钱山？那都是不行的嘛。

覃金福：那你们去年过年那些活动都搞了的？

彭家齐：杀年猪、打粑粑、炸团馓、推豆腐、点锅灯都搞了的，他们在村部堂屋里摆了三张桌子，你要按程序坐啊，男的坐左边，女的坐右边，按老小这样往下坐啊。端桶没有，贺菜也没有，后面我就在那里插两根蜡烛，点三根香。你要到公家那个屋里搞，也要搞好，到堂屋里敬菩萨的时候一个都不许来，姑娘那些是不许进来的，不许看。后面这些都没搞好啊。

覃金福：那前几次双凤集体过年搞的怎么样？

彭家齐：前面都还好，就是后面程序没搞好，用土话讲一遍还要用汉话喊一遍，碗必须要十二个，要一个盆子，如果没有这么多菜啊，那有些菜你可以装两盘。

覃金福：为什么一定要十二个碗？

彭家齐：十个也搞得，再少就不行，中间那个贺菜要有啊。再一个就是人要安排好，没搞之前首先要训练一下，不然好多人都不懂啊，你要给他们说这些嘛。

覃金福：那你是传承人，你就要教他们这些啊。

彭家齐：是的，我住在下面的，他们头天都安排好了的。这个还是要提前沟通，我要找那几个会讲土话的老的，坐位置这些都有讲究，年轻人要给他们讲这些。起码要有三个会讲土话的老人，女的那边也要有会讲土话的人，你要是土话都讲不来，你要集体过年那还是不行。这些东西必须齐全，还没搞的时候把空碗摆在那里，都要训练一下才行。酒端起来点几下，这些都要搞，那天主要还是没通知到人。我也不能讲啊，因为我们老了啊。

覃金福：那你要讲了，因为你是传承人啊。

彭家齐：今年还要搞，那今年一定要搞好，头天要训练好，不要搞菜，用空碗训练一下，人要到齐，人要物色好，郑重其事地搞哪有搞不好的哦，我们要训练，不训练好多人都搞不来。

覃金福：你是要给他们训练一下，不训练他们以后都搞不来了，你们是传承人啊，就有这个职责啊传承下去。

彭家齐：搞了几回嘛，前面几回隆重些嘛，这次我问他们到哪里吃饭，他们没好好准备，无头无脑啊，尽管我在上面我不是干部也无法啊，老了啊。敬菩萨非常重要。

覃金福：堂屋里敬菩萨的时候要注意些什么？

彭家齐：香纸这些桌子上要摆好，还要磕头，这个周围只能进男的，妇女不许来，香不是九根就是三根，反正要是单的，蜡烛要是双的，作揖是作三个嘛。香拿着作三个揖，然后再上香，上完以后下来再磕三个头。纸只烧一堆，等纸快要烧完了，磕头起来就奠酒，桌上有三个杯子，每个杯子奠一下，奠完酒以后就可以了。

覃金福：敬菩萨的时候讲不讲话？

彭家齐：那不讲话。

藤召银：门外或其他地方插香烧纸不？

彭家齐：那不搞。

覃金福：现在年轻人好多都不懂过年的习俗了吧？

彭家齐：好多都不晓得了，年轻人敬菩萨都懒得搞了，好多人上香都不会上了。

覃金福：所以你们老一辈懂的就要教他们啊，不教不行啊，年轻人都不知道了啊，你们不教的话以后这些年轻人都不晓得土家族的风俗习惯了。

彭家齐：我那大孙我教他他就不搞，那老二他要搞。一个是这些习俗，还有一个就是土语，土语再不搞就水了，我们这里讲的全面的没得几个了。

彭家齐：今年过年你来嘛，如果不比前几次搞的隆重些，就不要再叫我彭家齐了，我把姓都改了，我这个人对公事最认真，搞什么东西要搞就要搞好。

覃金福：当时他们定土家年的传承人为什么会选定你了？

彭家齐：向局长说我对这个事情搞得多些，搞得久些，他们说那你硬要搞，我说我搞不得，年纪越来越大了，喊那些年轻人来搞，我们帮他们教一下都可以。他说那不行，还是要你来搞才行。上面也重视我们，我们共产党员一辈子就要跟着共产党走啊，跟着政府走啊。

覃金福：你也慢慢地教那些年轻人这些，慢慢地把土家年的习俗传承下去。

彭家齐：就像双凤，他们搞土家语，我们给他们教了两天嘛，后面就没搞了，后面要是失传了那就不怪我们了。

覃金福：政府给你命名为土家年俗的传承人你觉得光不光荣？

彭家齐：这个东西，我们肯定要认真搞，最好是喊他们年轻人搞啊，现在主要是没有认真组织，认真组织了我肯定会好好教嘛，我是带头的嘛，不带不行啊。

覃金福：你要和摆手舞一样啊，要带传承人啊。

彭家齐：那要带啊，不带不行啊，带三四十岁的年轻人啊，他们反应快一些啊，特别是三十几岁的人，二十几岁的人脑壳还快一些，但是三十几岁的人他对整个社会了解的多一些。那里牌子上挂一个中国土家族第一村，土语都搞不来了那怎么能行了。

访谈二：永顺县文化局向局长访谈录

访谈时间：2012 年 3 月 7 日

访谈地点：永顺县文化局

访谈人：覃金福

访谈对象：向先林（41 岁）

覃金福：您好，向局长，2010 年永顺县已经成功将土家年申报为国家级非物质文化遗产，今天我想就你们文化单位将民族文化申报为国家非物质文化遗产所做的工作进行一下了解。当时永顺县申报的时候为什么用了“土家年”这个标题，而不是用以前学术界一直使用的“赶年”?

向先林：这个是这样的，当时我们省级的时候都还是用的“过赶年”，后面报到中央去的时候上面给改了的，改成“土家年”的。我们申报一直是用的过赶年，平常我们过年是喊的大年小年。

覃金福：当时是哪些人给你们改的意见的?

向先林：当时我们往国家级报的时候征求了相关专家的建议，把名字改成了“土家年”。

覃金福：在申报非物质文化遗产中，永顺有那么多非物质文化遗产，为什么想到申报土家年？是谁先提出来的？

向先林：我们申报时这样想的：带有土家标志性的东西就先申报；濒危状况比较严重的就先申报；还有一个就是在申报过程中我们觉得和别的县市比有优势的就先申报；还有一个最关键的就是亟须要保护的先申报。

覃金福：当时申报土家年这个非物质文化遗产最先是谁提出来的？

向先林：这个不是哪个最先提出来的，这是一个项目，有一个项目库，我们是根据上面的政策一级一级来的，县级州级省级到国家级这样搞的，提出来肯定是我们文化中心提出来的。

覃金福：你们“非遗中心”是什么时候开始调查收集资料的？

向先林：我们时刻在关注这个非物质文化遗产，平时在工作当中就注意相关资料的收集，我们不是因为“非遗”而收集资料，我们是因为工作而收集资料。

覃金福：那土家年这个“非遗”最初开始申报是从么时候开始的？

向先林：好像是2004年开始还是2005年开始的，就是从国家开始实施“非遗”保护这个工程的时候我们永顺就开始注重专门的收集了，刚开始都还不喊“非遗”，喊民族民间文化撒，像这方面的资料我们七八十年代就搞了的，后面在工作当中我们也是随时都在注重资料的收集。资料收集不是一个单独的过程，而是一个长期持续的过程。

覃金福：针对土家年这个项目，当时下去收集资料的有好多个人？

向先林：当时是六七个人搞这个项目。

覃金福：大概一共花了好久时间下去调查？

向先林：调查一直是一个长期的过程，当时是2002年还是2003年，中央电视台专门到我们双凤村拍了一个土家年的专题，县级最开始是 2004 年就开始搞的。

覃金福：收集到的资料大概有多少万字？

向先林：大概有 40 万字。

覃金福：后期的申报材料是你们中心独立策划的，还是和相关学者联合策划的？

向先林：土家年是我们自己搞的，申报材料都是我们中心自己写的。

覃金福：关于土家年这个项目经费大概花了好多钱啊？

向先林：我们申报的时候都是几个项目同时搞的，那我们就派人派车，项目都是一起搞的，大概有 2 万块。

覃金福：这个经费是哪里拨的？

向先林：经费是县里拨的，每年是给 15 万嘛。

覃金福：其他的还有没有资金来源？

向先林：其他的还有就是项目保护资金嘛，土家年资金下来的，好像是 10 万块钱嘛。

覃金福：县里一年拨的 15 万是你们文化中心所有的项目资金？

向先林：嗯，是所有的项目资金。

覃金福：就你们的调查了解，整个永顺县现在大概有哪些乡镇还过土家年？多少万人过土家年？

向先林：现在永顺农村基本上都还是提前过土家年的，向姓的和彭姓的都过，城里好多就是过的三十，大概还有 30 到 40 万人过土家年。整个永顺县是 50 万人，城里大概是十几万人。

覃金福：你们向上申报土家年时是选取的哪个典型村作为具体案例的？

向先林：当时选了两个村，一个是双凤村，一个是毛坝的太平村。

覃金福：当时为什么会选择这两个村落了？

向先林：双凤村过年有基础嘛，再加上它的整个土家族民族特色比较隆重嘛，它能够集中反映土家族的整个风貌嘛。作为项目它要平衡分布，我们那个太平村有一个土家年俗的传承人，是县级的传承人，他都有七十来岁了嘛。

覃金福：他是叫什么名字啊？

向先林：州级有一个是双凤村的，叫彭家齐，也有六七十岁了，太平那个县级的叫向成基，当然那个州级的传承人同时又是县级的传承人撒。两个都是2009年一起申报的，省级的传承人还没往上报。

覃金福：当时报传承人为什么会选择两个了？

向先林：那我们都是根据非遗法对传承人的要求来做的，他们对土家年的民俗了解都比较多，传承人的认定都有相关的要求，我们是根据要求来选的，但同时也考虑了整个项目的布局。

覃金福：这两个村都过土家年，那这两个村忙年大概从么时候开始啊？

向先林：我们过年了是从冬至开始算起，冬至以后就可以杀猪了，那过年过到正月十五结束，永顺整个过年的期限大概就是这样。

覃金福：那忙年都有哪些活动？

向先林：杀猪、打粑粑、炸团馓、推豆腐。

覃金福：这两个传承人县里每年给他们钱么？

向先林：县里是每年两百，州里是每年三千嘛。

覃金福：那像那个彭家齐州里给了县里还给不给？

向先林：州里给了县里就不给了。

覃金福：就是现在只有州级的传承人，还没有省级的传承人。

向先林：省级的还没报，今年好像是要报省级的嘛。

覃金福：你们选择的这两个村为案例，那它们的团年是哪一天？

向先林：都是提前一天嘛，这都是相同的。

覃金福：以你老家太平村为例，以前团年这一天有哪些活动？

向先林：早上起来就去送亮嘛，屋里就办饭敬菩萨这些嘛，梅山神、猪圈菩萨、灶神这些都要搞，这些都是差不多的。

覃金福：你们这拜年是从哪一天开始了？

向先林：拜年是从初一开始。

覃金福：拜年有没有顺序的讲究？比如说初一拜么子，初二拜么子。

向先林：那是有讲究的嘛，初一这一天如果是儿子的话就可以早点到周围附近别人家里去拜年，是男孩早上第一个到别人家去拜年，主人家就欢喜，如果是姑娘的话，主人家就不欢喜。初一就是家族和一个村子周围附近的人拜年。给亲戚拜年，就是自己的舅舅家是看得非常重的，那都是大人带着去。

覃金福：那初一你们给村里周围的人拜年也就是讲一番吉利话啰？

向先林：那是的，就是讲一番吉利话。

覃金福：那主人家给你们一些么子东西了？

向先林：葵花、花生、梗梗（甘蔗）啊这些，我们以前小的时候都没钱，现在可能都还有一点钱了。

覃金福：那给舅舅家拜年一般是拿些什么东西啊？

向先林：肉啊，梗梗（甘蔗）、糖、酒、粑粑。

覃金福：你们这送年是哪一天？提不提前？

向先林：我们这好像没得送年这一说。

覃金福：就是过十五嘛，你们这十五提不提前一天？

向先林：十五好像没提前，还是十五这一天过。

覃金福：那你们申报的时候提到过十五这一块没?

向先林：那提到的嘛。

覃金福：那你们是以十五还是十四做的案例?

向先林：我们是以十五做的案例嘛。我们永顺沈泽那边有一个村是六月份过年。

覃金福：是的，六月六过年嘛，这个古丈那边也有。

向先林：据我了解，我们沈泽就只有这么一个村。

覃金福：我们也知道现在过的土家年和传统的土家年有一些变化，例如过年的娱乐方式等等，你们文化单位是如何看待当代土家年的文化多样性?

向先林：这个是非常正常的，这是我个人的观点啊，也不一定正确啊。像过去我们的土家年啊，还有整个的节日啊，都是根据当时的社会状况来决定的，都是和当时的社会状况相衔接的。像我们小时候过年没有给钱，那是因为当时农村的经济不富裕，但是走人家的话主要是送粑粑、梗梗（甘蔗）、肉、酒，没得钱买糖的话连糖都没送了，那都是根据当时的条件来的。到舅舅屋了，那就一定要给打发钱。

覃金福：那时候打发钱一般是好多?

向先林：那时候就是几块钱啊，这都是比较正常的，像过去过年都是以老班子（老人）讲古为主，现在有电视，当时还是没有很多娱乐活动撒，老百姓还是都没有一定的使命感撒，都是一种不自觉的。过年的话几个人到一起，那自然而然老班子（老人）就会讲古，在讲古中就会不自觉地把土家族的源流讲出来，这都是一种不自觉的行为，都是和当时的社会相衔接的，这个它不是狼来了，看电视他肯定还是要看电视。

覃金福：在你们后期的申报材料中是怎样协调这种文化多样性和

传统土家年的关系的？有没有避当代土家年的变化而重传统土家年的描写？

向先林：我们还是主要注重传统的描写。

覃金福：那当时你们的申报材料把土家年的当代多样性写进去没？

向先林：那基本上是把当代的濒危状况写一下，濒危状况一个是说的它的发展方向嘛，再就是分析它的原因，它为什么会濒危嘛，像过去过年到屋里很多还是比较多的嘛，它不存在打工这些嘛，现在打工的都到外面去了，他可能过年就没回来，进而就冲淡了过年的氛围嘛。

覃金福：从最初级申报到国家级的申报这段时间中，你们文化单位做了哪些宣传工作？

向先林：申报不能做宣传，申报是保密的撒。

覃金福：就是国家级批下来以后，你们做了哪些宣传保护工作？

向先林：像平常的常规宣传必然会涉及到项目，这个是肯定做了的。

覃金福：2010 年土家年成为国家级物质文化遗产后，你们又具体做了哪些工作来保护传承这一国家级非物质文化遗产？

向先林：具有代表性的就是我们每年要到双凤村举行一次集体过年的活动。

覃金福：去年过年是什么时候举办的？

向先林：是腊月二十三举行的嘛，是我们文化局组织的嘛，我们和双凤当地的村民及请的一些人一起去过的嘛。我们每年都搞的。那 2008 年搞得很隆重，是他们村里组织的，我们文化局是协办的，州里领导都来参加了的。

覃金福：从哪一年开始集体过土家年的？

向先林：从2007年开始搞的嘛。

覃金福：那这个活动是谁提出来的？

向先林：这是我们局里自己的想法。

覃金福：每次活动搞几天？

向先林：那每次活动都只搞一天。

覃金福：那去年主要搞了哪些活动？

向先林：就是所有土家族过年的流程全部都要搞，打扬尘、写对子、杀年猪、打粑粑、推豆腐、杀鸡、杀鸭、炒炒米、炒花生、炸团馓、敬菩萨这些全部都搞的。就是严格按照过年的所有流程来做的嘛。

覃金福：那敬菩萨这些是哪个主要去敬的？

向先林：是传承人彭家齐去敬的嘛，还有那个摆手舞的国家级传承人田仁信。

覃金福：当时大概村里有好多人参加？

向先林：村里全部都参加了的，当时是在村部举行的嘛，活动是在外面那个坪坝举行的嘛。

覃金福：集体活动搞了些么子活动？

向先林：摆手舞啊、茅古斯这些都搞的嘛。

覃金福：活动一直搞到下午几点钟结束的？

向先林：吃年饭以后，跳完摆手舞就结束的嘛。

覃金福：搞这个活动你们文化局大概给村里资助好多钱啊？

向先林：这个是这样嘛，东西是我们自己买的嘛，他们做饭的、跳摆手舞的我们都给他们过一点工资撒，就是都比较少嘛。一个人给二三十块钱。

覃金福：那他们跳摆手舞的服装是你们买的还是他们自己的？

向先林：那服装都是他们自己的，他们自己都有服装。

覃金福：那他们杀年猪、打粑粑这些东西也是你们买的？

向先林：那都是我们买的嘛。

覃金福：那猪也是你们买的，那天没吃完的肉是怎么分配的了？

向先林：那基本上那天都吃完了的，粑粑这些原料都是我们买的，没吃完的就放到他们村里面的。

覃金福：这样组织一次过年，你们文化单位大概要花好多钱啊？

向先林：那七八千块钱要花。因为这个土家年平时不怎么好展现嘛，所以每年到年关的时候，我们文化局就到土家族文化比较浓厚的双凤集体过一次年嘛。

覃金福：那今年也应该还有嘛，到时候我一定要争取过来看一下。

向先林：好的，那肯定还有嘛。

覃金福：关于土家年这个项目，你们今后还有没有制定一些保护规划？

向先林：那有嘛。

覃金福：主要是一些么子保护规划？

向先林：保护规划我们就是按照上级文化部门的要求，严格落实。

覃金福：你认为这个土家年和汉族的春节是一个什么样的关系？

向先林：你中有我，我中有你，互相融合的关系，既有我们自己的一些东西，同时也借鉴了汉族的一些东西。比如我们贴对子纯粹就是汉族的，因为我们土家族没有文字撒，现在贴对子肯定就有文字表述嘛，从改土归流以后嘛就有了嘛。

覃金福：像这两个村是两个年都过还是只过土家年？

向先林：两个年都过嘛，我们这过年都是分大年小年。

覃金福：那哪个是大年哪个是小年了？

向先林：提前那天是大年，三十那天是小年。

覃金福：你认为土家年与土家族其他文化关系是什么？

向先林：都是和自身的民族文化相关的，都是紧密融合的，和当时的社会状况是相衔接的。

覃金福：你认为土家年是土家族最典型的传统文化吗？理由是什么？

向先林：土家年是土家族标志性的传统文化，首先看时间嘛，过年是土家族最盛大的一个日子嘛，过年的流程都带有自身的民族特色，过年这一天还是所有活动的一个集大成，这一天还有茅古斯、摆手舞这些活动，还有山歌的活动。土家年是一个融合性的，统一性的东西。

覃金福：你认为土家年是不是我们土家族的一个时间制度？

向先林：这个是的嘛，土家年和汉族的春节从时间和功能的划分是一样的。为什么要过年嘛？一年辛辛苦苦到头了，就像古代丰收了要好好吃一下，好好玩一下。到这个时候所有的农活基本上都做完了，这个时候就是歌舞娱乐的时候，也就是享受劳动成果。

覃金福：那你认为我们土家年的生命力在哪里？

向先林：土家年不像土家语可能存在消亡的情况，土家年是不会消亡，那为什么不会消亡呢？因为整个社会的大环境就是这样过，全国的环境是一样的，而且我们土家年的自身的一些特点不会消失，这是和我们土家族的风俗习惯、民族风俗、行为方式啊，也就是民族精神相结合的，这是永远不会消失的。它不像织锦可能会消失，土家语可能会消失，打镏子可能会消失，土家年是永远不会消失的。

覃金福：当时你们申报也提到了土家年是一个濒危保护，那土家年的濒危性又体现在哪里？

向先林：我为什么说它不会消失又存在濒危性了，就是说它在过年这样一个大的形制当中，它逐渐会丧失自己的民族文化特征，这个是它濒危的一种概念。我们过年任何一家都会过年，土家年的濒危性并不是说我们土家年不过了，而是说丧失它自身的民族特征，这是濒危体现的关键。

覃金福：针对土家年的这种濒危性，你觉得应该如何来保护它？

向先林：保护它就是保护它自身的民族特性嘛，这是一个大的方向，具体的措施它和非物质文化遗产保护的措施一样。

覃金福：在整个保护中，你认为政府或者文化单位应该发挥哪些作用？

向先林：引导的作用，引导保护，把土家年当中不利于自身或者和自己民族文化相冲突的地方去伪存真。政府的功能毕竟还是有限的，像土家年这个项目，老百姓始终还是要过年的，政府具体保护也不好搞啊，主要还是传承人、项目带、传习所，还有一些宣传，作为研究者，我认为这些不太重要，我认为还是要去抓住事物的实质。现在申报有个考虑全国布局的问题，像土家年啊、梯玛这些带有民族标识性的东西应该是联合申报，你不能单独搞，假比我和龙山相比，你搞么子项目，我就搞另外一个项目，实际上我们两个都有的，都是相同的，实际上应该还是联合申报，包括保护的时候都应联合，就不应该划分省会县会，实际上是整个民族区域的问题。如果你搞了一个国家级的项目，我们这边也有但不能申报，这样对整个土家族民族文化发展就不利嘛，还有可能造成民族不团结嘛。

访谈三：保靖县陇木洞村彭运江书记访谈录

访谈时间：2012 年 3 月 8 日

访谈地点：保靖县城雨名轩茶楼

访谈人：覃金福、彭丹

访谈对象：彭运江（45 岁）

覃金福：书记搞的几年了？

彭运江：三年了，我是 2008 年开始搞的嘛。

覃金福：那你搞书记之前村里集体过年没？

彭运匠：那从我搞村长就开始搞了的。

覃金福：哦，那你搞书记之前是搞的村长，那你村长是么时候开始搞的了？

彭运江：我村长是 2005 年开始搞的嘛，我 2005 年开始搞村主任，2006 年就开始搞这个活动，2006 年搞了一个索源之光，2008 年搞的绿色神韵，2010 年就过大年。

覃金福：这个活动最先是哪个策划的？

彭运江：最先是我策划的嘛。

覃金福：你当时为什么要策划这个活动了？是出于一种什么考虑？

彭运江：主要是想弘扬我们土家族自己的文化，再一个就是丰富村民的精神生活。

覃金福：你们这个地方还是蛮好啊？

彭运江：我们这里以前下雨没有胶筒子鞋是不能走路的，现在的路是今年才修的，那个活动场都是今年修的。

覃金福：那你们村委会的房子是么时候修的？

彭运江：村委会的房子是 2009 年修的。

覃金福：哦，这个活动场也是今年搞的，那这个活动场是援建的还是你们村里自己的钱建的？

彭运江：我们村里哪有钱哦，都是上面政府部门拨的钱建的，今年有个农村环境连片整治项目，州环保局有个减振扶贫组到我们这里，他们支持的。

覃金福：我也看到有基金会在帮助你们村，是哪几个基金会？

彭运江：是香港嘉利集团郭氏基金会，他们是2011年4月份把我们村确立为扶贫示范村，还有一个就是南京爱德基金会在2010年我们村整改人饮工程的时候给了5万元资助，这个基金会就是资助这一次。

覃金福：我看你们村每家厕所的整治是不是也是基金会的资助？

彭运江：不是的，那是国家对农村环境整治的一个试点，这个在我们全州只有碗米坡镇有十个村纳入这个范围，是农村环境联片整治的一个项目，像这个垃圾屋啊、便民公厕啊这些都是这个项目里面的。

覃金福：像香港嘉利集团这个基金会每年给你们村资助好多钱啊？

彭运江：这个涉及的面比较宽，它从卫生、教育、产业、水利资源四个方面入手，其实就是基础建设这一块。它们扶持的形式是先通过一个什么样的新理念，先是要改变人，最终的目标是敬天爱人，敬天就是要遵循自然的规律，保护大自然，要实现人和自然的高度和谐，爱人就是人与人之间要实现高度和谐。

覃金福：每年这个基金会资助的钱你们有没有统计啊？

彭运江：这个确定示范村以后要搞15年的，一直要到这个目标实现为止，这个投入也没有标准，我们县里有几个示范村，像投入比较大的有1000多万的。我们村是从2011年才开始的，先是对全村的贫困情况进行摸底，像每一户的收入、开销啊，甚至饮食习惯都进行细致的摸底，摸底之后他们就制定了一个15年的扶持方式的规划，到今年的4月份就是要帮我们村的电器、人饮这些陈旧的设施进行改造，大概是40多万元，这是一个比较大的投入。再一个就是支持我们产业这一块的发展，给我们村投入了20万专门发展产业的基金，它就是要求我们富裕了以后要帮助其他人，再一个就是获益以后把这个 20 万基金又返回到村里面作为滚动资金反复使用。

覃金福：这个基金会和你们村是怎么牵手的了？

彭运江：最开始就是我们镇人大主席带我到那里介绍了我们村的情况，我们村有一个比较好的基础就是村民比较团结，比较和谐，但是生活状况是相当贫困，需要外界的援助，他们到我们村调研考察之后就促成了这个事情。我们这是香港嘉利集团郭氏基金会今年 4 月份才援助的。

覃金福：那这个项目给你们村教育是怎么帮助的啊？

彭运江：一个是小学的贫困生给予一定的援助，大中专职业院校的也有一个援助标准，大专职业院校的每年给 6000，中专就是每年 4000。

覃金福：那大学的有没有资助？

彭运江：没有，主要就是那些辍学打工的青年，鼓励他们多学知识。卫生这一块也搞得比较细，像平时刷牙啊、多洗澡啊这些生活卫生、生理卫生都搞得很细。

覃金福：你们这里的水是怎么引来的？

彭运江：我们这里的水是从这边山翻过去有个喊雷神洞的地方引过来的，我们这以前吃水是相当困难的，以前就讲“养女不嫁陇木洞，一水要当三次用”，洗脸的水用来洗脚，洗脚以后放在那里沉淀以后又拿来喂猪。以前外面的人到我们这里来就说“宁吃他一餐饭，不喝他一杯水”。以前过年打粑粑的时候半夜就要到水井那里去排队守水，一天只能背两次水，到麻岩洞那里去背水。我们这里的水是 1989 年得到政府支持的，吃水得到了改观，在我们湖南省我们有两大之最，农村的人饮工程保存得最长，有二十几年了，还有一个就是水价可能是全省最高的，我们现在的水价是五块多一吨了，我们这水是用电抽的，那个专用变压器有电损，这也是一笔费用，再加上社会工资越来越高，管护人员工资高，我们这个村不大，基本上常年在屋住的也就70来户人，整个村是110多户人，518人。

覃金福：整个村还是主要是彭姓为主？

彭运江：大部分都是姓彭，85%都是彭姓，基本都是土家族，他们李姓的是两个字牌，下面那个字牌姓李的都改成土家族了，上面还有几家还是汉族，现在整个村就是他们那几家是汉族。其他的有姓贾的，有姓王的，有姓向的，这些本身就是土家族。

覃金福：粮食作物主要有哪些东西？

彭运江：粮食作物我们这里就比较杂了，有豆类的啊，麦类的啊，荞麦、高粱、小麦的都有。

覃金福：苕、洋芋种没种？

彭运江：苕种的有，土豆种的不多，主种的就是水稻和玉米。

覃金福：整个村的可耕地面积有好多亩？

彭运江：总的可耕地面积是694亩，稻田是364亩，旱地有330亩。

覃金福：整个村的林地有好多亩？

彭运江：总的林地有5100多亩。

覃金福：现在这个村主要种植什么果木？

彭运江：我们最初也是跟着湘西的大气候跑，跟着人家种椪柑，我们这边海拔比较高，椪柑的品质不是太好，口感也不是太好，后来我们说我们走的路子一直都是追逐式的，看到别人种什么赚钱，市场上什么好销，就跟着人家种，但是现在这个品种换的太快了，所以我们一直都在吃亏。从2007年我们村里就自发搞了一个野生水果试种，现在已经试种成功的是杨梅。我们现在不再紧跟别人的后面，要自己创一条新路，走自己的路。这个是原生态的，它的口感、色泽都很好，市场前景也比较好，杨梅的单产在2000斤以上，只要种植管理到位的都是2000斤以上。但是就是怎么样去保鲜，怎么让我们的产品走向市场还是个问题。

覃金福：陇木洞现在不是在发展绿色水果业么，那现在主要是栽种哪几种水果?

彭运江：目前种植面积比较大的就是猕猴桃，还有就是现在正在种植的中秋酥脆枣，其次就是野生水果这一块，像梅啊、三月泡、八月瓜这些。

覃金福：你们这些品种是自己引进来的还是怎么搞的?

彭运江：一方面我们是从外面引进一批优良品种，像现在我们种植的猕猴桃，它里面的肉是红色的，2007年被国家认定为品质比较好的品种。除了从外面引进来的一批，还有就是利用我们本地的自然资源，野生水果这一块是我们自己驯化，选育之后栽种的。

覃金福：像你们村每年的水果产值大概有好多?

彭运江：从产值来讲，还没有形成一个强势头的支柱产业，从2011年到2012年我们才重点抓水果产业这一块，通过发展产业来促进老百姓的增收。

覃金福：去年大概卖了好多钱?

彭运江：像我们从20世纪90年代星星点点发展起来的椪柑有300多亩，但是从2008年开始以后销售上出现了问题，销不出去啊，年年都是亏损啊。今年我们种的中秋酥脆枣就是对以前的椪柑园进行的改造，就是把椪柑树全部砍掉了换的，再不换就不行了，年年老百姓都是亏损，一角多两角多都还卖不出去。

覃金福：现在你们村的其他主要农作物是哪些？

彭运江：我们村有个特色，就是物种这一块比较丰富，传统的粮食作物都保护得比较好，我们陇木洞村从 2006 年开始是一个中德合资项目，即生物多样性保护项目的试点村。项目是从 2006 年开始到 2010 年结束，结束之后我们还在继续从事这一块多样性的保护，对传统粮食的种植啊我们都是从多方渠道争取资金来补贴，我们想把传统物种这一块保存下来。

覃金福：陇木洞村的品种主要有哪些？

彭运江：粮食作物类有麦啊、豆啊、玉米等这些传统的物种都还有，总共有几十个物种我们年年都还在种植。

覃金福：过年的时候我看你们村口那个对联写的是调年，这个调年和土家年是一个什么关系？

彭运江：调年就是过年那一段时间老百姓举行的一系列娱乐活动，像茅古斯、摆手舞啊、打镏子等等，包括你搞祭拜都应该是属于调年。

覃金福：现在村里面过年是喊过年还是其他的名字？

彭运江：就是喊过年。

覃金福：有没有听到过喊赶年的？

彭运江：赶年没听到讲过，村里还是喊过年。

覃金福：我上次听你说你们村从 2006 年开始集体过年，是不？

彭运江：是从 2006 年开始，我们每一年过年都搞一个联欢活动。

覃金福：当时你们为什么会考虑到集体组织大家过年了？

彭运江：从 20 世纪 80 年代以后，集体组织的活动就很少，每到过年就觉得枯燥无味，于是村民也有同样的愿望，当时也是希望通过这样的活动激发我们村这种积极向上的氛围。我们每一次活动都是和村里的发展思路挂钩的，2005 年我们村里面组建了一个索源果业技术协会，意思就是探索本地的资源，挖掘现有的资源，来帮助农民致富，所以我们2006年那次活动就叫索源之光嘛，也就是呼吁大家形成家庭形式的一个支柱型产业。

覃金福：2010年你们是腊月三十一起组织大家过的年？

彭运江：2010年的时候是三十搞的。

覃金福：去年是腊月二十四、二十五两天，去年为什么会考虑这两天过了？

彭运江：因为这年这次活动是县、州文化部门参与组织的，有些领导要来，要是过大年的时候他们回去时间就不方便了，所以把时间提前了。

覃金福：那村里组织过了，到腊月二十八的时候他们各自在家也还要过年吧？

彭运江：那是的，他们还要过。

覃金福：那你们每年组织大家过年的资金是从哪里来的？

彭运江：一般是老百姓自己出一部分，政府部门给我们援助一些。2010年集体过年正好是3月8号妇女节嘛，当时我们的主题之一是庆3·8嘛，大家一起吃的年饭嘛。当时老百姓提出来今天我们是不是一起过个年啊，大多数老百姓都有这个愿望，有的就说我愿意出500，有的就说我愿意出200，这种情况下大家都有这个愿望嘛，能够一起过个年大家又热闹又开心。

覃金福：那村委会在过年的时候有没有资助了？

彭运江：我们贫困地区的村委会没有什么资金啊。

覃金福：就是去年2011年组织大家一起过年花了好多钱？

彭运江：开支花了1万多块钱嘛。

覃金福：这个资金县里的“非遗中心”出了的，还有没有别的地方出资金的?

彭运江：大部分是县非遗中心出的，我们碗米坡镇政府也出了一部分。

覃金福：那去年这次过年各个家庭就没出钱了嘛。

彭运江：是的，主要是政府部门支持的。

覃金福：去年过年表演的节目像摆手舞啊、茅古斯是谁策划的?

彭运江：活动的策划主要还是县文化局搞的，但是这些活动我们一直都保留得比较好。

覃金福：去年搞的娱乐项目有哪几个?

彭运江：扳手劲、顶杠、背媳妇啊这些传统的娱乐项目。

覃金福：这些娱乐活动也是他们给你们策划的?

彭运江：这些我们一直都在搞。

覃金福：去年你们过年不是杀了一头年猪嘛，这个年猪是哪一家的还是出钱买的?

彭运江：猪是农户的，帮他家里补钱。

覃金福：那补了好多钱?

彭运江：补了1400多块钱吧。

覃金福：钱是从哪里出的?

彭运江：钱是从资助的钱里面出的。

覃金福：那两天过年那个猪应该没有吃完吧?

彭运江：最后都差不多吃完了的。

覃金福：当时杀年猪的时候是在哪里杀的?

彭运江：是在门前杀的。

覃金福：杀死年猪以后把它放在堂屋里，并用蓑衣盖住，用牛角叉来撵人，这些习俗在现在你们村单个家庭杀年猪时也已消失，当时你们集体过年杀年猪时为什么会考虑复原这些习俗？

彭运江：这一块是他们“非遗”那边策划的，以这种形式杀猪我们也听到老人家讲起过的，现在基本上没得这种习俗了。

覃金福：当时杀猪敬猪圈菩萨是哪个去敬的？

彭运江：是我父亲彭景塘敬的，上午8点钟杀的年猪嘛。

覃金福：但是敬猪圈菩萨是杀死以后敬的吧，敬的时候用了些什么东西？

彭运江：是猪被杀死以后敬的，当时就是用的香、纸，然后在猪篓上贴了一个六畜兴旺的红纸，就是祈求来年又能够喂大猪。

覃金福：你们那天打粑粑是什么时候打的？

彭运江：打粑粑是猪杀完以后，大概是9点多种的时候打的嘛。

覃金福：打粑粑总共打了好多斤米的粑粑？

彭运江：当时是打了60斤米的粑粑。

覃金福：这个米是买的还是哪个农户家的？

彭运江：那天彭景坤家正好打粑粑，是他家自己出的糯米。

覃金福：那这个当天打粑粑吃得多不多啊？

彭运江：主人家喜欢当天来吃那个蒸熟的糯米饭，那天就是尝一下新鲜，没吃好多。

覃金福：推豆腐是什么时候推的？

彭运江：打粑粑的时候彭运德家就开始推豆腐了。

覃金福：他家推了几桌豆腐？

彭运江：推了两桌嘛。

覃金福：炸团馓是什么时候炸的？

彭运江：炸团馓也就是打粑粑的时候炸的，是另一户人家炸的，是彭景莲屋炸的。

覃金福：当时她屋炸了好多个团馓？

彭运江：那天她屋是炸了三十来个团馓。

覃金福：那天大家吃了好多个？

彭运江：大家都只品尝了一小块，没吃好多。她家当时还炸油粑粑的。

覃金福：当时你们给那个核桃树喂饭是吃晚饭以后喂的？

彭运江：是的。

覃金福：当时是哪两个去喂的？

彭运江：是下午三点多种喂的饭嘛，是彭廷权和我女子彭加贝两个喂的。

覃金福：当时应该是一个问一个答吧？

彭运江：是的，一个问一个答。廷权就问明年这个核桃树结不结，我女子就答结，他再问落不落啊，我女子就答不落。

覃金福：当时给果树喂饭也是文化局他们策划的？

彭运江：这个没哟，这个我们老一辈都是这样传下来的，这个给果树喂年饭是我们自己搞的。

覃金福：腊月二十四白天除了这些活动当天晚上还有没有其他活动？

彭运江：那天晚上没搞活动。

覃金福：当天主要就是杀年猪、打粑粑、炸团馓、吃年饭、给果树喂饭，还有没有其他活动？

彭运江：到土地堂去敬土地神啊。

覃金福：那是谁去敬的？

彭运江：那也是我父亲去敬的。

覃金福：那到水井去敬是谁去的？

彭运江：那个水井菩萨也是我父亲去敬的。

覃金福：我看你们门上都贴的有那个钱纸，那个是什么时候贴的？是谁去贴的？

彭运江：那个是喊喜钱，那个是为了过年的气氛浓一点嘛，那是活动的前一天贴的嘛，那是我父亲去贴的。

覃金福：这个我看那门上板壁都贴的有，还有哪些地方贴的有啊？

彭运江：这个是老一辈在过年的时候贴的喊喜钱，到后面就是贴对联啊，贴门神啊。

覃金福：我在有些书上看在农具上，像锄头、犁、耙上都贴，你们这边贴没？

彭运江：这个我们这边没有贴。

覃金福：当时我见你们堂屋的四官神也敬的？

彭运江：是的，四官菩萨，二十四那天也是我父亲敬的嘛。

覃金福：那敬这些菩萨的时候也就是拿香、纸、蜡烛这些，有其他的东西没？

彭运江：敬四官菩萨那搞猪头和豆腐的。

覃金福：那敬土地菩萨和水井菩萨用这些没？

彭运江：敬水井菩萨就是香和纸，敬土地菩萨那拿猪头这些的。

覃金福：第二天我看在你们村里搞活动那里也敬菩萨了的，是不？

彭运江：在那里搞了一个祭祀，祭祖先嘛。

覃金福：是几点钟开始的？

彭运江：是9点钟开始的嘛，那就是寨上那几个年纪比较大的长老去敬的，是彭景波、彭景塘、彭运锋、李树生他们四个去敬的。

覃金福：那你们祭祀是祭土家族的祖先，有没有具体的是指哪一个？

彭运江：那没得具体的，那只要是先祖都转化到一起了。

覃金福：但是敬祖先用了些什么东西？

彭运江：就是酒、猪头这些。

覃金福：当时倒了多少杯酒？

彭运江：15 杯酒，一边 7 杯，一边 8 杯，敬的时候是两个人敬，一边是 3 杯，先敬天地，天地敬了之后再敬祖先，每一次敬了之后那个杯子都不能空，敬了之后把所有的杯子又满上，但是敬过之后的杯子就不拿来敬了，用没敬过的杯子敬。

覃金福：我看那活动场上面还挂了一张纸，上满写的什么字啊？

彭运江："紫薇高照"嘛。

覃金福：那个挂到那里是起什么作用？

彭运江：那个是吉祥嘛。

覃金福：当时你们不是还表演摆手舞、茅古斯这些节目，给表演的村民报酬没？

彭运江：那没有，这个都是自娱自乐。

覃金福：那他们的道具和服装应该是你们买的不？

彭运江：有些道具是我们村里自制的，有些服装是"非遗中心"赞助的。

覃金福：当天举行的游戏项目是顶杠、扳手劲、背媳妇，还有没有其他的项目？

彭运江：就是这三个。

覃金福：那获奖的人姓名分别是？我见当时你们用小本记的有？

彭运江：顶杠的冠军是李锋，亚军是彭强，季军是我嘛；扳手劲第一名是吉首大学的杨瑞仁老师嘛，第二名是向艳，第三名是张景；背媳妇第一名是彭运喜和他的媳妇黄金莲，第二名是我和我的媳妇贺明花嘛，第三名是彭军和他的媳妇向艳嘛，背媳妇就是夫妻一组嘛，从出发点背到终点，再换人背回来。

覃金福：当时我看你们颁奖是发的现金，分别是多少？

彭运江：冠军是100，亚军和季军都是50。

覃金福：表演完后的集体吃团年饭的米和其他原料谁出？

彭运江：米和蔬菜都是自己家里的，各种佐料是买的。

覃金福：吃饭这一块大概花了好多钱啊？

彭运江：吃饭两天一共花了3700多块钱。

覃金福：二十五当天晚上没有什么活动了吗？

彭运江：那没有活动了。

覃金福：村民自家忙年从什么时候开始？

彭运江：一般也是从腊月二十四开始打粑粑、推豆腐这些。

覃金福：你们那天有没有打扬尘这个活动啊？

彭运江：那天有啊，打扬尘是彭运喜和向辉家里打的嘛。

覃金福：打完扬尘以后那个竹扫把扔到哪里的？

彭运江：那就扔到他屋门外面的。

覃金福：打扬尘是二十四什么时候打的？

彭运江：是二十四2点的时候打的嘛。

覃金福：你们村里面自家的忙年有哪些活动？

彭运江：打粑粑、杀年猪、推豆腐、炸糖馓、打扬尘、撮阳沟。

覃金福：你们村团年是哪一天团？

彭运江：如果有三十的话就是二十九，如果没有三十的话就是二十八。

覃金福：团年这一天从早上到晚上有哪些活动？

彭运江：小的时候就是起来穿新衣服啊，敬菩萨就是敬家神、四官菩萨啊、猪篓菩萨、土地菩萨这些。

覃金福：你们过年给去世的亲人坟上送不送亮？

彭运江：那要送，是先给坟上送亮，然后回来再敬菩萨，把猪脑壳背起去敬，土地堂都是要敬的。

覃金福：那你们这边拜年是从什么时候开始拜？

彭运江：自己家里过完年了就可以给附近的人拜年了。

覃金福：给别人家拜年有没有什么讲究？

彭运江：最希望男的先到他屋去拜年，女的就不要先去，有的家里怕出现女的先来拜年情况，就先安排一个男的来拜年，男的来过以后女的就可以来拜年了。

覃金福：那给周围的人拜年一般主人家给些什么东西？

彭运江：就是给点糖馓，烧个粑粑这些，要是买的有水果糖的就给点水果糖。

覃金福：给自己家的亲戚拜年应该有个顺序吧，有个大小吧？

彭运江：那一般是嘎公舅舅这些是要最先去的。

覃金福：那给嘎公舅舅拜年传统的应该拿些什么东西？

彭运江：那就是猪腿、粑粑、糖馓。

覃金福：你们这里过正月十五提不提前？

彭运江：我们这里过十五也提前一天，是过十四。

覃金福：过十五那天有没有什么活动？

彭运江：往年过十四那天要烧龙灯。

覃金福：那你们这次到县里面玩灯是哪几天？

彭运江：是初一、初二这两天。初一是我们自己村里组织的到各大单位拜年，初二是县里组织的一个团拜活动，我们村里出的两条龙嘛。

覃金福：那你们到各单位拜年他们要给你们东西嘛？

彭运江：那要给烟嘛。有的单位大方就给几条，有的给的就少。

覃金福：那主要是给的什么烟？

彭运江：主要是白沙烟，给两块钱一包的烟也有，有的单位给的十块钱一包的，这个还是少数。

覃金福：你们正月初一这一天给各个单位拜年总共收了好多条烟啊？

彭运江：总共是收了 80 多条烟，最后回去就平分给参加活动的人嘛。

覃金福：那你们那天总共去了好多人参加活动啊？

彭运江：我们那天总共是去了 40 多个人。

覃金福：那你们初一给各单位拜年出的什么节目？

彭运江：我们是出的两条龙灯，因为很多单位对我们村里发展还是很支持，所以我们初一就下去给他们拜年嘛。我们还专门做了一块三米长的大牌子嘛，上面写的是“碗米坡镇陇木村全体村民向关心支持我村新农村建设的领导拜年！祝：各位领导及全县人民龙年吉祥，万事如意。”

覃金福：那当时你们制作这些东西大概花了好多钱啊？

彭运江：龙灯是我们 2010 年过大年的时候买的，两条龙灯花了 3200 块钱嘛。

覃金福：那都用了两年了嘛，按习俗到十五要烧龙灯啊。

彭运江：本来是要烧啊，但是太贵了我们舍不得烧啊。

覃金福：那初四是什么活动？

彭运江：初四参加县里的“非遗”展演嘛，我们搞的是土家镏子和茅古斯两个项目，到新政府那个新广场展演的嘛。

覃金福：那天他们给你们误工费没？

彭运江：那给了的，每个人给了100块钱嘛，我们去了三十几个人嘛。

覃金福：那你们今年过年的时候还打不打算组织这样的活动了？

彭运江：那肯定还要组织。

覃金福：那你觉得在活动这个策划上会不会有变化？

彭运江：我们想把我们这边土家族的传统文化活动搞得更规范一些，搞得更传统一些，比方说摆手舞我们感觉比较单调，基本上展示的是农事活动，我们想到邻近的土家族聚居的县像他们请教一下。我们现在跳的摆手舞很多都艺术化、舞台化了，我觉得我们土家族的摆手舞应该还是展现我们土家族野性豪迈，跳的要粗犷一些。对于这个摆手舞，我们2010年就有这个想法，我接触过张家界的摆手舞、龙山马蹄寨的摆手舞，实际上我看就是来凤的土家族摆手舞跳得最好的。2010年我在北京参加一个中德国际研讨会，我作为唯一一个村里的代表参加了那个会议，来凤农业局的一个副局长，还有他们同行的四个人在那里表演了摆手舞，我觉得他们那种动作好粗犷，我一直就有这么一个愿望到他们那里去学一下。

覃金福：那你认为他们的好在哪里？

彭运江：我觉得他们跳的摆手舞更有那种远古的气息在里面。

覃金福：就是上次那个茅古斯，后面吃完年饭以后不是又让你们到山上去表演一次，那你认为这种加入很多外在指导因素的表演和原先的表演哪种要好一些？

彭运江：这个茅古斯穿插有很多我们原来民族的一些因素在里面，但是现在我们跳的把有些都遗忘了，搞的不是那么完整，我们还是想把它搞得更完整一些，我们每次组织活动的主题就是丰富大家的精神生活，传承我们自己的民族文化，这个是我们的一个主题。但是有很多遗忘的东西我们还是努力尽可能地把它找回来，这个就是我们今年开展活动的一个目标。我们的龙灯本来在我们保靖还算是玩的比较好的，初二我们汇演的时候两条龙还是玩了很多有技巧的动作，大家比较赞赏，但还是有一些不到位的地方。还有就是那个咚咚奎，那几年都在搞，去年就没搞，这些我们今年就想还是要搞，把这些要普及一下，还有吹木叶，就是要把这些都传承下去。

覃金福：那你认为我们这些村民过土家年需不需要保护？

彭运江：你谈到这个问题，我也是说我们有很多东西已经遗忘了，我们自己也想去把这些传统的东西收集整理，很多的习俗都是我们土家文化的一部分，随着时间的推移，很多老人都去世了，如果再不保护，我们自己的民族文化都要遗失了。

覃金福：你认为政府在土家年的保护上应该做些什么工作？

彭运江：作为村一级的村委会如果不重视的话这个活动就无法发起，这都需要一班子人来组织，政府这一块这几年对于文化传承很重视。

覃金福：现代年轻人是如何看待土家年？

彭运江：我觉得有必要多给年轻人灌输一些这方面的意识，我们有一个感觉就是我们组织这些活动啊，他们就不是出于一种责任，就是好玩，他要是喜欢玩他就来一下，他要是不喜欢玩他就不来参加。作为我们自身的感觉，因为我们是土家人，一个民族他应该有他自己的文化，我们应该出于一种责任来传承民族文化，我们感到非常高兴的就是有像你们这些有文化的年轻人来关注这些，要通过这些来扩大这方面的宣传，来感染更多的年轻人。我们有这方面的想法，但用我们的口述表达来感染年轻人确实是一个难题，我们去年为了组织过年，在元月1号专门组织了一次全村的青年会议，基本上我们全村的青年都来参加了，我也在给他们讲这个道理，但是我觉得我想是这方面的想法，但表述不一定准确。

覃金福：因为现在时代变化很快，有很多现代因素加入到土家年里面去了，比如娱乐方式啊等等都有很多现代元素，这些也是不能避免的，你是如何看待土家年的一种现代多样性？就是说我们现在的土家年不可能还是和以前传统的土家年一模一样，里面加入了很多新的元素，有很多变化，你是如何来看待这种变化的？

彭运江：这个变化它是必然的，传统与现在的一些年轻人追求的生活方式还是有一定差距。

覃金福：你们这个集体过土家年对村民究竟有什么影响？

彭运江：这个很好，起初也是来源于大家的一个愿望，开展文化活动也好，组织大家过年也好，通过这种形式让大家有一个沟通的平台，从整体来讲大家更加和谐了，更加团结了。土地承包责任制以后我一直感觉大家都是各自忙各自的，很少有一个接触和沟通的机会。真正要一个地方能够兴旺发展的话，团结还是首要的，要有一个整体全局的观念，涉及到基础设施建设也好啊，都不能以个人利益为准，大家要有一个大局观念。再一个就是要能够形成互助，本身我们祖祖辈辈都是共同生活在一起，在农村发展阻碍最大的还是人的思想意识，制约发展最主要的一个因素就是农村的人有一种相互嫉妒的心理，我们一直在努力慢慢消除这种嫉妒的心理，大家能够形成互助啊，逐步走向合作啊，这种形式才有希望。

覃金福：土家年对村落共同体的建设有什么样的影响？

彭运江：给我的一个感受就是我们从2006年以来开展这些活动，对我们村民和谐这一块是一个很大的促进，在我们整个镇甚至是一个县来讲，我们村近几年的发展还是比较快的。我们土家文化是我们总的发展目标中的一个主要部分，我们定位就是生态休闲观光，因为现在我们追求的是人与自然的和谐，人与人的和谐，但是这个里面它又有一定的冲突，你要保护自然，你要保护原生态，例如不许砍伐森林烧炭这些，它就和我们现有的生活方式有冲突，老百姓坐山吃山就有这种传统的做法，他就要去砍树木，所以在我们的保护中也出现了一些困难，但是一直还是坚持下来，我们现在就是既要保护，又要从其他渠道来改善老百姓的收入问题。我们这个生态休闲观光是一个综合性的项目，一方面鼓励大家来保护，我们就要发展我们的产业，2011 年我们主要是改善我们的环境，改善我们的基础设施这一块，从 2012 年开始我们就是重点抓产业，水果这一块主要是改善品种，提高品质，像椪柑我们就发展了新的品种，这个苗很贵啊，十多块钱一株啊，我们今年就发展了 150 亩。这个野生水果我们想搞一个野生水果采摘园，一个大型的水果园，从 3 月份到 11 份的野生水果，让大家年年都能吃到这个野生水果。这个就是在保护中间让老百姓获益。通过农家乐让游人能够到我们这里吃到传统的粮食，吃到平时很难吃到已经濒临灭绝的粮食，让游客来体验生活，来感受生活，所以我们这是一个综合性的项目，这个也是一种相互促进的模式。它可以让我们全村的人按照家庭的优势，搞一些本地的特色养殖，例如本地黑猪、山鸡养殖，村里就有几户已经在搭建猪舍，在搞这个事了。一些年老的人可以做炸粑粑、糖馓之类的事啊，还可以烤一点红薯啊，或者是按照旅游道路赶个牛车啊，最终的愿望就是让所有参加到里面的人都要能够从中获益，增加村民的收入，这是我们的一个愿望。我们现在有一个相当大的压力就是钱往哪里来，人往哪里去，年轻的强壮劳动力都外出了，我们的村寨是让它废弃还是让它重新焕发生命力，这是我们的一个压力，必须要让我们的村民在这片天地里面不光是能够生存，而且要生活得更好，这个就是我们现在的主要压力和动力。

三、土家年活动策划方案

方案一：保靖县“非遗”保护中心方案

中国土家族春节习俗活动展演方案

春节，是中国各民族人民的传统节日。今年，国家文化部组织《中国节日志》春节习俗课题调查研究，土家族聚居的保靖县陇木洞村沿袭着土家族传统的春节习俗，具有很强的典型性和代表性，被定为《中国节日志》土家族春节习俗调查研究基地。为了客观、具体、全面、规范地展示土家族春节习俗，特制定本方案。

一、活动标题

陇木洞的土家年。

二、活动目的和意义

土家族春节习俗越来越被现代春节所侵蚀，通过这次活动更好地传承和保护土家年，并逐步使这里成为吉首大学土家族民俗研究基地，成为湘西土家年的传承基地，从而带动该村的土家民俗旅游业发展。

三、组织单位

主办单位：保靖县宣传部
吉首大学文学院
湘西州摄影家协会
湘西土家族研究会
承办单位：保靖县文化局
保靖县非物质文化遗产保护中心

四、活动时间

土家族春节所包含的时间：2011 年 11 月 22 日（冬月二十八）至 2012 年 2 月 6 日（正月十五）。

集中展示时间：

1. 2012 年 1 月 17 日（腊月二十四）展示春节前的准备过程。
2. 2012 年 1 月 18 日（腊月二十五）展示吃年饭以及文体活动。

五、展示内容

1. 春节前的准备

土家族过年，早早地就开始准备。时进农历冬至就杀年猪、祭土地神、做灌肠粑、腌腊肉、炕腊肉、炸糖馓、推豆腐、舂米、炸碗儿糕、打糍粑、磨米粉做粉粑、扫扬尘、贴春联、门神等。

场景1：

杀年猪。猪杀死后，不忙褪毛，先抬到门角角里用蓑衣盖着，又顺手拖一根梭镖出来，屋前屋后巡一转，到门口把梭镖往地上扎实一插，开水修猪、吹蹄、锤胀猪、劈边……

砍下猪头去煮。做灌肠粑、腌腊肉、炕腊肉。猪头煮好后祭土地神。

场景2：

推豆腐。泡豆子—磨成浆—开水散泡—用摇架包帕滤出豆浆—烧开豆浆—舀入缸中慢慢冲石膏水—豆浆凝固成豆腐状，舀入垫好湿包帕的豆腐箱内，摊平、包好，盖上边长略小于箱内空间的箱板，用石头压在箱板上—水漏干后，开箱取豆腐。（豆浆成嫩豆腐时，舀一碗豆腐孝敬长辈。）

场景3：用碓舂谷、舂米粉，做粉粑。

场景4：打糍粑。

场景5：扫扬尘、写春联、贴春联、门神。

场景6：炸糖馓、炸碗儿糕。

场景7：敬四官菩萨、给树过年。

2. 吃年饭

敬祖先、备鸡鸭鱼肉、做菜、上菜、入座、点鞭炮、开吃、语言的禁忌。年饭后，洗头、洗脚、洗澡，换新衣。

3. 民间文体活动内容

文化类：打溜子、吹咚咚喹、跳茅古斯、摆手舞、玩狮、耍龙、演蚌壳灯。

体育类：跳拱子马、抵杠、扳手劲、标芭茅、下打山棋。

六、表演队伍及人数

表演队伍以陇木洞村村民为主，由陇木洞村负责组织，要求服装统一，具体可见下表：

序号	节目名称	表演人数（人）	负责人
1	茅古斯舞	20	
2	摆手舞	30	
3	玩狮	3	
4	耍龙	20	
5	演蚌壳灯	2	
6	打溜子	4	
7	吹咚咚喹	4	

体育类项目由陇木洞村组织实施，比赛不发奖品，群众自愿参与。

序号	名称	参与人数	负责人
1	跳拱子马	10	
2	抵杠	8	
3	扳手劲	10	
4	标芭茅	10	
5	下打山棋	10	

保靖县文化局

2011 年 12 月 23 日

附件：

春节习俗展所需经费预算

1. 前期舞蹈集中培训费 40 人 2 天 4000 元
2. 服装费：土家族男装 20 套 6400 元
3. 土家族女装 20 套 7000 元
4. 茅古斯舞服装 20 套 1800 元
5. 演员误工补助 40 人 ×100 元/天 =4000 元
6. 邀请来的专家学者的车旅费 2800 元
7. 专家食宿费 5000 元
8. 村里吃年饭费用 3000 元
9. 不可预计费用 5000 元

共计叁万玖仟元（39000 元）

方案二：龙山县靛房镇春节活动方案

靛房镇 2010 年春节文化活动实施方案

金牛辞去旧岁，玉虎迎来新春，今天是我们中华民族大家庭的传统节日——春节，为弘扬我镇优秀的民族民间文化，让全镇人民过上一个喜庆祥和的新春佳节，镇党委、政府研究决定，在春节期间举办一个庞大的文化娱乐活动，现将本次活动的总体方案拟定如下：

一、指导思想

以邓小平理论、“三个代表”重要思想和党的“十七大”精神为指导，学习实践科学发展观，始终坚持先进文化的前进方向，以丰富多彩的民族文化活动为依托，本着大家办、大家乐的共同信念，坚持自爱、自娱、自乐的基本原则，全镇人民共同参与，工作人员通力合作，确保本次活动顺利进行。

二、成立春节活动领导小组

组长：魏开胜、彭仕位

副组长：吴成明、向祖付、向光明、姚元进

成员：彭水英、唐亚南、张秀龙、严太锦、唐恢翠、吴黎明

三、活动项目及人员分工

1. 龙灯：由燎原村、居委会主办，文化站协办

负责人：向祖付、姚元进、向光明

表演时间：大年三十除夕晚饭后出灯，正月初一配合摆手锣鼓及摆手舞在燎原街上进行游行表演，从出灯之日起，每天晚饭后进行表演，至正月十五天黑前送龙下海，活动完毕。

2. 春节篮球赛：此项活动面向全镇、各村及镇直机关、回家过年的各界人士，自愿报队参赛，具体事项按参赛队多少定。坚持友谊第一、比赛第二的基本原则，参赛的队及队员各发纪念品一样。

项目负责人：唐亚南、吴黎明、姚元进

时间：除夕晚饭后开赛

地点：靛房中学球场

3. 民间文化活动项目

山歌赛：面向全镇、外乡镇的歌手尽可参加

地点：十字街扎台

时间：正月初三

项目负责人：吴成明、严太锦、彭仕位

设奖：一等奖 1 名，二等奖 2 名，三等奖 5 名，纪念奖若干名。

4. 文艺晚会

形式：声乐、器乐、歌舞、小品、戏剧演唱等

队伍：由各村、镇直机关、学校及回乡过节人员自愿组合

演出时间：正月初一晚

地点：镇政府

项目负责人：吴成明、彭水英、张秀龙、严太锦、吴黎明

5. 摆手舞队：参加过摆手舞活动的所有人均可参加

时间：正月初一早饭后

表演地点：燎原街上大街小巷

项目负责人：向祖付、唐恢翠、彭水英

四、治安保卫

向祖付、向光明、姚元进

民族　村落　家庭

五、经费来源及分配

1. 来源：根据活动安排需要资金9000元，其中，政府筹资5000元，燎原村2000元，居委会2000元。

2. 经费安排：龙灯3000元，篮球1000元，山歌赛500元，晚会1200元，摆手舞1300元，公杂2000元，合计9000元。

靛房镇春节活动领导小组

靛房镇文化体育站

2010年1月25日

四、土家年信息提供者

土家年主要访谈人：

姓名	民族	性别	年龄	职业	访谈时间	地点
彭家齐	土家	男	79	农民	2011 年 7 月 21 日、2012 年 7 月 10 日	永顺双凤村
田仁信	土家	男	80	农民	2011 年 7 月 21 日、2012 年 7 月 8—10 日	永顺双凤村
彭振奎	土家	男	48	双凤村支书	2012 年 7 月 9 日	永顺双凤村
向先林	土家	男	41	永顺文化局局长	2012 年 3 月 7 日	永顺文化局
彭景钰	土家	男	83	农民	2012 年 1 月 18 日	保靖陇木洞村
彭翠香	土家	女	86	农民	2012 年 1 月 18 日	保靖陇木洞村
彭景塘	土家	男	75	农民	2012 年 1 月 18 日	保靖陇木洞村
彭秀菊	土家	女	80	农民	2012 年 1 月 18 日	保靖陇木洞村
彭运江	土家	男	45	陇木洞村支书	2012 年 1 月 18 日、3 月 8 日	保靖陇木洞村、保靖县雨名轩茶楼
魏品富	土家	男	58	农民	2012 年 1 月 17 日	保靖县八部大王庙遗址
彭正炎	土家	男	56	保靖农业局工作人员	2012 年 3 月 9 日	保靖县城

续表

姓名	民族	性别	年龄	职业	访谈时间	地点
胡金芝	土家	女	49	城市务工人员	2012 年 3 月 9 日	保靖县城
彭秀莲	土家	女	42	保靖非遗保护中心主任	2012 年 3 月 8 日	保靖非遗保护中心
覃友生	土家	男	62	农民	2011 年 1 月 25 日、2011 年 8 月 18 日	来凤老寨坪村
李金兰	土家	女	54	农民	2011 年 8 月 17 日	来凤老寨坪村
张桃云	土家	女	58	农民	2012 年 1 月 15 日	来凤老寨坪村
汪友全	土家	男	82	农民	2012 年 1 月 15 日	来凤老寨坪村
汪翠珍	土家	女	45	农民	2012 年 1 月 15 日	来凤老寨坪村
覃金树	土家	男	61	农民	2012 年 1 月 15 日	来凤老寨坪村
覃金有	土家	男	46	农民	2012 年 1 月 15 日	来凤老寨坪村
彭承金	土家	男	43	舍米湖村支书	2012 年 7 月 23 日	来凤舍米湖村
彭昌松	土家	男	82	农民	2011 年 1 月 27 日 2011 年 7 月 24 日	来凤舍米湖村
杜事顺	土家	男	77	农民	2011 年 7 月 25 日	来凤舍米湖村
彭莲珍	土家	女	93	农民	2012 年 3 月 11 日	来凤仙佛寺
宋青云	土家	女	79	农民	2012 年 3 月 11 日	来凤仙佛寺
李才佑	土家	男	66	农民	2011 年 1 月 31 日	宣恩黑塘村
马玉珍	土家	女	64	农民	2011 年 1 月 30 日、2012 年 2 月 20 日	宣恩黑塘村
李洪坤	土家	男	44	中学教师	2011 年 1 月 29 日	宣恩黑塘村
李才军	土家	男	66	农民	2011 年 1 月 29 日	宣恩黑塘村
李英桂	土家	男	71	农民	2011 年 1 月 29 日	宣恩黑塘村
李才先	土家	男	47	黑塘村村长	2011 年 1 月 31 日	宣恩黑塘村

续表

姓名	民族	性别	年龄	职业	访谈时间	地点
李学云	土家	男	69	农民	2011 年 1 月 30 日	宣恩黑塘村
王红梅	土家	男	70	黑塘村老支书	2011 年 1 月 30 日	宣恩黑塘村
彭南京	土家	男	71	农民	2012 年 4 月 20 日	龙山坡脚石堤村
彭英子	土家	男	58	龙山县民委局长	2011 年 7 月 29 日	龙山县民委
彭开福	土家	男	68	退休教师	2011 年 7 月 27 日	酉阳后溪河湾山寨

五、土家年调查日记

2011 年 1 月 28 日　晴

年前腊月二十三到二十五我和李艳芳师姐来到来凤县百福司镇舍米湖村做民俗志的调查踩点，二十五早上天蒙蒙亮，我和李艳芳搭乘村里的农用车去来凤县百福司镇赶场，百福司是农历二、五、八逢场。农用车在弯曲的山路上颠簸了四十分钟才到镇上，一路上寒风呼呼地吹打着脸庞，到后来也没感觉了。

下车后发现赶场的人很多，人们忙着置办各种年货，土家人带着自己的土产品变卖后购买所需要的年货。我和李艳芳找了面馆吃了早餐，然后就去乡场上转悠，拍了一些影像资料。拍完后我俩就乘车赶往我家，因为我妈昨天就给我打电话了，说今天中午家里要推豆腐，让我回去拍摄视频资料。从百福司乘车到来凤县城后我俩去了来凤县摆手堂外的西兰卡普专卖店，拜访了西兰卡普店主唐洪祥老人，李艳芳对他进行了一个简短的访谈，因为她的毕业论文是做的土家织锦西兰卡普。

访谈完后我们俩搭三轮摩托车回我家，到家后母亲就给我们做午饭，吃过午饭后母亲和父亲就去推豆腐，我去拍摄整个制作过程，李艳芳则帮我母亲打下手。

推完豆浆回来后，母亲就开始制作豆腐，过程不简单，母亲是村里做豆腐的能手，平时谁家有事要推豆腐都会让母亲去帮忙下石膏，因为制作豆腐过程中石膏没下好，豆腐肯定就不好。

一直到晚上九点多才把豆腐倒进豆腐箱压制，一切工序完毕，就等第二天早上开箱出豆腐了。明天是腊月二十六，我和李艳芳要赶到宣恩县李家河乡场上去，去那里与林老师和张远满师姐汇合，他们俩已经到达宣恩县城，明天到李家河黑塘村调查土家年，李家河乡场是逢农历三、六、九赶场。

2011 年 1 月 29 日　阴

早上起来母亲告诉我们昨天的豆腐做得不错，开箱后豆腐很白很嫩，这也是一种收获的喜悦吧。吃过早饭后我骑着家里的摩托带着李艳芳和摄影器材赶往宣恩县李家河乡场。虽然是不同的县，但李家河乡场距离我们来凤县很近，开摩托车不到一个小时就能到。到来凤县观城坡的凤凰台时，我们俩下车去凤凰台上拍了一些照片，想给来凤全城取个景，但当天有雾，效果不太好。

等我俩赶到李家河乡场时已是将近中午十一点多，林老师和张远满师姐还没到，我们俩就在李家河乡场上逛了逛，拍摄了一些影像资料，进行了一些访谈。就在我们等林老师的同时，他们打来电话说已经过了李家河乡场，直接去了黑塘村，我和李艳芳就又急急忙忙的骑摩托赶往黑塘村。

黑塘村是一个土家小山村，村民以李姓为主，该村每年腊月二十八过大年，三十早上天没亮又过一个年，该村有一座观音庙，腊月二十八当天每家都回庙上去祭拜。由于该村土家年俗特殊，且是我舅舅家所在的村落，所以我把土家年的一个调查点选在了黑塘村，林老师带着我们一起调查黑塘村的土家年。

等我和李艳芳赶到黑塘村时，林老师和张远满师姐还有一个本科师妹张莉刚好询问到我舅舅家，舅妈招待我们坐下后，表哥从宣恩县城也赶回来了，他是宣恩一中的老师，每年过年要回黑塘村。晚饭后表哥带着我们去了李才军舅舅家，因为村里的庙是李才军舅舅当时为了完成母亲的愿望重修的，林老师带着我们对李才军舅舅进行了访谈，不仅对村里的庙的来龙去脉进行了访谈，同时还对村里的土家年俗进行了访谈。李才军舅舅说村里的庙在清代的时候就有了，后来文化大革命的时候被毁掉，因为他母亲会巫术治病，给远近很多人都治好了病，大家都很敬仰她，她就让李才军舅舅把村里的庙修起来，把菩萨供上。当时在挖地基的时候，挖出来一条小红蛇，大家都认为这是有灵气的，没敢伤它性命，就地掩埋了小红蛇。

晚上访谈完回到舅舅家，表哥和林老师商量第二天去仙佛寺看看。仙佛寺位于来凤、宣恩、龙山三县交界的酉水河畔，相传始凿于东晋咸康年间。每年农历二月、六月、九月的十九日是观音菩萨的生日，到仙佛寺烧香拜佛、求神的人特别多。过年的时候，仙佛寺周围的人也会去仙佛寺祭拜观音菩萨。因仙佛寺地理位置特殊，位于来凤和宣恩交界处，且酉水对面又是龙山县，所以到仙佛寺祭拜的人很多，信仰人群以来凤、宣恩、龙山为中心向四周辐射开，波及相邻多县。

2011 年 1 月 30 日　晴

吃过早饭后，我们一行人步行来到车路旁，在车路旁的小卖部对老村支书王红梅进行了访谈，同时我们也在等另一个从宣恩赶来的本科师弟宋静思。王书记给我们介绍了整个村落的历史情况，让我们对黑塘村有了一个整体的感知。宋静思到达后，我们五个学生和两个老师前往仙佛寺，我表哥在宣恩一中教地理，我的调查队伍中的宋静思和张莉高中的时候都是他的学生，我高中也是他的学生，所以他俩这次来见到我表哥非常惊讶，事先不知道来的是我表哥的老家。

到达仙佛寺后我们正好遇见从较远的地方赶来祭祀的一个家庭，他们一家是在外面打工，过年回来正好来仙佛寺祭拜一下观音，林老师就带着我们跟踪他们进行了访谈。由于仙佛寺旧址在重修不能进，我们只好到新址的大雄宝殿去看看，那里的香火很旺，有老尼姑常年驻寺。当天来仙佛寺祭拜的人很多，有上了年纪的老人，也有很多年轻人，小时候我也经常和母亲一起来仙佛寺祭拜观音菩萨。我们调查完后还乘船过了酉水河，到对面远观了一下悬崖上的佛像雕刻。

在回黑塘村经过四方寨的时候，正好碰见几家人联合打粑粑，我们就停下来进行了拍摄和访谈，掌握了第一手打粑粑的资料。回到舅妈家，我们几个学生承担了洗菜的任务，因为明天要办很多年菜，有一些菜如海带需要提前清洗，我们几个就去村子下面的小溪洗菜。吃过晚饭后，表哥带着我们去拜访一个会用巫术给人治病的伯伯，不巧的是他白天给亲戚帮忙去了，我们就先回家了。刚到家那个伯伯就来到了舅妈家，林老师就带着大家对这个伯伯进行了访谈，了解土家人的信仰。舅妈则在厨房里忙着煮猪头，因为明天煮的话时间就太紧了，黑塘村过年要用煮熟的猪头加猪尾巴敬各种神灵，年菜也要吃猪头和猪尾巴，意为有头有尾。

2011 年 1 月 31 日　阴

今天是黑塘村过大年，早上起来舅妈给我们简单煮了面条吃后，就开始忙着办年菜。就在我们吃早饭的同时，对面有一个大家族在祭祖坟，林老师说要去看看，我们几个放下碗也跟着过去了。那是一个庞大的家族祭祀祖先，每年在腊月二十八当天他们都要来此祭祀祖坟。

回到舅舅家后，舅舅和表哥也开始忙着祭祀，首先要背着猪头等供品去村里的观音庙祭拜。我们也跟着去了观音庙，到了以后发现村里各家都陆陆续续地背着猪头来庙上祭拜观音菩萨，我们守在庙前进行了拍摄和访谈。祭拜的人不仅在观音庙祭拜，还要祭祀观音庙旁边的土地庙。表哥祭祀完观音庙后把猪头等背回家，舅舅就背着这些祭品去各个坟上祭拜，过年这一天也要去坟上祭拜。

厨房那一块舅妈也在紧张地办着年菜，李艳芳也加入了帮忙的队伍，宋静思和张莉则负责拍摄办年菜这一块，后来表姐和表嫂也赶回家帮舅妈办年菜，舅妈就说每每听到别人家放团年炮火心里像猫抓一样，意为也想早点办好团年。舅舅在坟上祭祀完后又到屋前的土地庙祭拜了土地神，而后又在猪圈前祭拜了猪圈菩萨。等这些都祭祀完后，舅舅和表哥两个就在堂屋神龛下祭祀家先神，祭祀完后猪头就放回厨房，这时就可以切猪头肉了，因为敬菩萨时必须是完整的猪头。

当天的年菜分别是：海带炖猪蹄火锅、炒猪头肉、炒腊肉、香菇炖鸡火锅、合菜、香肠盖折儿根、卤鸭子、酥肉、油炸小黄鱼、卤鸡脚、卤鸭脖子、油炸虾、炒土豆片、炒藕片、烧糊辣子、凉拌豆腐皮共 16 个菜。因为吃团年饭的人比较多，有的菜还装了两盘，方便不同方位的人夹菜，所以桌上年菜数量远不止 16 个。饮料是果粒型果汁饮料，酒是山葡萄酒和土家人自酿的包谷酒。中午一点多年菜全部上桌，大家聚在一起准备吃年饭。表哥放完团年炮火以后，先摆上饭菜让去世的亲人先吃，之后我们就坐下吃团年饭。一点半开始吃饭，一直吃到三点半结束。当天是舅舅孙女李瑶和外孙田浩坐在正上席，舅舅坐在左上席，舅妈坐在右上席，表哥和表嫂坐在左席，表姐和表姐夫坐在右席，我们坐在下席。

晚上林老师把我们调查队伍召集起来开了个集体会议，因为第二天早上队伍就要解散了，林老师从恩施坐飞机飞回武汉，其他同学因为都是恩施地区的，所以都各自回家。林老师让大家分别发言谈了这几天调查的感受，最后他做了一个小总结，并给大家分配了这次调查的写作任务。

2012 年 1 月 16 日　多云

今天在我家吃过早饭后我和远满从龙山坐车赶去保靖县，和彭丹汇合，在湘西进行民俗志的补充调查和土家年的调查。由于我家到车路还有一段小路，我们需要步行，走到一个人字路口时远满惊叫起来说："阿福快看那是坐月子的妇女吃完倒掉的鸡蛋壳，倒在路口让人踩的。"因为前天访谈时了解到坐月子的妇女吃完的鸡蛋壳要倒在人走的多的路口，让行人去踩，这样小孩长大以后就胆子大，能出远门。

到了县城后，我和远满包了个车从车站直接到了龙山，龙山发往保靖的车一天是两趟，早上八点和中午一点半发车。我们是计划坐一点半的车，到龙山后，我们找了个餐馆简单地吃了个午饭就去车站坐车。龙山到保靖的车要四个多小时，在车上我们向林老师进行了电话行程汇报，林老师也对我们的调查寄予了厚望和鼓励。车行驶到龙山沙子坡时，我顿时惊呆了，因为出发时一路上也没下雨雪，到沙子坡时，下面还没雪，但半山腰以上全是皑皑白雪，景色甚是漂亮。当车行驶到半山以上时，真个外面全是白白的一片，还夹杂一丝丝灰蒙蒙的雾气，犹如仙境。

到达保靖已是将近六点，彭丹来车站接我们，到她家后才知她弟弟也是刚到家，她的爸妈把饭菜早已准备好，让我们喝了点热水之后就开饭了，吃着热气腾腾的火锅，喝着彭丹爸爸自己用枸杞泡的包谷酒，身上顿时轻松了。晚上由于有点累我们就休息的比较早，休息之前我们商定好第二天要去首八峒的八部大王庙看看，彭丹的爸爸就给我们联系，但必须赶六点半的早班车和八点的早班船，所以我们必须五点半就起床，这也是对我们一点小小的考验。

2012 年 1 月 17 日　小雨

早上五点多彭丹的爸爸就把我们叫起来，简单地洗漱完后我们就赶去城乡车站等赶往碗米坡的早班车，早上五六点天还没亮，到了车站才六点多一点，车也没有，一问才知道冬天是七点发车，我们就找了一个卖早点的地方坐下，买了一些油粑粑当早饭。我们在卖早点的地方等早班车时早班车呼啸一下而过，却没有在车站停留，当我们得知我们错过了早班车就有可能赶不上八点的早班船时，大家都有点着急，因为一天经过八部大王庙的班船只有两班，错过八点就只剩下中午十二点那班，中午那班对我们来说就太晚了。正当我们准备包车去的时候，二班城乡公交车到了，司机告诉我们他能给开船的师傅打个电话，让他等我们一会儿开船。这样我们就坐上了二班车赶往碗米坡。到碗米坡时已是八点半，班船果然还在等我们，这让我们非常感动。船是从拔茅开往龙山古镇里耶的班船，拔茅就是现在的碗米坡，因为在这里的酉水河修了一个碗米坡电站，所以这里地名也就改成了碗米坡。班船是老式的柴油机船，在轰隆隆的声音中我们驶往了八部大王庙。由于碗米坡电站的修建，才得以使这一段酉水通航，不到半小时我们就到了八部大王庙。

八部大王庙位于酉水岸边一个土堆上，“文化大革命”时被毁，现在只剩下一个遗址，当地一个姓魏的知识分子向上面申请了一点钱，给遗址上立了一个大王的神像。彭丹的爸爸把魏品富老师也请过来，我们在八部大王庙对魏老师进行了一个小访谈，主要是针对这个庙进行了一些了解。现在附近很多村民还是到这里来祭拜，祈求保佑。遗址附近还散落着一些清朝时期的功德碑，主要是给八部大王庙维修捐献者的姓名，以彭、向、田姓最多，这都是土家族的大姓。后来我们又在魏老师家对他和他的爱人进行了访谈，他的爱人从一个叫比足的地方嫁过来的，现在还会土家语，这也非常难得。午饭我们在魏老师家吃的，边喝酒吃饭时我向魏品富老师询问了当地的土家年俗。下午两点我们赶上了回碗米坡的班船，到碗米坡后再坐一个半小时的汽车到保靖县城，回家后大家都很累，吃过晚饭后我们三个加上彭丹的弟弟玩了会麻将，缓解一下一天的劳累，谁输了就往自己脸上贴一小块白纸，结束时是我贴的最多。

2012 年 1 月 18 日　小雨

今天我们计划到保靖的一个陇木洞村去调查，因为昨天下午得知这个村这两天在过年，是村里组织一起过年，这样的集体过年已经持续了好几年了。班车只经过村口，村口立了一个牌坊，上面的对联是“吹木叶舞龙灯打镏子调年弘扬民族文化，宰猪羊鸣鼓号祭祖宗摆手展示土家风情”。下车后我们步行半个小时到达村里，由于陇木洞村地势较高，村里的环境很好。该村也得到香港一个基金会的资助，走了生态农村之路，该村每家都有两个垃圾桶，一个是可回收物的，一个是不可回收物的垃圾桶，该村沿路建有好几个垃圾屋，有专门的垃圾车来运垃圾进行集中处理。以前该村缺水，老人说一水至少要三用，洗菜了再洗脸，洗脸了再洗脚，洗脚了再喂猪，外人来后宁吃陇木洞人一碗饭，不喝陇木洞人一碗水。现在由于得到资助，也是每家都用上了自来水。该村现在还栽植各种适合当地气候的水果，发展水果采摘旅游。

到达村委会时见了这两天的活动表，发现昨天主要是杀年猪、打糍粑、炸团馓、推豆腐等活动，今天是摆手舞、茅古斯、耍狮子、顶杠、扳手劲等娱乐活动，我们到达村里新修的活动中心时发现大家正在举行各种娱乐活动。恰巧我们在这里碰上了吉首大学的田茂军老师，他带着他的研究生也在这里搞调查，活动结束后我们一起来到村支书家吃大锅饭，在等饭的时候田老师给我们介绍昨天进行的各种忙年活动。在村支书家板壁上挂着吉首大学的民俗田野调查基地牌子，原来吉首大学昨天在这里挂牌了，这个村是吉首大学的一个民俗田野调查基地。我们几个说也希望林老师给我们中央民族大学在下面多搞几个调查基地，扩大我们中央民族大学民俗学的影响。

村支书在老屋还举行了一个团年饭的仪式，我们和田老师及他带的学生进行了现场记录。而后我们大家一起在院坝里吃饭，院坝里架了六个三脚，大家一起吃大锅菜还真香。后来我们几个对村支书的父母和另外两个老人进行了访谈，主要是围绕当地土家年进行了访谈，获得了很多知识。考虑到最后的班车时间，我们四点半离开了陇木洞村，到达保靖县城已是晚上六点。吃完晚饭后，彭丹带着我和远满逛了保靖的夜市，明天是腊月二十六了，我们必须回家了，不然就没有回家的班车了。

2012 年 1 月 21 日　中雪

昨天我上午在家整理了这几天在保靖调研的资料，下午父母炖了猪大肠，说让我吃了再去舅舅家搞调查，我喝了一杯杨梅酒，吃了一顿香喷喷的猪大肠，就骑着姐姐的摩托车赶往舅舅家所在的黑塘村。一路上寒风凛冽，本来在湘西搞调查就感冒了，这下就更加严重了，到舅舅家后舅妈赶紧给我找了一双布鞋换上，让我去火塘边烤火。晚上舅妈开始准备办年菜。舅妈和表嫂把猪头和猪脚给煮了，把瓜子和花生都炒好了，说明天一天时间来不及。晚上我本来想和表哥聊聊，补充一下上次调研的东西，但表哥还要带我那个不到一岁的小侄女，也顾不上帮我，我就和舅舅聊了聊关于土家年的事情。

今天早上一起来看手机上的天气预报说雨夹雪，出来一看真是在飘雪，舅妈说早饭就吃点面条或豆皮，然后早点吃年饭。吃过早饭后舅妈和表嫂就开始办年菜，我就负责烧火，舅舅就去祭祀各种神灵，看着大家忙碌的场景，我就想起了去年的今天，我们一伙同学在林老师的带领下，也是在我舅舅家所在的黑塘村做土家年的调查，当时林老师感冒了，但仍然带领我们几个在这里做调查，现在想想也真是不容易。炸酥肉的时候就陆续有人放鞭炮敬菩萨了，这时舅妈就慌了，催表嫂赶紧办菜，我还和舅妈说去年有李艳芳帮忙炸酥肉还真是省了不少力啊。外面的雪越下越大，不一会外面路上开始垫雪了，快两点时，年菜基本上都办好了。这时候表姐一大家也来了，表哥就张罗准备吃饭了。整桌菜共 12 个菜加两个火锅，饮料是橙汁，我们喝的酒是高粱酒和葡萄酒，等摆上饭菜后先敬了亡祖，然后大家开始吃团年饭，吃饭的时间是下午三点。晚饭后大家围着火炉烤火，这时表哥和表姐分别给小孩压岁钱，表哥和表姐硬是给我也塞了几百元压岁钱，我死活不肯要，他们说我没结婚硬是塞给我，最后我还是收下了，搞得很不好意思。坐了一会儿表姐一家回二虎寨老家了，帮着去办年菜，明天他们在老家还要过年，而我就拿着电脑和表哥聊了聊，让他给我找一些我需要的资料。

弄完已是晚上六点多，我说准备回家，舅妈硬是不让我回家，说这会太晚了，外面又还在下雪骑摩托车不安全，让我明天早上过完年再回，因为黑塘村明天早上还要过年，边吃边亮天。我听舅舅说他也是听以前的老人说祖先要去当兵，腊月二十八就把年过了，可是二十九又没走成，三十早上要出发，所以三十天没亮就又过年，要边吃年饭天边亮。最终还是没有拗过舅妈，留下来了，准备明早过一个年后再回，这也正好充实了我的调查，看来今年要过四个年了，之前在保靖调查时，在陇木洞村过了一个年，今天又过了一个年，明天早上要过一个年，明天下午回家还要过一个年，今年在外面调查要到腊月三十上午才能回家。呵呵，这个经历估计一般的人还是少有的，我们学民俗学的真是永远在路上，时时在田野啊，都不容易啊！

2012 年 1 月 22 日　小雪

早上七点多我就起来了，舅舅家这的习俗是昨天过完大年，今天早上还要接着过年，我听舅妈说以前是天没亮就办年饭，现在人都懒了，不愿起这么早了，但是不管怎样，都还是早上团年。我起来时舅妈就已经开始办年菜了，由于昨天办来很多菜，今天早上就很轻松了，表姐起来以后也帮忙做菜，我也没有闲着，我在帮舅妈烧火，舅妈办年菜时听见村里其他家陆陆续续放鞭炮团年就慌了，老说表哥他们太懒，都不早起，现在别人家都开始团年了，而我们家还在做菜，我们就笑着安慰舅妈不要着急。八点半菜就办好了，舅舅和表哥敬家神放鞭炮以后就开始团年了，今天早上菜比昨天简单一些，是 10 个菜。

吃完团年饭以后我就急着往家赶，俗话说麻雀也有个窝，三十夜都要往回赶，我还要回家，在自己家里过年，我们那里以前也是过土家年，现在都不过了，就过汉族的春节。骑着家里的摩托车，舅妈一再叮嘱我路上要慢点，因为路上垫着很厚的积雪，而天空也还在飘雪，一路上我在保证安全的情况下尽量骑得快点，想想今年的调查也还真不容易，一直到过年中午才赶回家，到家时父亲已经给祖坟送亮回来了，等我回来敬各种菩萨。大姐在办年菜，我和父亲敬各种神，首先是家神，然后是对着佛堂的方向敬观音，再是敬灶神和猪圈菩萨，敬完神以后年菜也办好了，一点半我自己家吃团年饭了，我们家的年菜办的比较简单，只办十来个菜。

春节晚会之前我和姐姐陪爸妈打了几个小时麻将，权当是陪老人娱乐一下，晚会开始后大家就看晚会，晚上十一点我和父亲给去世的亲人烧包，就是给他们烧纸钱，十二点交节的时候放鞭炮庆祝新年的到来。2011 年就这样结束了，总的来说 2011 年自己还是有很多收获，希望我的 2012 会更加精彩。

2012 年 7 月 10 日　晴

今天早上我和师弟七点就起来洗漱，准备早点去田仁信老人家对他的个人生活史进行梳理。我们准备出发时书记过来叫我们吃早饭，原来昨天村里水渠竣工，今天早上不用早早就开工，所以书记家今天早饭时间就正常了，这让我们这几天吃惯晚早饭还真有点不适应。

书记家的早饭依旧很丰盛，吃过早饭我对书记进行了访谈，对整个村的基本情况进行了了解。访谈结束后我和师弟又去了一趟旧摆手堂的山头，因为昨晚我们两个整理碑文时发现有几个字还看不清楚，今天我们又去残碑那里仔细看看，发现还是有几个字看不清楚，有点小遗憾。

看完碑文回来后我们在花桥上对田仁信老人进行了访谈，对他的个人生活史进行了梳理，之后我们和田仁信老人去山下老书记彭家齐老人家，有些问题还得问问他，他也是目前土家年俗的唯一一个州级传承人，我也有很多问题要问他。田仁信老人是去给老书记家的小儿子剃头，他家的小儿子有癫痫，现在36岁了还待在家里，也没有娶老婆，他平时只要田仁信老人给他剃头。和彭书记告别后我们三个沿着车路往下走，看着很近的距离但因山路弯曲，走了四十几分钟才到山下，然后我们顺着一条小路走了15分钟才到老书记家。整个山间就老书记一家，他是20世纪80年代从山上双凤村搬下来的，因为他家的田土基本上都在山下。

老书记热情地招待我们，他边烧水做饭边和我们聊天，他很不容易，儿子有癫痫，在家什么都不做，叫也不管用，老婆也什么都不做，据田仁信说老书记老婆很懒，在家什么也不做，老书记每天还要做饭伺候老婆和儿子。老书记很健谈，说起话来都停不下来，他又做饭又聊天，到两点的时候饭就做好了，又是腊肉又是鸡蛋，老书记把家里好吃的都做了，让我们很不好意思。老书记做了三十几年书记，家里一贫如洗，到现在都还没通电，但是老人很乐观，说党的政策好，让我们好好跟着共产党干，听到这些，心里真不是滋味。

吃饭时老书记和田仁信老人给我们用土家语唱山歌，唱了很多很多，有时候真不忍心打断他们，但时间不等人，我们必须走了，因为没车我们得走出去。和老书记告别后我们三人沿小路往车路走，到车路后我和师弟往出走，田仁信老人回双凤，我们很感激老人，这几天真的给我们访谈提供了很大的帮助。告别田仁信老人后我和师弟就往永顺县城走，一路上以为转个弯就到了，但往往不能如愿。我们四点出来，一直走到五点半才走到大公路上，真的很累很累。看着公路旁很多人在猛洞河边洗澡，我俩也跑去洗了个澡，洗完舒服多了。坐上回县城的城乡公交，感觉好轻松啊。晚上我和师弟又吃了永顺特色铁板烧，这个味道真的很让人回味，回到旅馆整理完资料后实在是不愿动了，今天走了将近三个小时，真的很累很累。

后 记

土家族是中国少数民族中的内陆民族，在其生活周边及其生活地域内居住了汉族、苗族、侗族、瑶族等多个民族，民族与民族之间彼此产生影响是必然的。土家族是大山的民族，高山、峡谷、河流、坪坝构成了许许多多相对独立的文化小生境，这也造成土家族内部地域性文化个性，成为守护传统的天然屏障。土家族在相对集中的武陵山区，离中原文化、荆楚文化比较近，加上境内的巴文化，由此导致了土家族文化与其他文化类型的交流与碰撞。正是在这种内聚与交流中形成的土家族文化特色，在今天传承的酉水流域土家年中表现得尤为明显。

调查和记录土家年，我们先后进行了三年时间，2010 年 9 月份，我们就开始启动土家年的调研计划，搜集文献资料、编制调查提纲、选择调查点等工作。2011 年的土家年，我们团队的 6 人前往湖北省宣恩县李家河黑塘村调查。宣恩县是酉水的发源地和上游地区，我们在黑塘村的李才佑家过年，与他的家人一块欢度这个新旧交替的时间节点，体悟土家年的传统魅力，感受土家年期间土家人的情感与生活。在随后的 2 年时间里，我们去来凤、龙山、永顺、保靖、酉阳等地调查采访，在土家年期间与土家人一道融入到特殊时间的特殊事件中，实践土家年的传统，感悟土家族的文化，进而理解土家人的生活。正是这样的目标，我们团队的调查人员放弃春节期间的休息，在武陵大山中奔走，有时大雪封山，被困在路上；有时寒冷侵袭，难以入眠。即使这样，我们的调查队员无怨无悔，最后完成了这部记录土家年的著作。在此对参与调查和提供写作材料的张远满、李艳芳、彭丹、宋静思、张莉、藤召银等表示诚挚的感谢！

覃金福作为一个土生土长的酉水流域土家人，自幼耳濡目染土家族的传统文化，上大学时第一次走出武陵大山，对自己的民族身份及土家族的传统文化有了刻意的关注。2009 年考入中央民族大学，致力于土家族民俗文化的研究，这本与导师林继富教授合作撰著的《民族　村落　家庭——酉水流域土家年研究》算是我们为弘扬土家族的传统文化作出的一点贡献。

在调查过程中，我们得到了酉水流域许多领导和朋友的帮助，他们是湖北宣恩县的郭祖明，来凤县的岳琼、田绍友，湖南龙山县的彭英子，永顺县的向先林、罗奋飞、向俾周、龚远文，保靖县的彭秀莲，湖南吉首大学的田茂军等，在此表达我们深深的谢意！

我们调查团队成员在“年关”时进入好客的土家族家庭，在李才佑家得到了悉心的照顾，在覃金福家，享受到无微不至的关怀，在彭丹家，得到了无比的温暖。同时，还有许多土家人不厌其烦地接受我们的调查，他们是：覃友生、李金兰、彭正炎、胡金芝、汪友全、汪翠珍、张桃云、覃金树、覃金有、彭莲珍、宋青云、李才佑、马玉珍、李洪坤、王佳慧、李才先、李才军、李学云、李英桂、王红梅、彭昌松、彭承金、彭承亮、杜事顺、彭南京、田仁信、田义平、彭家齐、彭振奎、田水香、彭秀菊、彭翠香、彭景塘、彭景钰、彭运江、魏品富、向志英、彭开福，等等。所有这些智慧、热情的土家人为我们调查顺利展开，并且取得比预想还要好的效果提供了保障。在此，对他们提供的各种帮助表示由衷的谢意和敬意！

林继富　覃金福

2013 年元旦

北京·魏公村